A CIDADE E OS JARDINS

FUNDAÇÃO EDITORA DA UNESP

Presidente do Conselho Curador
Marcos Macari

Diretor-Presidente
José Castilho Marques Neto

Editor Executivo
Jézio Hernani Bomfim Gutierre

Conselho Editorial Acadêmico
Antonio Celso Ferreira
Cláudio Antonio Rabello Coelho
José Roberto Ernandes
Luiz Gonzaga Marchezan
Maria do Rosário Longo Mortatti
Maria Encarnação Beltrão Sposito
Mario Fernando Bolognesi
Paulo César Corrêa Borges
Roberto André Kraenkel
Sérgio Vicente Motta

Editores Assistentes
Anderson Nobara
Denise Katchuian Dognini
Dida Bessana

ZUELEIDE CASAGRANDE DE PAULA

A CIDADE E OS JARDINS
JARDIM AMÉRICA,
DE PROJETO URBANO A MONUMENTO
PATRIMONIAL (1915-1986)

© 2008 Editora UNESP

Direitos de publicação reservados à:
Fundação Editora da UNESP (FEU)
Praça da Sé, 108
01001-900 – São Paulo – SP
Tel.: (0xx11) 3242-7171
Fax: (0xx11) 3242-7172
www.editoraunesp.com.br
feu@editora.unesp.br

CIP – Brasil. Catalogação na fonte
Sindicato Nacional dos Editores de Livros, RJ

P349c

Paula, Zueleide Casagrande de
A cidade e os Jardins : Jardim América, de projeto urbano a monumento patrimonial, (1915-1986) / Zueleide Casagrande de Paula. - São Paulo : Editora UNESP, 2008.
il.
Inclui bibliografia
ISBN 978-85-7139-886-3

1. Jardim América (São Paulo, SP) - História. 2. Cidades-jardins. 3. Planejamento urbano - São Paulo (SP). 4. Patrimônio cultural - São Paulo (SP). 5. São Paulo (SP) - História. I. Título. II. Título: Jardim América, de projeto urbano a monumento patrimonial, (1915-1986).

08-4642.

CDD: 711.580981611
CDU: 711.582.5(816.11)

Este livro é publicado pelo projeto Edição de Textos de Docentes e Pós-Graduados da UNESP – Pró-Reitoria de Pós-Graduação da UNESP (PROPG) / Fundação Editora da UNESP (FEU)

Editora afiliada:

Asociación de Editoriales Universitarias
de América Latina y el Caribe

Associação Brasileira de
Editoras Universitárias

*Para minha mãe e
Guiomar Correia Leite,
Eunice Miguel Martins,
Adelaide e Antenor Peron*

AGRADECIMENTOS

O momento de agradecer é um exercício de filtrar nas lembranças as cumplicidades, compreensões e auxílio de toda natureza. *A cidade e os Jardins* foi apresentado inicialmente, como tese para doutoramento, ao programa de pós-graduação em História da Universidade Estadual Paulista Júlio Mesquita Filho, campus de Assis, em 2005. As instituições e os órgãos de fomento são fundamentais para que as pesquisas se realizem. Formalizo, assim, meus agradecimentos ao governo do estado do Paraná e aos meus colegas da Fecilcam por conceder-me o afastamento que possibilitou concluir à época o texto de tese e à Coordenação de Aperfeiçoamento de Pessoal de Nível Superior (Capes) por subvencionar parte da pesquisa.

Agradeço aos colegas do Departamento de História, da Universidade Estadual de Londrina, pelo apoio, no exercício de minhas funções na Instituição, para que pudesse me dedicar ao trabalho de finalização desta obra, em especial a Silvia Martins, Marco Antonio Soares e Jorge Romanello.

À banca examinadora constituída pelos professores doutores Laurent Vidal, Antonio Celso Ferreira e as professoras doutoras Ana Luiza Martins, Zélia Lopes da Silva aos quais devo as leituras críticas instigantes, apontamentos e a recomendação de publicar, estímulo que me levou a propor o trabalho ao processo seletivo do Programa de Publicação de Teses da Unesp, em 2006. À professora doutora Tânia Regina de Luca, cujo acompanhamento e orientação firme, segura e indispensável permitiram-me ter por fim, na tese, os resultados para alçá-la à guisa de livro.

A colaboração dos arquivos, instituições e empresas e de seus funcionários que possibilitaram acesso a seus acervos foi crucial para a jornada empreendida na localização de documentos. Ao Arquivo Público do Estado de São Paulo, Fundação Patrimônio Histórico da Energia de São Paulo, Museu da Casa Brasileira, Arquivo Geral do Tribunal de Justiça do Estado de São Paulo, Conselho de Defesa do Patrimônio Histórico, Artístico, Arqueológico e Turístico do Estado de São Paulo (Condephaat), Biblioteca Mário de Andrade, Biblioteca da Faculdade de Arquitetura e Urbanismo (FAU/USP) e ao First Garden Museum de Letchworth, na Inglaterra, nas pessoas do curador senhor Robert Lancaster e de sua assistente Victoria Rawlings, por colocarem à minha disposição todo seu acervo, que veio a confirmar outras pesquisas acerca da vida e obra de Ebenezer Howard e de Barry Parker, e trazer luz às indagações não respondidas por documentos localizados no Brasil e aos silêncios e interstícios sobre a vida de Parker, minha inestimável gratidão. À Letchworth Garden City Heritage Foundation por orientar e disponibilizar os meios para a percepção do planejamento e do traçado executados por Raymond Unwin e Barry Parker materializados nas ruas e na arquitetura de Letchworth. Agradeço à Companhia City de Desenvolvimento[1] por consentir e facilitar o acesso às informações de seus arquivos, sem as quais não teria obtido os resultados que ora apresento.

A muitos amigos com quem compartilhei inúmeras incursões por toda a São Paulo e com quem travei diálogos relevantes acerca dos espaços percorridos dia após dia, estendendo-se as "fronteiras" visíveis e imaginárias que desfilavam, sugerindo diariamente o alargamento de seus domínios: Helen Flavia de Lima, José Amaral Neto, Paulo Fernando de Souza Campos, Maristela Coccia de Souza, José Roberto Moretti Fagundes e Renata Tamaso. A Brígida Cruz Santos, por sua atenção, amizade, cooperação e acompanhamento durante os meses de finalização da pesquisa com a localização de processos, pequenas biografias, leitura do capítulo final em seus escritos toscos, brotando na primeira idéia.

Aos amigos de um passado remoto e de um futuro a se perder no horizonte, pelo apoio incondicional: Angelita Visalli e Alberto Gawryszewsk, com quem travei instigantes debates, dividi minhas angústias e de quem recebi alento. A Célia Regina da Silveira, por sua amizade e cumplicidade durante a jornada do mestrado ao doutorado e que promete longevidade.

---

1 A Companhia City de Desenvolvimento é a única titular do direito de uso e propriedade das marcas compostas por City e Cia City.

A Carlos Borsatto, por seu olhar carioca sobre a cidade de São Paulo, seu hábitat há quase trinta anos. Olhar arguto, crítico e encantado por cidades do mundo, mas também por uma São Paulo que é de todos e de ninguém, que o fascina e prende. Sua companhia se revelou extremamente fecunda em desvendar a cidade para "além dos mapas". A Nair Gloria Massoquim, que fez uso de sua perspectiva geográfica e percorreu comigo todos os lugares pesquisados na Inglaterra, com conversas e menções acerca dos traçados, desenhos, plantas, mapas, com as quais pude contar em minhas análises. A Marcos Roseira, por sua presença constante, com suas percepções e diálogos profícuos nas "prescrições" do espaço da cidade e que me propiciaram refletir sobre formas e volumes, espaços e traçados, desenhos e paisagens, e transformar isso em análises pertinentes. Também a Loildo Roseira e Elisângela Rocha pelo carinho, amizade e apoio técnico ao finalizar este trabalho, e igualmente ao Rafael Ramires Ferreira. A Simone Válio, por sua ajuda na correção do texto de tese. A Gisele Madeira e Flavia Elaine da Silva Martins, por me receberem em suas residências, quando fazia o curso do professor Nestor Goulart Reis e começava a me familiarizar com o espaço da cidade.

Aos amigos da eterna cumplicidade Vera Lucia Lopez Farinha, Simonéia Sanches Gomes, Paulo Ferrarezzi, Rosangela Kimura e Waldriana Nunes por um ancoradouro afetivo que o tempo e a distância não conseguiram esvaecer. A Leonildo Rodrigues Florentino, por sua amizade, compreensão e carinho, com suas observações sobre uma São Paulo íntima, disposto às jornadas domingueiras pelas ruas do Jardim América, aparelhado a conduzir-me aos registros fotográficos dos lugares mais esconsos, da cidade que dizia sua, cujo domínio urbano tornava meu trabalho quase um deleite.

Por fim, às sensibilidades mais caras, meus familiares: Cherlei, Roberto e Larissa estiveram sempre a meu lado, desde os mais difíceis dias de adaptação nesta terra estrangeira até a finalização do livro. A Lorena, por seu carinho e amizade: sem seu auxílio financeiro nas incursões realizadas na Inglaterra, *A cidade e os Jardins* não teria se tornado texto e alçado à condição de livro. Às minhas irmãs Mari e Neusa e aos sobrinhos e sobrinhas Natália, Bruna, Isabela, Mateus, Vítor, Douglas, Gustavo e ao irmão Marino, Sandra e a pequena Maria Eduarda, pelas presenças silenciosas e, às vezes, ansiosas pela conclusão deste trabalho, disponibilizando, também, apoio financeiro quando precisei.

*O orgulho urbano é feito de imbricações
entre a cidade real e a cidade imaginada,
sonhada por seus habitantes e por aqueles que a trazem
à luz, detentores de poder e artistas.*

Jacques Le Goff,
Por amor às cidades

Sumário

Prefácio   15
Introdução   19

1   A cidade-jardim e a cidade de
    São Paulo no início do século XX   27
2   Cidade-jardim: de Letchworth a São Paulo,
    o nascimento do Jardim América   73
3   Um bairro-jardim à moda brasileira   141
4   Jardim América: a planta nobre dos Jardins   191

Traços finais   245
Notas biográficas   249
Referências bibliográficas   257

PREFÁCIO

Os estudos sobre cidades constituem-se num denso campo temático, fortemente marcado pela interdisciplinaridade e no qual, como bem destacou Stella Brescianni, os historiadores ainda representam uma minoria.[1] A questão do viver urbano ganhou novos contornos a partir da industrialização e se impôs como um desafio para médicos, sanitaristas, engenheiros, planejadores e políticos, confrontados com o desafio de intervir no urbano com o intuito de ordenar, controlar e disciplinar esse mundo em constante ebulição, tantas vezes retratado na literatura do século XIX.

Na experiência brasileira, poucas cidades galvanizaram tanta atenção como São Paulo que, a um só tempo, evoca as realizações de um ideal de modernização arduamente perseguido e seus piores temores e contradições. Exclusão social, falta de moradias, enormes áreas sem qualquer equipamento urbano, serviços de saneamento e oportunidades de lazer, transportes coletivos precários, congestionamentos, poluição do ar, sonora e visual, altos índices de violência, aspectos que esmaecem o orgulho em relação à cidade que "não pode parar" e para a qual Mário de Andrade reivindicava, em 1922, a primazia cultural:

> A hegemonia artística da Corte não existe mais. No comércio como no futebol, na riqueza como nas artes, São Paulo caminha na frente. Quem primeiro manifestou a idéia moderna e brasileira na arquitetura? São Paulo com o estilo colonial. Quem manifestou primeiro o desejo de construir sob novas bases a pintura? São Paulo com Anita Malfati. Quem apresentou ao mundo o maior e mais moderno

---

1 Brescianni, Maria Stella. História e historiografia das cidades, um percurso. In: Freitas, Marcos Cezar (org). *Historiografia brasileira em perspectiva*. São Paulo: Contexto, 1998, p.243.

escultor da América do Sul? São Paulo com Brecheret. Onde primeiro a poesia se tornou o veículo da sensibilidade moderna livre da guizalhada da rima e das correias da métrica? Em São Paulo. Só na música o Rio está mais adiantado com Villa-Lobos.[2]

A análise desta "cidade pergaminho", tantas vezes refeita, não é tarefa simples. Na pesquisa agora transformada em livro, a autora decidiu adentrar pela história de um bairro, o Jardim América, que acabou por se constituir numa das áreas mais valorizadas da capital, sinônimo de elegância e capaz de conferir distinção social a seus habitantes.

Seu processo de criação e os ideais que nortearam o projeto elaborado por Barry Parker, inspirado nas cidades-jardim idealizadas por Ebenezer Howard, são cuidadosamente perscrutados, sem que se percam de vista os interesses econômicos que presidiam o empreendimento, sob a responsabilidade da City of São Paulo Improvements and Freehold Land Company Limited, e a capacidade da empresa em atuar junto às autoridades responsáveis pela gestão da cidade.

Merece particular destaque a queda-de-braço entre o projeto dos jardins internos, pedra de toque dessa proposta urbanística, e a resistência dos moradores às formas de sociabilidade e apropriação do espaço público que não se coadunavam com hábitos e valores locais, o que acabou por configurar um bairro-jardim "à moda brasileira". O exemplo enseja oportunidades para discutir o processo de circulação e apropriação de idéias, numa chave que questiona a mera importação e que ganha densidade a partir da comparação com o subúrbio londrino de Hampstead Health.

Na década de 1970, os moradores de áreas contíguas ao Jardim América impetram contra a municipalidade uma ação popular com vistas ao tombamento da região, genericamente denominada Jardins. A disputa, que se estendeu até 1986, terminou com a vitória da Sociedade dos Amigos dos Jardins Europa e Paulistano. A ação e o processo de tombamento aberto no Conselho de Defesa do Patrimônio Histórico, Arqueológico, Artístico e Turístico do Estado de São Paulo (Condephaat) permitem averiguar os argumentos arrolados pelos litigantes, os muitos interesses envolvidos e a forma como se mobilizou a história para tornar monumento patrimonial uma parte da cidade.

---

2 Andrade, Mário de. Notas de arte, Pró. *A Gazeta*, 13 fev. 1922. Apud Amaral, Aracy. A. *Artes Plásticas na Semana de 1922*. 5ª ed. rev. e amp. São Paulo: Editora 34, 1998, p.131.

A leitura deste trabalho, ancorado em sólida pesquisa em fontes primárias, colabora para a compreensão dos múltiplos caminhos pelos quais se impõe a segregação, nessa São Paulo tão excludente...

TANIA REGINA DE LUCA
Professora de História da Unesp/Assis.

Introdução:
Passos da pesquisa

> As cidades, como os sonhos, são construídas
> por desejos e medos, ainda que o fio condutor de
> seu discurso seja secreto, que as suas regras
> sejam absurdas, as suas perspectivas enganosas,
> e que todas as coisas escondam uma outra coisa.
> – Eu não tenho desejo nem medo – declarou Khan –,
> meus sonhos são compostos pela mente ou pelo acaso.
> – As cidades também acreditam ser obras da mente
> ou do acaso, mas nem um nem outro bastam
> para sustentar suas muralhas. De uma cidade, não
> aproveitamos as suas sete ou setenta e sete maravilhas,
> mas as respostas que dá às nossas perguntas.
> – Ou as perguntas que nos colocamos para nos obrigar
> a responder; como Tebas na boca da Esfinge.
>
> Italo Calvino, *Cidades invisíveis*

O estudo das espacialidades urbanas tem sido expressivo nos últimos anos, mesmo quando enfoca apenas parte da cidade, como um bairro (Brescianni, 2001, p.237-258). Neste trabalho, propomos estudar a história do Jardim América, localizado na cidade de São Paulo, *do projeto urbano ao monumento patrimonial*, buscando apontar sua característica inicial de subúrbio-jardim e, mais tarde, de bairro integrado ao espaço citadino. Primeiro bairro-jardim da cidade, seu traçado e sua paisagem deram ensejo ao início do processo de tombamento de áreas residenciais urbanas motivado por aspectos de sua configuração. A idéia de patrimônio e de preservação patrimonial também foi disseminada mais intensamente, no Brasil, nas décadas mais recentes. Assim, é preciso destacar que este trabalho transita tanto no campo do estudo sobre as cidades quanto no do patrimônio cultural, pois abrange ambas as temáticas.[1]

Visamos, pois, examinar a concepção de cidade-jardim e sua entrada no Brasil por meio da proposta de urbanização de bairros implantada pela antiga City of São Paulo Improvements and Freehold Land Company Limited (hoje Companhia City de Desenvolvimento) e materializada no projeto de subúrbio do Jardim América. Esse planejamento proporcionou a uma área totalmente inóspita um traçado adequado a sua topografia, tornou-a habitável e, ao longo da história, consagrou-a como região representativa do bem-morar, da qualidade de vida e da alta concentração de renda. Ofereceu, igualmente, subsídios para que a população do Jardim América reivindicasse dos poderes instituídos os direitos de ver registrados os limites territoriais do bairro no Livro do Tombo Arqueológico, Etnográfico e Paisagístico (Rodrigues, 2001).

O Jardim América tornou-se, dessa forma, além de um lugar privilegiado por suas características, um local expressivo na contextura urbana, motivando estudos nas mais diversas áreas do conhecimento.[2] Seu planejamento levou a concepção que o originou a conquistar espaços em outras regiões do País. No entanto, o conceito que conferiu ao bairro suas características (de subúrbio-jardim inicialmente e, depois, de bairro-jardim) não foi respeitado, pois sofreu descaracterização no decurso de sua história, o que o converteu, de nosso ponto de vista, num bairro-jardim "à moda brasileira". Ao longo de sua existência, vários fatores se somaram atribuindo-lhe um significado maior: o ter sido um bairro a ser tombado por suas peculiaridades urbanísticas. Entre esses fatores, consta o fato de seu projeto inicial ter sido obra do arquiteto inglês Barry Parker, que trabalhou em Letchworth, a primeira cidade-jardim da Inglaterra, berço dessa concepção.

A concepção de bairro é bastante complexa. Sua composição urbanística não o isola do espaço da cidade, porém estabelece limites aos quais ficam atentos aqueles que o usufruem e nele se reconhecem. As fronteiras estabelecidas pelo ponto de vista do morador diferem daquelas definidas pelos órgãos reguladores

---

1 As questões sobre Patrimônio Cultural apresentadas no decorrer deste trabalho foram pautadas nas leituras de Kersten (2000); Freire (1997); Choay (2001); São Paulo (1992); Lopes (1999); Gawryszewski (2004); Martins (2004); Rodrigues (2000).

2 Vários são os trabalhos que mencionam o Jardim América e a área dos Jardins, mas para um mapeamento específico do tema é importante ler Andrade (1998); Wolff (2001); Bacelli (1982); Ottoni (1996).

das espacialidades urbanas. Esses limites são discutíveis. Para Jane Jacobs, os bairros podem ser interpretados de três formas distintas: primeiro, como a cidade em seu todo; segundo, como a vizinhança de rua; terceiro, como distritos extensos, do tamanho de uma subcidade, compostos por 100 mil habitantes ou mais, no caso de cidades maiores (Jacobs, 2000, p.128-9). O bairro também pode ser bem ou malsucedido em termos de gerenciamento espacial, segundo a autora. Os americanos, de acordo com Jacobs, são péssimos na administração dessas espacialidades. Ela também não acredita na existência do bairro em si, pois argumenta que, se assim fosse, a comunidade em que ele consiste se transformaria em uma "ilha" dentro da cidade (idem, p.123-153).

Sob outra perspectiva, Pierre Mayol também vê o bairro como um campo complexo para a análise, porém entende-o com uma positividade já existente e da qual se pode tirar proveito. Para ele,

> o bairro é uma porta de entrada e de saída entre espaços qualificados e o espaço quantificado. O bairro surge como o domínio onde a relação espaço/tempo é a mais favorável para um usuário que deseja deslocar-se por ele a pé saindo de sua casa. Por conseguinte, é o pedaço de cidade atravessado por um limite distinguindo o espaço privado do espaço público: é o que resulta de uma caminhada, da sucessão de passos numa calçada, pouco a pouco significada pelo seu vínculo orgânico com a residência. (Certeau et al., 1996, p.41)

O bairro é, portanto, uma espacialidade ambígua: ao mesmo tempo em que integra o espaço da cidade, mantém-se singular; entretanto, essa singularidade impregna o todo da urbe, à medida que estreita laços com ela. O bairro perde-se na cidade que, contudo, se encontra nele. O que distingue os dois são os relatos. Assim, nossa tentativa, aqui, será relatar a história do Jardim América, tomando-o, no conjunto da cidade, como um fragmento das camadas da história de São Paulo, mas também considerando que esse bairro possui uma historicidade própria tanto no que se refere à construção de sua história e tradição, quanto à desconstrução dessas últimas – embora, em determinados momentos, ele se emaranhe no palimpsesto que é a própria cidade.

Embrenhar-se na história da cidade para perceber quando começa a do subúrbio/bairro, segundo a concepção de Barry Parker, e quando e como efetivamente o Jardim América se transforma em bairro-jardim à moda brasileira requereu um exercício de sensibilidade para olhar, identificar e mapear lugares – para exercer, enfim, a prática analítica. Empreender esse mapeamento do lugar exigiu conhecê-lo, e mais, conhecer a cidade onde ele está, pois valer-se de anotações de obras lidas, para distinguir os bairros "Jardins", reconhecer o triângulo central, o Pátio do Colégio, a Ladeira da Memória, o Centro Velho, as Zonas Oeste, Sul, Norte e Leste constituiu um desafio que o esquema explicativo dos mapas veio a amenizar. A cidade revelou-se uma caixa de Pandora, tais foram as surpresas que apresentou: seu caráter imprevisível, que deu vida à pesquisa; as contrariedades interpostas, que se mostraram verdadeiras encruzilhadas a truncar e, inúmeras vezes, a impossibilitar caminhos; as longas esperas para o atendimento nos arquivos; os eternos retornos, desencontros, arquivos fechados, informações não encontradas, dias de chuva e inundações, trânsito caótico, miséria nas ruas – situações e observações seguidas pelo despertar a respeito dos lugares antes desconhecidos e, com o passar do tempo, tornados familiares.

A cidade se desvelou por múltiplas facetas: alegre como a Avenida Paulista em manhãs de domingo, mas triste como o entorno da Sala São Paulo, cercada de mendigos e moradores de rua; perigosa como o Centro à noite, mas livre como o Ibirapuera em dias ensolarados; antiga como o Largo São Francisco e algumas casas (várias delas abandonadas, carcomidas pelo tempo); majestosa como a Catedral da Sé, o Teatro Municipal, o Viaduto do Chá, o Museu Paulista, mas humilde como as moradias a céu aberto, sob marquises e nas calçadas; suja como os lugares inundados depois de poucas horas de chuva, mas limpa como as estações de metrô e as ruas dos bairros-jardins; luminosa como a Avenida Carlos Berrini, mas desolada como as favelas espalhadas pelos seus quatro cantos; florida como os Jardins, mas cinzenta como as paredes de concreto dos edifícios que cercam os Jardins América e Europa e se perdem na espessa camada poluidora que envolve a cidade, fazendo a São Paulo que todos conhecem, de perto ou de longe, mas assim mencionada. Enfim, uma cidade que se revela a cada momento, a cada esquina, sob um prisma antes não imaginado e que faz despertar os sentidos, seja pela familiaridade, seja pelo total desconhecimento, quando não pelo estranhamento.

Um ano depois de iniciado o mapeamento da cidade de São Paulo e do bairro Jardim América, com os recursos de que dispunha – de ônibus, de metrô, de trem, a pé, sozinha ou, às vezes, acompanhada por um paulistano por opção de há muito na cidade, ou por outros como eu, descobrindo, investigando, pesquisando e/ou explorando —, outro desafio se apresentou. Armei-me, então, de um mapa, sob a orientação da leitura de Cristina Freire, em *Além dos mapas*, marcando e demarcando lugares que pretendia conhecer e explorar ao limite de minhas possibilidades. A mesma jornada foi empreendida na Inglaterra, ou me-

A CIDADE E OS JARDINS 23

lhor, em Londres e suas cercanias e em algumas das cidades-jardins descritas por Lewis Mumford e Leonardo Benevolo. Essas cidades haviam sido planejadas após a Segunda Guerra Mundial, e sua configuração (no caso da capital inglesa, "remodelamento/revestimento") buscou na idéia de cidade-jardim elementos para uma forma de construção/reconstrução. Antes, porém, fui a Letchworth encontrar a cidade-jardim tal como a descreve Ebenezer Howard em seu livro *Cidades-jardins de amanhã*. Naturalmente estava diferente da cidade descrita no livro, mas ainda era possível localizar ali muito do idealizado, além da paixão que o inglês tem pelos jardins e pela natureza.

Embrenhei-me no reconhecimento detalhado das ruas e *parkways* de Letchworth, planejada por Raymond Unwin e seu sócio Barry Parker, o mesmo planejador do subúrbio Jardim América. Ali encontrei similaridades com as cidades do norte do Paraná, (re)ocupadas pelos ingleses entre 1930 e 1945. Também percebi sinais do Jardim América, do Pacaembu, do Alto da Lapa, do Alto de Pinheiros, do Butantã e outras áreas arborizadas da cidade de São Paulo. Pensei no *palimpsesto* a que se referem Lima de Toledo e Raquel Gleser e diria que, se São Paulo não tem pergaminhos ou subtextos de suas vidas passadas a serem recuperados, como afirma Gleser, possui, no entanto, finas camadas de outras cidades na composição de sua paisagem. Se, por um lado, não encontramos nela elementos que subscrevem seu passado, a ponto de podermos recuperá-los, localizamos, por outro lado, os subtextos produzidos pelos imigrantes de vários países. São Paulo é um dos territórios mais férteis para esse encontro e, por que não dizer, neste caso, do quinhão de história e memória que a cidade permitiu aos ingleses construírem. Assim, percorri Letchworth segundo a orientação de Italo Calvino, para quem há muitas cidades ocultas sob a primeira aparência de uma mesma cidade, mesmo que nesse caso, elas estivessem em lembranças de lugares antes conhecidos (Calvino, 1990).

Na odisséia empreendida pelas ruas de Londres, localizei Hampstead, um bairro parecido com o Jardim América e cujo projeto também incluiu Raymond Unwin e Barry Parker, os dois arquitetos que, como mencionado, planejaram Letchworth, conforme as idéias de Ebenezer Howard e a seu pedido, num lugar incrustado numa colina. Algumas casas de Hampstead pareciam cópias das brasileiras (provavelmente se deu o inverso, visto que o bairro londrino é mais antigo): residências modernas, o oposto das predominantes nas ruas da capital inglesa; vidro e paredes levemente coloridas; estilos arquitetônicos ecléticos, cercas vivas e calçadas gramadas. Apenas não havia a constante vi-

24 ZUELEIDE CASAGRANDE DE PAULA

gilância presente no Jardim América, com suas câmeras postadas em todos os portões. Em Hampstead, só uma ou outra casa tem seu sistema de segurança perceptível – o que não quer dizer que não exista.

Retornei ao Brasil e à tentativa de perscrutar novamente o Jardim América para encontrar ali os mesmos sinais que Unwin e Parker haviam imprimido aos espaços que planejaram juntos, considerando, contudo, que o bairro brasileiro teria sido uma experiência única para Parker, longe de seu parceiro e de Ebenezer Howard. Essas incursões, a princípio, me pareceram estranhas: em dias de semana, o local é movimentado, mesmo em ruas que não são corredores especiais, diferentemente de Hampstead, por exemplo, onde sempre era possível ouvir o gorjeio dos pássaros, o que no Jardim América só se pode verificar em feriados longos. Assim começaram a mostrar-se as diferenças, que se confirmaram efetivamente na documentação.

Surgia outra perspectiva da pesquisa: "decifrar" os documentos leitura após leitura. Novas informações revelaram os relatórios encontrados nos arquivos do museu de Letchworth, em menções ao Brasil. No entanto, a documentação mais elucidativa estava nos arquivos da Companhia City. As várias atas em inglês e português informaram acerca das transações realizadas entre a empresa em Londres e sua ramificação no Brasil. Os contratos de venda dos terrenos da empresa, artigos de jornais, bilhetes trocados entre funcionários, pastas dos terrenos com toda a documentação referente a cada propriedade, as plantas das residências, os projetos arquitetônicos, a correspondência entre a empresa e seus clientes e entre a empresa, prefeitura, advogado e engenheiros, tudo isso permitiu estabelecer um campo investigativo a respeito das relações de Barry Parker com o Jardim América. Esses registros viabilizaram também a comprovação de informações apresentadas por outros pesquisadores, como a não-localização das fontes de algumas delas. A ação popular e o processo de tombamento foram igualmente documentos que revelaram dados valiosos sobre o bairro e a forma encontrada pela comunidade para se organizar e reivindicar a preservação de sua área. Evidenciaram ainda como a comunidade percebia a si e a seu bairro. As informações encontradas nesses documentos, junto ao conhecimento propiciado pelos locais visitados na Inglaterra e em São Paulo, serviram consideravelmente ao escopo da pesquisa.

O percurso traçado pautou-se pelo propósito de expor as relações de modo que fosse possível apreender como o bairro havia sido planejado e por que a idéia de bairro-jardim foi aplicada. Elaboramos, então, o primeiro capítulo, no qual procuramos traçar um panorama geral sobre a cidade na época em que as relações entre os primeiros sócios da City of São Paulo Improvements and Freehold Land Company Limited foram estabelecidas. Buscamos também evidenciar os contatos mantidos por essa empresa com as várias instâncias de poder na cidade de São Paulo, principalmente as ligadas ao gerenciamento do espaço urbano. Embora panorâmico, esse capítulo quis situar o nascimento do Jardim América, por meio do qual foi possível assinalar o empenho da Companhia City em transformar um lugar inóspito como uma várzea em um lugar habitável, planejado exclusivamente para abrigar residências nos moldes das chácaras que cercavam a cidade, embora consideravelmente menores. Não obstante os terrenos fossem muito menos extensos, a tecnologia empregada no planejamento e a racionalização do espaço sob rígida orientação urbanística propiciaram o surgimento do lugar planejado e divulgado pela empresa como aprazível, lúdico e confortável – "um verdadeiro paraíso", como diziam as propagandas. Naquele momento, chamava a atenção de habitantes empreendedores na cidade (embora não possamos afirmar que fossem ricos) em busca de um lugar agradável para viver. Além disso, no que diz respeito à valorização imobiliária, era possível apostar na ocupação total da área, em razão de seu planejamento.

No entanto, era pouco para que se pudesse dimensionar a concepção urbana que chegava a São Paulo por meio do planejamento do Jardim América. O capítulo dois foi construído, portanto, com o objetivo de explicar melhor a concepção de cidade-jardim, sua origem e aplicação na Inglaterra, os caminhos pelos quais aportou no País, sendo implantada na constituição urbana de um subúrbio, e quem a viabilizou. Relatamos também as táticas de venda e divulgação da Companhia City, bem como quem era o morador almejado.

Não tardou e o bairro parecia caminhar para seu êxito, porém as mudanças provocadas pelos próprios moradores para garantir seus direitos, além de indicar a dificuldade em lidar com espaços de sociabilidade coletiva sem o estatuto da propriedade particular, ensejaram o capítulo três. Surgiu, então, o bairro com as características de traçado que a Companhia City lhe conferiu, diferentes das propiciadas pelo primeiro planejamento realizado por Barry Parker e, daí a pouco, a paisagem do local mudou.

No transcorrer do tempo, a arborização dos jardins juntou-se à das ruas, mas muitas cercas vivas foram substituídas por altos muros, quebrando a harmonia antes planejada. A cidade cresceu e novos imperativos foram postos à sociedade no gerenciamento do espaço urbano. Os jardins América e Europa – bairro vizinho – foram ameaçados pelo zoneamento da cidade. Iniciou-se, assim, a luta pela preservação de ambas as áreas. Os primeiros argumentos basearam-se no caráter exclusivamente residencial dos dois bairros, porém isso não era suficiente para integrar essas regiões ao patrimônio cultural da cidade, como reivindicavam seus moradores. A população local manteve-se firme e foi buscar na originalidade, no traçado e na tradição do Jardim América a sustentação para os argumentos reivindicatórios. Fez-se necessário o quarto capítulo. Nele debatemos os procedimentos que conduziram ao tombamento do Jardim América e as variáveis que marcaram esse processo no transcorrer de quase duas décadas (entre 1973 e 1986).

Ao longo desses quatro capítulos buscamos apontar a maneira como a Companhia City deu início a uma história celebrante do Jardim América, à época de seu lançamento, por meio de suas estratégias de venda. Sobretudo, quisemos mostrar como essa atitude foi absorvida por seus moradores e por aqueles que residem em áreas de características similares, de tal modo que o conjunto de sua área verde acabou por elevar a região à condição de pulmão de São Paulo e, dessa forma, por distingui-la de outras igualmente arborizadas. Tudo isso suscitou o tombamento patrimonial do Jardim América, 71 anos depois de ter sido lançado como subúrbio na periferia da cidade.

No início, essa idéia não era aparente mas, com o aprofundar da pesquisa, foi tornando-se insofismável; a confirmação do caminho certo veio com a leitura de *A invenção das tradições* (Hobsbawn & Ranger, 1997), obra que as debate, mais especificamente as inventadas e suas celebrações. A documentação a que já nos referimos foi desvelando a construção da idéia de tradição que assinalaria o Jardim América. Essa tradição foi herdada dos bairros-jardins ingleses no decurso da estada do arquiteto Barry Parker no Brasil. O Jardim América era efetivamente o único bairro projetado por ele. Essa particularidade conferiu ao local sua feição distinta e instituiu sua tradição. A questão era: qual passado e memória os moradores pretendiam que fossem preservados a respeito do Jardim América? Tal é a indagação que perpassa todo o trabalho, não de forma direta, mas ao procurar detalhar o movimento de transformação que caracterizou a história do bairro e, finalmente, ao alertar para a unidade, a aparência, a identidade, a memória e a tradição de um lugar.

Por fim, é preciso enfatizar que se, por um lado, o longo período aqui enfocado pode tornar o texto panorâmico, já que tratamos do Jardim América desde seu projeto inicial até seu tombamento, por outro lado permite considerar a questão em sua inteireza, condição sem a qual não se atingiria o objetivo.

1
A CIDADE-JARDIM E A CIDADE DE SÃO PAULO NO INÍCIO DO SÉCULO XX

Potencialmente, a cidade é em si o símbolo poderoso de uma sociedade complexa.

A cidade não é apenas um objeto percebido (e talvez desfrutado) por milhões de pessoas de classes sociais e características extremamente diversas, mas também o produto de muitos construtores que, por razões próprias, nunca deixaram de modificar sua estrutura. Se, em linhas gerais, ela pode ser estável, por algum tempo, por outro está sempre se modificando nos detalhes. Só um controle parcial pode ser exercido sobre seu crescimento e sua forma. Não há resultado final, mas apenas uma contínua sucessão de fases. Não admira, portanto, que a arte de dar formas às cidades para o prazer dos sentidos seja bastante diversa da arquitetura, da música ou da literatura. Ela tem muito a aprender com essas outras artes, mas não pode imitá-las
Kevin Lynch, *A Imagem da Cidade*

A imagem que uma cidade constrói para si está diretamente ligada à forma como ela foi concebida por seus habitantes e às mudanças que vieram a potencializá-la. São Paulo é "um imenso pergaminho cuja escrita é raspada de tempos em tempos, para receber outra nova, de qualidade literária inferior, no geral. Uma cidade reconstruída duas vezes sobre si mesma, no século XIX" (Toledo, 2004, p.77).

Essa afirmação nos leva a pensar que, se a cidade passou a uma condição inferior ao longo do tempo, durante o qual outras cidades foram sendo construídas em seu interior, não foi somente por uma imposição dos setores

28 ZUELEIDE CASAGRANDE DE PAULA

responsáveis por seu gerenciamento, mas porque seus próprios habitantes assim o desejaram e, nesse caso, a qualidade do espaço citadino pode variar de acordo com cada olhar. A paisagem urbana que para uns foi violada, destruída, modificada, às vezes, impiedosamente, para outros veio a compor um arranjo de melhorias e condições aperfeiçoadas de habitação, transporte (incluindo-se aí a locomoção a pé, por distâncias curtas, às vezes arriscada por inúmeras situações e condições do espaço urbano) etc. Nessa construção da cidade com tijolo e ferro, que sobrepujava a antiga cidade de taipa, outra São Paulo foi-se fazendo, e não só pela vontade dos que a administravam ou tinham poder sobre ela, mas também por vontade de sua população. Afinal, parece

> pouco provável que toda a população da Capital apenas observasse extasiada as transformações – ou de modo limitado apenas resistisse ao diálogo –, assim como também é pouco esclarecedora a hipótese de predomínio da imposição de uma ordem pelos grupos dominantes meramente incorporada pela maioria.(Cerasoli, 2004, p.13)[1]

Mesmo considerando que a população em geral participava da construção de São Paulo no final do século XIX e no início do XX, propomos, de modo generalizado, apontar algumas alterações feitas no espaço urbano da cidade, com base no conhecimento da emergência de um complexo conjunto de transformações iniciado ainda no fim do século XIX, transformações essas que configuraram outra cidade, mas do ponto de vista das intervenções de porte. Uma dessas interferências, entre várias outras, pode ser encontrada no caso do Viaduto do Chá. Propomo-nos a estudar, assim, uma dessas intervenções na espacialidade urbana da época, ou seja, a forma como um bairro passou a existir, a partir de 1915, destinado a um segmento social diferente – a que não pertenciam nem o rico dos palacetes, nem o imigrante ou o brasileiro totalmente sem posses – que era constituído por trabalhadores de empresas estrangeiras ou de companhias

---

1 O trabalho de Josianne Cerasoli parte da obra de José Murilo de Carvalho acerca da população carioca frente à Proclamação da República, e faz uma leitura na contramão deste, na perspectiva tompsoniana, para dizer que a população da cidade de São Paulo, independentemente de sua condição social, participou ativamente da construção desta cidade. Cerasoli escava a documentação no Departamento de Obras Públicas de São Paulo, um universo de relações de trabalho em setores do não-saber científico, para mostrar por meio dos contratos de trabalho que a população atuou ativamente nessa construção, ou como quer Toledo, na elaboração das novas camadas que vieram a se sobrepor à cidade antiga, de qualidade inferior ou não, que fizeram a cidade do café.

A CIDADE E OS JARDINS **29**

nacionais em expansão, comerciantes com cabedal suficiente para pagar uma prestação mensal que não pesasse no orçamento ou, ainda, prestadores de serviços, como advogados, médicos e engenheiros, entre outros profissionais liberais. Consideramos ainda que, na configuração espacial urbana, esse era o primeiro espaço a ser planejado e designado exclusivamente para moradia, além de ser o primeiro subúrbio na cidade. Assim, tratava-se de uma intervenção que daria ao desenho urbano, em vigência, outra configuração.

Nesse aspecto, estudar a história do Jardim América visa expor o caráter das intenções urbanas, políticas e econômicas no âmbito da cidade, levando em conta a participação da Companhia City, como conseqüência da participação do capital inglês na cidade de São Paulo. Essa empresa iniciou o projeto de um grupo de bairros na cidade e estabeleceu, com relação a eles, normas rígidas de ocupação. Tal modo de agir em seus loteamentos e no domínio dos espaços adquiridos para transações comerciais na cidade expôs a forma como foram organizados os lugares loteados pela City. Se levarmos em conta esses fatores de composição do universo que abrange a existência do Jardim América, estudar sua história faz parte da composição de mais uma camada do pergaminho que, do ponto de vista do soterramento da cidade antiga, contribuiu para a construção da cidade industrial. Nesse aspecto, oferecer um panorama, embora superficial, do surgimento do bairro aqui em estudo é necessário para que possamos entender a constituição de sua história como parte da história da cidade, assim como o elo entre esse passado e a luta por sua defesa na década de 1980, quando a comunidade passou a pleitear a área como uma das camadas da história do planejamento que não deveria ser raspada do palimpsesto histórico de São Paulo.

O Jardim América nasceu a partir de uma concepção urbana conhecida como cidade-jardim, que trazia em si a noção de subúrbio-jardim, aplicada ao bairro no momento de seu loteamento. A partir da década de 1930, entretanto, converteu-se num bairro integrado ao espaço da cidade.

O autor do movimento cidade-jardim foi Ebenezer Howard. Ele viveu entre o final do século XIX e o início do XX (Choay, 1998, p.219-28),[2] um período caracterizado não apenas por profundas transformações sociais, políticas e, sobretudo, culturais, mas também pela exigência de uma reconfiguração urba-

---

2 De acordo com Françoise Choay, Ebenezer Howard era autodidata, militava no movimento socialista inglês desde 1879 e foi marcado pela leitura de dois livros: *Progress and Poverty*, de Henry George (1881), e *Looking Backwards*, de Edward Bellamy (1889).

30 ZUELEIDE CASAGRANDE DE PAULA

na. Cidades como Londres, Paris e Berlim marcavam suas espacialidades com intensas mudanças; a capital da Inglaterra sofria sob a fuligem das fábricas e o turbilhão das ruas confusas e apinhadas de pessoas. Ao mesmo tempo, as vias de circulação eram atravancadas por automóveis, bondes e veículos movidos por tração animal; a iluminação a gás estava ameaçada pela implementação da luz elétrica, que se estenderia por todas as cidades durante o século XX; as ferrovias foram construídas em enormes áreas; e as indústrias exalavam o odor oxidado das máquinas incansáveis que sugavam o tempo, o trabalho e as energias dos trabalhadores. Completando esse quadro, as aglomerações humanas surgiam em toda parte, sem que os espaços urbanos estivessem preparados para isso (Berman, 1986).[3]

Essas transformações que marcaram as cidades durante o século XIX, e se intensificaram ao seu final, criaram outra relação com o espaço. Um exemplo é a confusão causada nos transeuntes quando as condições do trânsito exigiram cruzamentos com mais de quatro ruas, uma inovação que atordoou profundamente a todos. Nesse momento, a solução encontrada para organizar o tráfego e estabelecer uma relação de domínio sobre os cruzamentos foi a criação de uma ilha de segurança no centro dessas intercepções. Esse sistema consistia em um triângulo ou uma pequena praça onde o pedestre aguardava o momento mais conveniente para deslocar-se entre uma rua e outra. Tal recurso protegia o transeunte de ser atropelado e, ao mesmo tempo, ordenava o trânsito de veículos de todos os tipos, bem como a distribuição espacial urbana.

O século XIX, ao qual se refere o arquiteto Camillo Sitte por volta de 1889, já conhecia o veículo a motor e os cruzamentos complexos (Sitte, 1992). Esse arquiteto analisava a repercussão do uso da reta no traçado urbano e na própria arquitetura em relação à construção da paisagem urbana. Com base nesses elementos, Sitte fez a defesa dos princípios artísticos da arquitetura urbana e

---

3 Essas alterações que se materializaram mais tarde nos espaços citadinos puseram a solidez das cidades medievais "ao chão", segundo Berman, e ao complexo que envolveu essa "demolição" convencionou-se chamar modernidade, porém não somente. Em sua obra, o autor busca em pensadores como Marx, Baudelaire e Rousseau, os primeiros a discutirem e descreverem a Modernidade, elementos para abordar sua complexidade e evidenciar seus sinais até nossos dias. O ponto máximo do ser moderno expressou-se na floresta de símbolos nova-iorquinos que representavam a cidade no século XX, mas materializou-se em um de seus bairros, o Bronx. O autor trata da demolição desse bairro e faz uso de sua memória e lembranças para descrever como era vivenciar aquela espacialidade, o sentido de ser moderno e a angústia que o atingia, tão brutal como aquela que entranhava a alma do homem solitário pelas ruas de Paris, ricamente narrada por Baudelaire (idem, ibidem).

A CIDADE E OS JARDINS 31

da própria natureza da cidade, naquele momento caracterizada pela rajada de modernidade que atingia os pasmos citadinos. Afirmava ele que "[...] a cada cem passos [os transeuntes] são obrigados a sair da calçada para atravessar uma outra rua e não têm condições de prestar a devida atenção à esquerda e à direita, por onde passam veículos vindos de todas as direções" (idem, p.103).

O oceano de veículos, a conturbada organização do trânsito com seus cruzamentos intricados, as alterações nas fachadas dos edifícios – tudo, enfim, retirava a familiaridade, a intimidade, a segurança, o reconhecimento do transeunte em relação ao lugar a ser percorrido. Esse desnudar da urbe, segundo Sitte, é sintomático: além de desorientar o citadino, trazia, com essas mudanças, um novo conceito de arte e ornamento. E ainda apontava para a configuração de outra paisagem urbana, que viria a ser a das cidades no século XX.

Os escritos de Sitte apontam para a perplexidade e, ao mesmo tempo, para a sedução e o encantamento causados por essas intervenções. Mostram igualmente que o mencionado século assistiu a um apurado domínio da estética urbana. A obra de Sitte revela extrema sensibilidade no exercício da percepção espacial relativa a esse processo de transformação. Enfatiza, por exemplo, a falta de segurança e a destreza exigida do pedestre para transitar pelo centro de Berlim, de Paris ou Londres, cidades que são referência tanto em processos de transformação, quanto na aceitação ou não das novas tecnologias do morar e daquelas que definiam as espacialidades socializadas pelas comunidades urbanas nas ruas, praças, jardins públicos e locais de trabalho (Béguin, 1981).

Essas mudanças na paisagem provocavam a reação daqueles que discordavam do alinhamento e da imposição das retas sobre as curvas no desenho urbano. Camillo Sitte foi um dos ferrenhos defensores da curva na arquitetura e no traçado citadino e advogava a adaptação do planejamento ao terreno, a adequação às aglomerações já existentes e o alargamento das ruas, ambicionado pela população. Pleiteava, em suma, harmonia entre natureza e forma. Para ele, a reta não era desarmônica, porém não oferecia surpresa: rapidamente conduzia o indivíduo ao horizonte, ao fim do imprevisto. Isso significava, para Sitte, a total simplificação da cidade, que deveria, em sua opinião, ser também uma obra de arte. A perspicácia desse arquiteto alcançava as mudanças profundas que atingiriam a Europa napoleônica, principalmente Paris durante a administração de Haussmann.[4] A concepção de cidade que nortearia a renovação

---

4 Sobre Georges-Eugène Haussmann ver breves notas biográficas ao final do trabalho.

32 ZUELEIDE CASAGRANDE DE PAULA

de Paris ultrapassou tudo o que havia sido feito em termos de planejamento urbano até aquele momento. Imprimiu-se à sua malha urbana a rubrica esquadrinhadora de espaços idealizada por Haussmann.[5] Surgia, assim, uma nova conceituação de traçados, de edificações e outro modo de viver.

O referencial haussmaniano encantou muitos: o faustoso estava presente em suas idéias. Sua prática demonstrou isso, visto que

> planeou as avenidas, *boulevards* e principais parques urbanos que deram à parte central de Paris o seu caráter distintivo. Ao mesmo tempo instalou sistemas de abastecimento de água e de esgotos e estabeleceu linhas directrizes rígidas para o desenho de edifícios. Tudo isso foi conseguido pelo simples recurso à imposição. As avenidas atravessaram o congestionamento Quartier Latin medieval, desalojando muitos dos pobres que ali viviam e, ao mesmo tempo melhoravam substancialmente a circulação do tráfego, também permitiam o rápido alinhamento de soldados na eventualidade de uma insurreição. (Relph, 1990, p.53)

Configurava-se, pois, no século XIX, outra urbanidade, diferente daquela sob a qual a cidade medieval se edificara: a luz e a liberdade de movimento espacial vinham para ficar. O poder adquiria uma conotação "gloriosa", expressa em seus monumentos e na arquitetura dos prédios públicos. Simultaneamente, o governo foi eficiente ao manifestar uma percepção da espacialidade que previa, sobretudo, a liberdade de ação dos exércitos e da polícia dentro do perímetro urbano, liberdade essa que não se verificava nas cidades medievais. A destinação de espaços para o uso exclusivo dos poderes, se necessário, no interior do plano de avenidas, sugere um pensamento atento ao vir-a-ser da cidade também como campo de confronto entre o poder e a população urbana.

Pode-se deduzir, então, que as transformações urbanas ocorridas no século XIX e durante o XX possibilitaram, no que se refere à cidade, pôr em debate não somente os conceitos de urbanização, arte e de arquitetura (Argan, 1998), mas também o espaço citadino do trabalho, da aplicação da técnica e, indiscutivelmente, da manifestação das mazelas sociais provocadas pela concentração de capital ocorrida na Europa. Esse último elemento, um dos principais componentes da estrutura moderna, alterou a natureza *da* cidade e a natureza *na*

---

5 As principais mudanças urbanas processadas em Paris por Haussmann são resultantes de sua administração como prefeito e do poder do imperador Napoleão III, cuja extensão permitiu e favoreceu a execução de um programa urbanístico de grande repercussão num tempo bastante curto. Para mais informações sobre tal administração. Ver Benevolo, op .cit., p.573-655.

cidade. Se outrora o núcleo urbano era um espaço de confluência de pessoas ligadas aos feudos ou às feiras livres, com a industrialização passou a ser o espaço do trabalho e, por conseguinte, da conjunção de grupos humanos. Se em Paris a malha urbana adquiria outro aspecto pela intervenção planejada, em Londres isso se manifestava na arquitetura do trabalho (Mumford, 1998, p.483-520).

A pobreza, resultante da acentuada diferença social, tornou-se uma das principais características da cidade industrial. Tuan, ao referir-se à Inglaterra e discutir a percepção, as atitudes e os valores do meio ambiente, salienta que

> a fuga para o subúrbio, ocorrida na segunda metade do século dezenove, possível graças à melhoria do transporte e ao aumento das rendas, precisa ser analisada tendo em vista o aspecto degradado dos centros urbanos – degradados pelos descontrolados efluentes industriais e pela extraordinária concentração de trabalhadores, biscateiros e suas famílias em vivendas miseráveis e fétidas. (Tuan, 1980, p.264)

A administração londrina enfrentou, naquele momento, problemas de cunho político e social, mas notadamente urbanos. A cidade não comportava a população nela concentrada: ao final do século XVIII, tinha um milhão de habitantes e, no início da segunda metade do XIX, dois milhões e meio, muito mais do que qualquer outra cidade do mundo. As dificuldades se afiguravam intransponíveis tanto em relação à quantidade quanto à falta de solução. Nenhum País ofereceu mais elementos para o estudo das cidades do que a Inglaterra durante o período da Revolução Industrial.

A insólita realidade, criada por todas as transformações ocorridas entre os séculos XVII e XIX, instaurava nas cidades uma paisagem incomum à qual o indivíduo deveria adaptar-se, bem como à rede de interdependências que, segundo Elias, se desenvolveu na sociedade ocidental, abrangendo-a de tal forma que as relações de comércio se estendiam para além dos oceanos e para o interior dos continentes, exigindo mudanças (Elias, 1994).

Esse panorama apresenta-nos mais um elemento para tentarmos entender o final do século XIX, período em que Howard propõe as cidades-jardins como uma saída racional para a grande conurbação que ocorria em Londres. Os cortiços estendiam-se por toda a área citadina, cujas condições mínimas de subsistência não eram respeitadas, como expõe o "[...] Relatório sobre o Estado das Grandes Cidades e dos Distritos Populosos (1845), [ao dizer que] em uma parte de Manchester, em 1843-44, as necessidades de mais de 7.000 habitantes eram atendidas apenas por 33 privadas – ou seja, um retrete para

34 ZUELEIDE CASAGRANDE DE PAULA

cada 212 pessoas" (Mumford, 1998, p.500). Essa precariedade manteve-se por todo o século XIX, mesmo na capital inglesa.

Ao contrário, pois, da realidade, a concepção de cidade-jardim apresentava aos ingleses qualidade de vida, descongestionamento e uma união dos benefícios da cidade com as vantagens do campo, isto é, o habitante dessa cidade desfrutava da natureza campestre e, ao mesmo tempo, das técnicas desenvolvidas na cidade para servi-lo.

O conceito de cidade-jardim, antes de chegar ao Brasil, em 1915, percorreu um caminho de trocas e experiências entre engenheiros e arquitetos europeus e norte-americanos, que se concentravam em congressos internacionais, circulavam pelos continentes e observavam obras e planos realizados em países que se preocupavam em resolver problemas de moradia. Afinal, um dos traços marcantes da modernidade é o seu caráter cosmopolita (Berman, op.cit., passim).

Tal fato é atestado por diversos autores que analisaram a difusão dessa concepção de planejamento urbano e verificaram a existência de um movimento em prol da cidade-jardim, cujo espaço de propagação foi partilhado com o do movimento City Beautiful.[6] "[...] Embora centrados, respectivamente, na América e na Grã-Bretanha, faziam de facto, parte de tendências internacionais mais vastas" (Relph, 1990, p.53), ultrapassando as fronteiras de seus países.

A respeito da grande projeção alcançada pela cidade-jardim de meados do século XX em diante, Françoise Choay afirma que essa concepção atravessou os mares e atingiu, além da América, a Ásia e a África (Choay, op. cit., p.219-228). De acordo com Peter Hall, no caso dos Estados Unidos, essa tendência marcou muitas cidades. Partindo de outro enfoque, Edward Relph salienta que as duas tendências internacionais mais conhecidas naquele momento acabaram por

> confluir em dois movimentos separados, nos finais do século XIX: a Cidade-Bela e a Cidade-Jardim. Embora centrados, respectivamente, na América e na Grã-

---

6 O termo City Beautiful em determinadas traduções aparece como Cidade-Bela e em outras encontra-se no original. Optou-se por uniformizar o termo como City Beautiful. Esse movimento é também conhecido como Cidade-Monumento; sua origem reporta à Paris de Haussmann e à Vienna Ringstrasse. No século XX, manifestou-se em outras localidades, como Chicago, Nova Délhi, Berlim e Moscou. A cidade sob essa concepção apresenta zoneamento específico, ferrovia, parques e lagos contornados por vegetação, grandes avenidas arborizadas, com destaque para o centro cívico, e monumentos representativos do poder. Foi um dos movimentos que viabilizou aos ingleses a ostentação de seus domínios em suas colônias.

A CIDADE E OS JARDINS 35

Bretanha, faziam de facto parte de tendências internacionais mais vastas. Seus proponentes viajavam bastante, buscando e transmitindo idéias, pois a sua pre-ocupação, como a de muitos urbanistas que se lhes seguiram, era principalmente descobrir bons modelos de planejamento, e não o caráter nacional ou local. (Relph, op. cit., p.53)[7]

Esses dois movimentos tinham características diferentes. O movimento City Beautiful, de acordo com Hall, foi originado nos passeios públicos e bulevares das grandes capitais européias, como a Paris de Haussmann e a Viena Ringstrasse. Mas sua manifestação no século XX ocorreu nas

grandes cidades comerciais do centro e do oeste norte-americanos, onde líderes municipais construíram para superar o complexo de inferioridade coletivos e impulsionar os negócios; e nas capitais recém-designadas de vastas regiões do Império, onde funcionários britânicos autorizavam a execução de projetos que expressavam a supremacia imperial e o exclusivismo racial.(Hall, 1995, p.207)

A City Beautiful, no entanto, não correspondeu por muito tempo aos imperativos da sociedade americana; o movimento que a representava floresceu durante aproximadamente os quinze primeiros anos do século XX, "extingui-se gradualmente nos quinze anos seguintes" (Relph, op. cit., p.54). Sua formulação foi responsabilidade de Daniel Burnham, "autor de muitos dos primeiros clássicos arranha-céus de Chicago durante as décadas de 1880 e 1890 e também chefe de obras da Exposição Mundial Colombiana, uma das feiras mundiais definitivas de todos os tempos, aí realizada em 1893" (Hall, op. cit., p.208).

Esse movimento caiu no esquecimento dos americanos. Entretanto, o Movimento cidade-jardim na América do Norte teve outra trajetória, além de ter Lewis Mumford, um dos mais referenciados estudiosos sobre cidades, como um dos seus fervorosos adeptos.

Em 1923 foi criada a Regional Planning Association of America (RPAA), conhecida como a formadora do grupo mais determinado em defender a cidade-

---

7 Esse ir e vir de arquitetos, engenheiros e urbanistas e a ansiedade de constatar quais tendências urbanas e arquitetônicas estavam em evidência nas principais cidades modernas do mundo é comprovada pelas histórias da vida de engenheiros e urbanistas brasileiros como Ramos de Azevedo e Victor da Silva Freire, como outros que tiveram sua formação na Europa e, por ela, serpenteavam em busca de conhecimento para aprimorar suas atividades no Brasil (idem, ibidem).

36 ZUELEIDE CASAGRANDE DE PAULA

jardim nos Estados Unidos. Seus membros eram intelectuais de esquerda, muitos nascidos e criados em Nova Iorque. Clarence S. Stein de Manhattan era a força organizacional do grupo, filho de classe média alta; Lewis Mumford, mentor intelectual do movimento, também de Manhattan, porém filho de classe operária. Outro membro era Benton MacKaye, patrocinador e iconoclasta da preservação da vida selvagem, originário de Massachusetts, não distante de Walden Pond e David Thoreau, mas que passou a vida em Manhattan. Outros participantes dessa associação eram Frederick Lee, Ackerman, Charles Harris Whitaker, Stuart Chase e Robert Kohn. Todos consideravam Nova Iorque seu lar. Entre eles havia uma exceção: era Henry Wright, formado arquiteto na Universidade de Pensilvânia na Filadélfia. Além deles, havia o empresário Alexander Bing e Catherine Bauer, escolhida como diretora executiva e assistente de pesquisa de Stein (idem, p.173).

Relacionar os membros da RPAA objetiva mostrar a relevância do grupo e destacar seu caráter interdisciplinar, atendendo aos vários aspectos do uso da terra, visto que a formação de seus membros ia de arquiteto a sociólogo. A cidade-jardim na América do Norte encontrou espaço fértil para sua divulgação, porém não logrou êxito como se esperava. A RPAA empenhou-se em propagar as idéias de Howard e Gueddes,[8] que previam a ocupação de regiões inteiras planejadas no princípio da cidade-jardim.

Por meio da City Housing Corporation, fundada por Alexander Bing, a área intra-urbana de Sunnyside Gardens foi urbanizada por Stein e Wright, dentro do padrão cidade-jardim, com superquadras, vastos espaços internos ajardinados, livres de trânsito, com restrições rígidas (as mesmas que marcaram o Jardim América) e às quais Unwin se opunha.[9] De acordo com Hall, a boa qualidade de vida do lugar foi atestada por Mumford como seu morador, que no entanto afirma: não era uma cidade-jardim (Hall, op. cit., p.146).

Outro trabalho da companhia de Bing foi em Fairlawn em Nova Jersey, próximo a Manhattan. Novamente os mesmos arquitetos dedicaram-se a outra empreitada, o que resultou em um espaço agradável com casas modestas, alinhadas ao longo de becos que partiam das ruas de distribuição do tráfego, o que foi emprestado de Parker e Unwin em Hampstead. Era um espaço ampla-

---

8 Sobre a vida e obra de Patrick Geddes, ver notas biográficas ao final do livro.

9 Pelo visto, Parker era a favor das restrições rígidas, visto que no Jardim América elas seriam responsáveis pelo bairro ter se mantido residencial, com a exceção de dois clubes.

mente arborizado, com ruas sinuosas e espaço livre central. Porém não tardou para que a classe média se apropriasse do lugar e "por volta de 1934, três entre cinco chefes de família eram, pelo menos, executivos de padrão médio; não havia mais trabalhadores de colarinho azul. E pior que isso, os corretores não [aceitavam] negros nem judeus". O lugar tinha um custo alto e os moradores iniciais não o suportaram (idem, p.146-7).

Não pararam aí as tentativas de aplicar o conceito de cidade-jardim às cidades americanas. Clarence Perry participou em 1929 do Plano Regional de Nova Iorque financiado por Russell Sage, para o qual levou suas idéias. Os princípios mais destacados dessa concepção são o princípio de Radburn, a unidade de vizinhança e a divisão em zonas, princípios que foram amplamente explorados pelos arquitetos americanos.[10]

> Enquanto a unidade de vizinhança ainda se mantinha uma idéia fresca e brilhante, foi incorporada no desenvolvimento inovador de Radburn, Nova Jérsei. Radburn era uma cidade nova concebida na tradição da Cidade-Jardim (uma das artérias principais é Howard avenue), e que reunia todas as técnicas de planejamento suburbano desenvolvidas desde 1900. A sua grande inovação residia na adaptação de todas estas ao automóvel. A oportunidade foi, contudo, extremamente infeliz. Com o colapso do Mercado de Capitais em 1929, a companhia fundada para financiar o desenvolvimento de Radburn perdeu a maior parte de seus fundos e o desenvolvimento não foi concluído.
>
> Radburn foi concebida para fazer face ao número crescente de automobilistas e à terrível percentagem de acidentes de peões e automóveis que se verificou nos anos vinte. Foi planeada para a idade do motor. Isso foi conseguido através de um 'superbloco' – um gênero de traçado de casas e ruas que afastavam dos modelos convencionais de grelha e que derivava parcialmente dos estudos das cidades-jardins na Grã-Bretanha. (Relph, op. cit., p.64-5)

Entretanto, por mais que se tenha extraído da proposta de Howard, ainda assim não há reconhecidamente nenhuma cidade-jardim na América do Norte. Mesmo que Chatham Village (em Pittsburgh, em 1932) e Baldwin Hills Village (em Los Angeles, em 1941) também tenham sido planejadas segundo este princípio, não estavam plenamente de acordo com a proposta. Além dessas ,

---

10 Estes princípios foram introduzidos no planejamento das cidades de Maringá e Cianorte no norte do Paraná, assim como nas unidades menores no entorno dessas duas pequenas metrópoles. Essas cidades foram planejadas segundo o princípio da cidade-jardim. Para melhor entendimento ver os trabalhos Andrade (1998); Paula (1998); Campos (1997).

38 ZUELEIDE CASAGRANDE DE PAULA

a concepção de cidade-jardim subsidiou a política New Deal sobre planejamento regional no governo de Franklin Delano Roosevelt, cujo apoio à idéia de retorno do homem à terra buscou amparo na RPAA. Enfim, os pressupostos apresentados na concepção de cidade-jardim repercutiram em toda a América do Norte, sem que, em nenhum caso, tivessem sido aplicados em sua totalidade, por mais que a RPAA tenha se empenhado nesse propósito.

Em um dos trabalhos mais clássicos sobre as cidades, Leonardo Benevolo apresenta, ao debater as cidades modernas, um panorama geral do processo histórico da formação dos espaços urbanos. Enfatiza a relevância do movimento cidade-jardim durante o século XX e como essa tendência influenciou o projeto de descongestionamento da cidade de Londres e, sistematicamente, apareceu na reconstrução de várias cidades entre 1945 e 1950, destacando-se na criação de cidades-jardins planejadas na Inglaterra (Benevolo, op. cit., p.681). Essa concepção urbanística tomou corpo graças ao grande movimento ambientalista que se ampliou durante todo o século, principalmente após a Segunda Grande Guerra, face aos problemas provocados pela poluição química, sonora e visual, pelas próprias guerras, pelo crescimento urbano e suas conseqüências, como o trânsito caótico e a industrialização.

Também Peter Hall faz uma detalhada análise da expansão da idéia de cidade-jardim entre 1900 e 1940, além de evidenciar como seu criador foi tratado na Europa e na América. Embora enfatize fundamentalmente a apropriação indevida de uma concepção urbana, assim se pronuncia a respeito da questão:

> Irrita, mas precisa ser dito: a despeito do denodo dos demais competidores, Ebenezer Howard (1850-1928) leva a palma como a mais importante e singular personalidade de toda esta história. Pois então tratemo-lo com justiça; já que quase todos fizeram exatamente o oposto. Muitos dos que se declararam seus críticos têm julgado, vez por outra erradamente, quase todas as suas bandeiras de luta. Chamavam-no de "planejador" com o intuito de depreciá-lo, e, no entanto ele ganhava a vida como taquígrafo. Diziam que advogava o planejamento-pradaria de baixa densidade; na verdade, sua Cidade-Jardim deveria comportar densidades semelhantes às da própria cidade de Londres, que – segundo iriam afinal reconhecer urbanistas posteriores – exigiriam a edificação de altos prédios para se tornarem viáveis. Confundiam essa Cidade-Jardim com o subúrbio-jardim que se podia ver em Hampstead e imitações sem conta – devendo-se, força é confessar, a Raymond Unwin, um de seus principais lugar-tenentes a razão desse equívoco.(Hall, op. cit., p.103)

A CIDADE E OS JARDINS 39

Essa defesa do ideário howardiano se justifica pelos muitos equívocos cometidos que ameaçavam o conjunto de conceitos que integram a concepção de cidade-jardim. Para Howard, a cidade sustentava-se, sobretudo, no alicerce de uma proposta social, não apenas urbanística. Essa é a tônica da argumentação de Peter Hall, quando se refere à atitude de urbanistas mal-informados ao imputar aos projetos urbanos que analisam a noção de cidade-jardim. Por ser um mapeamento do alcance da designação cidade-jardim deveras relevante para quem estuda essa concepção, a obra de Hall contribui para que se possa investigar se a materialização dessa vertente urbana configura-se nos espaços do Jardim América ou se nele está mais impressa a chancela dos subúrbios americanos.

Entretanto, no Brasil do final do século XIX e nas primeiras décadas do século seguinte, as influências sobre as remodelações ocorridas na capital brasileira e na cidade de São Paulo originavam-se em uma concepção de cidade oposta à de cidade-jardim. A luz que emanava de Paris fascinava a todos que a conheciam. As reformas promovidas por Haussmann no centro da capital francesa passaram a ser um referencial para muitas cidades. Essa influência no Brasil atingiu mais o Rio de Janeiro que São Paulo.

De acordo com Baudelaire, Paris era o centro irradiador da concepção moderna de mundo, e suas transformações inquietavam os habitantes e aqueles que para lá se dirigiam com o intuito de apreender a lógica daquele momento envolvente, mas ao mesmo tempo assustador.

> Certamente esse homem, tal como o descrevi, esse solitário dotado de imaginação ativa, sempre viajando através do *grande deserto de homens*, tem um objetivo mais elevado do que o de um simples *flâneur*, um objetivo mais geral, diverso do prazer efêmero da circunstância. Ele busca esse algo, ao qual se permitirá chamar de Modernidade; pois não me ocorre melhor palavra para exprimir a idéia em questão. Trata-se para ele de tirar da moda o que esta pode conter de poético no histórico, de extrair o eterno do transitório. (Baudelaire, 1997, p.24)

Esse homem parisiense era também o estrangeiro que recorria a Paris para inteirar-se do novo e do moderno. Em meados do século XIX, por meio do remodelamento proposto para a capital francesa, Haussmann criou condições para a reformulação, que incluía uma rede de bulevares e avenidas largas permitindo a implantação da arquitetura de grandes blocos uniforme. A Place de l'Étoile foi o centro de onde irradiaram ruas e avenidas em todas as direções da cidade. Essa disposição espacial, embora encantasse, desnorteava e assustava ao mesmo tempo; a iluminação a gás, o aqueduto, os esgotos, a rede de transportes públicos, a novidade representada pela rede de serviços secundários, os parques públicos e outras inúmeras mudanças deram origem à Paris transformada. Essa mudança instituiu outro ritmo urbano que infundiu à cidade uma cadência inimaginada.

Esse panorama foi um dos chamarizes para os brasileiros que iam à capital da França, tanto a passeio como a estudos. Os filhos da elite, na época, estudavam fora do Brasil, e isso, inevitavelmente, causava mudanças nos comportamentos social e cultural, sobretudo quanto aos rumos que a cidade de São Paulo tomaria ao longo do século XX. O estudo do professor Carlos Lemos (1993, p. 6) sobre a vida de Ramos de Azevedo[11] é bastante elucidativo nesse aspecto, pois informa que 219 brasileiros estudaram em Grand, na Bélgica, entre 1854 e 1914. Isso significa que muitos dos que tinham condições financeiras para estudar no exterior faziam-no.

Essa formação européia muito repercutiu no planejamento das cidades brasileiras. Se na Bélgica havia um número expressivo de estudantes brasileiros, a influência da formação ali adquirida não pode ser ignorada. Victor da Silva Freire,[12] um nome fundamental para a história da cidade de São Paulo e das relações entre a Prefeitura e a Companhia City, realizou seus estudos em Portugal e na França. Outros engenheiros também obtiveram sua formação fora do Brasil, e muitos deles decidiram os rumos da urbanização e arquitetura em várias cidades e capitais do País, como foi o caso de Antonio Francisco de Paula Souza, que fez seus estudos na Escola Técnica Superior de Zurich e na Politécnica de Karlsruhe. Seu trabalho, a propósito, teve significativa repercussão no Brasil. Entretanto, Londres e, principalmente, Paris eram os centros para onde se dirigiam os interesses e os olhares das elites paulistanas, que se consideravam cosmopolitas e modernas.

Obviamente, não podemos deixar de considerar a participação de urbanistas da Faculdade de Urbanismo e Arquitetura que eram, muitas vezes, discípulos daqueles que haviam estudado fora do País e que seriam os responsáveis pela criação da Escola Politécnica e sua Faculdade de Arquitetura e Urbanismo, nos idos das décadas de 1910 e 1920, mais tarde (1934) incorporadas à Universidade

---

11 Ver, ao final do livro, a vida e obra de Francisco Paula Ramos de Azevedo, nas notas biográficas.
12 A vida e obra de Victor da Silva Freire constam das notas biográficas, ao final do livro.

de São Paulo (USP). Naquele período fervilhavam idéias, muitas delas nascidas em cafés da agitada Londres e, com maior freqüência, da efervescente Paris, mas também nas reuniões e saraus freqüentados pelas famílias brasileiras e por elas oferecidos em suas casas, durante sua permanência na capital do estado.[13]

O estudo sobre o uso do Palacete Paulistano feito por Naclério Homem evidencia a importância dessas reuniões e chás para a sociedade local. Destacava-se, particularmente, o salão de D. Veridiana da Silva Prado:

> Ela organizou um salão que se tornou o mais importante de sua época. Congregou cientistas, artistas, escritores e intelectuais, abrindo-o para os estrangeiros e para os políticos das mais variadas ideologias, sem distinção de cor.
>
> Personalidades famosas freqüentaram o salão de D. Veridiana: os cientistas Orville Derby e Loefgreen, os médicos Domingos José Nogueira Jaguaribe, Luis Pereira Barreto, Cesário Motta Junior e Diogo de Faria, os escritores Capistrano de Abreu, Ramalho Ortigão, o arquiteto L. Pucci, o engenheiro Teodoro Sampaio, o pintor Oscar Pereira da Silva, os abolicionistas José do Patrocínio e Luiz Gama, etc. (Homem, 1996, p.105)

As famílias paulistas abastadas da época dividiam sua existência entre suas fazendas no interior do estado e suas residências na capital. Muitas empreendiam viagens a Paris e, assim, participavam da vida inebriante da cidade francesa (idem, passim).

No que diz respeito à cidade de São Paulo, as intervenções urbanas foram diferentes daquelas ocorridas na cidade do Rio de Janeiro por inspiração francesa, pois tiveram um caráter mais brando e lento.[14] O anseio de ser moderno não se limitou apenas às elites cariocas, mas tomou conta dos paulistanos, principalmente diante do crescimento da população urbana, que em 1900 era de 260 mil habitantes e, por isso, exigia mudanças consideráveis no espaço

---

13 Outro lugar de debate e encontro era o IHGB de onde emanava, inclusive, uma proposta de nação de São Paulo para o Brasil, como analisado em Ferreira, 1998, p.73.

14 Na cidade do Rio de Janeiro, o prefeito Pereira Passos ficou conhecido pelas intervenções radicais que promoveu no início do século XX, e que o levaram a ser comparado a Haussmann, pois a paisagem da Capital brasileira mudou depois dessa administração. Sua atuação, no entanto, estava assegurada pelo braço forte do Governo Federal, e suas intervenções foram marcadas pela força, pelos acordos políticos e, sobretudo, pela exclusão social. Interveio, principalmente, na malha urbana e na arquitetura pública. Os motivos que levaram a esse processo são os mais variados: desde o combate às moléstias que assolavam a urbe à preocupação com outras localidades voltadas para a modernização de seus espaços (Menezes, 1996, p.101).

urbano.[15] Nesse momento, a cidade apresentava um desafio imposto pela falta de moradia; as edificações públicas não correspondiam àquele crescimento.

As mudanças na cidade de São Paulo e no próprio estado ocorreram não apenas em seus aspectos físicos, mas também nos âmbitos social, político e cultural.[16] Não tardou para que paulistas reivindicassem para si um projeto nacional, com o objetivo de levar ao resto da nação sua identidade que, no entendimento de suas elites culturais e políticas, era também como deveria proceder o brasileiro (Luca, 1999).[17]

Os paulistanos, por essa ocasião, não aceitavam mais o obscurantismo das espacialidades estreitas, limitadas, desordenadas, empobrecidas e sem brilho. A ameaça das doenças e epidemias, a exemplo da própria capital da República (Menezes, op. cit., p.101), da cidade de Campinas (Souza, 2001) no interior do estado e de Santos (Andrade, 1992), no Litoral, era um desafio constante. A proteção do espaço citadino passou a ser uma das principais preocupações das elites, mediante a defesa ferrenha e ilimitada das medidas saneadoras e preventivas.

A modernização manifestava-se por meio de vários elementos: um deles foi a São Paulo Railway, empresa de capital inglês atuante no País e que ocupou um significativo papel na iniciativa para a abertura de estradas de ferro. A primeira ferrovia a ser inaugurada em 1867 foi a linha que ligava Santos a Jundiaí (Campos, 2002, p.44). Depois, outras companhias ferroviárias iriam compor o cenário das paisagens paulistas[18] e ter um desempenho fundamental

---

15 Essa informação foi extraída da obra de Santos, 1998, p.32. Na obra o autor apresenta várias fontes, mas opta pela mais segura, cuja referência está em *Anuários Estatísticos da Seção de Demografia de 1887 até 1920*, várias datas, várias páginas.

16 A atuação das famílias abastadas estava muito além das intervenções urbanas. Sobre esse período, o trabalho de Antonio Celso Ferreira esclarece que as famílias ricas e empresas também contribuíam para o desenvolvimento educacional e cultural da cidade. Um dos exemplos está na passagem em que trata da construção da sede do Instituto Histórico e Geográfico de São Paulo e lista as famílias ilustres que participaram com contribuições para sua construção. Entre elas estão nomes como Barão de Tatui, os condes Prates, Álvares Penteado, Asdrúbal do Nascimento e Raimundo Duprat, além de empresas Souza Queiroz, Amaral & Cia.; Sales Toledo & Cia.; Prado, Chaves & Cia.; Freitas, Lima Nogueira & Cia. Além de citar Francisco Matarazzo, Theodor Wille, Nicolau Falcone, The S. Paulo Light & Power Comp., Zerrener & Bülow. Brasilianische Bank, Jorge Fuchs, Richmann, Haydeireich & irmãos, British Bank of South America, Nathan & Comp., London and Tiver Plate Bank, e London & Brasilian Bank (Ferreira, op. cit. p.73).

17 A obra toda trata das atitudes dos paulistas com respeito ao projeto de Nação, mas o capítulo 5, em especial, faz uma exposição minuciosa do tema e apresenta detidamente a proposta.

18 Outros grupos puseram em funcionamento mais companhias: Mogiana e Sorocabana, em 1875 e Companhia Ituana, em 1873. Todas desembocavam na São Paulo Railway, sem conflitos aparentes, integradas e sem o monopólio dessa última (Campos, 2002, p.53).

no escoamento dos produtos agrícolas e manufaturados, afora os industrializados importados e os produzidos pela incipiente indústria nacional no final do Império e início da República.

Além do mais, a ferrovia facilitou o transporte humano, pois era também uma forma moderna de locomoção. Agitou a cidade de São Paulo que, com a entrada do capital estrangeiro, adquiriu "novos ares". Afinal, o capital inglês passou a ser atuante no País e fincou seus domínios durante todo o século XIX e algumas décadas do XX, contribuindo sensivelmente para o desenvolvimento que transformou a paisagem paulistana.

O uso da eletricidade e do ferro constituiu uma inovação na arquitetura urbana, pois oferecia aos engenheiros e arquitetos brasileiros – que vinham de seus estudos na Europa com muitas idéias e as manifestavam em seus projetos urbanos – a possibilidade de propor no Brasil construções com estruturas semelhantes às da Europa.[19] Tudo isso contribuiu para que a visionária busca pelo progresso – simbolizado, no caso de São Paulo, pelo traçado de ruas mais largas, onde os veículos movidos a tração animal e a motor pudessem transitar livremente, sem oferecer perigo aos pedestres, e pelo planejamento das áreas de várzeas, vales e morros – produzisse outro ideário paisagístico, incluindo-se aí a imponência dos casarios e da arquitetura pública, cujo maior destaque coube ao Teatro Municipal.

Mais tarde, todo o Vale do Anhangabaú, anteriormente marcado pelo emblemático Viaduto do Chá, compôs uma visão primorosa da região da cidade onde está localizado, em que os jardins na parte baixa, sob o viaduto, harmonizam-se com as estruturas desse último, estendidas no ar e acolhendo a passagem dos transeuntes, dos coches, das charretes e bondes no vaivém das ruas. Essa intervenção alterou a paisagem, antes rural, agora moderna; antes agreste, agora ornamentada pela natureza produzida pela mão humana. A técnica e a ciência conjugaram-se para um mesmo fim: o embelezamento urbano (Araújo, 2001, p.151-68).[20]

---

19 Acerca da prática dos engenheiros, urbanistas e arquitetos brasileiros, principalmente os de São Paulo, Carpintéro descreve inferências decisivas nos planos sobre o espaço urbano. Embora seu trabalho trate da moradia operária, é perfeitamente possível entender a urbanização de São Paulo em sentido amplo e, em seu interior, os planos de melhoramentos. Ver Carpintéro (1997).

20 Segundo esse autor, ciência, raça e civilização formavam um conjunto de crenças e de valores filosóficos que marcou a obra de intelectuais, políticos e literatos, cujo pensamento, naquilo que se refere a uma crítica em profundidade da realidade nacional, alcançou grande repercussão até a década de 1920.

44 ZUELEIDE CASAGRANDE DE PAULA

A promoção de seu próprio teatro significou, para São Paulo, não só mudar a paisagem, mas aplicar técnicas e materiais igualmente revolucionários. Além de tudo, promovia-se o governo municipal, pois se a grandiosidade da obra já causava encantamento, seu resultado final, possivelmente, seria ainda mais magnífico.[21] Porém, ao materializar-se, a construção do teatro revelou um conluio de opositores unidos para consumar um objetivo comum de fins lucrativos (Andrade, op. cit., p.143-158). Essa constatação transparece no processo de construção do teatro, a qual se deu em um terreno pertencente ao proprietário da Companhia Antarctica Paulista, Von Bulow, ligado ao empresário Antonio Prado, prefeito no período e dono da empresa de vidro Santa Marina.[22] No entanto, o trabalho ficou a cargo do escritório de Ramos de Azevedo que, por sua vez, possuía vínculos com o Governo do Estado e não tinha a simpatia das famílias Prado e Penteado.[23] As intervenções poderiam não ser, a princípio, de comum acordo, mas os interessados encontravam formas políticas de negociar seus interesses e benefícios pessoais em detrimento dos coletivos.

Essas intervenções foram realizadas de modo independente e, segundo a legislação específica para cada caso, sem um plano que abrangesse toda a cidade, em conformidade com uma legislação que permitisse a participação dos vários segmentos da sociedade local. Para Morse, estudioso desse período, Antonio Prado, quando estava no poder, "[...] pouco mais deixou que alguns monumentos isolados, tais como o novo mercado ou o Teatro Municipal,

---

21 Um dos exemplos mais significativos desse embelezamento da cidade de São Paulo, no período, diz respeito à arquitetura do Teatro Municipal, que evoca o Teatro Municipal do Rio de Janeiro, cuja obra teve início em 1904 e terminou em 1909 (Campos, 2002, p.84, 85, 91).

22 A vida e obra de Antonio da Silva Prado consta das notas biográficas, ao final do livro.

23 Em 1899 a Intendência de Obras passa a Seção de Obras. Sua diretoria é integrada ao todo por oito engenheiros e assim composta: diretor: Victor Freire; vice-diretor: Eugênio Guilhem; dois primeiros engenheiros: Joaquim Otávio Nébias e Luiz Bianchi Bertoldi; quatro segundos engenheiros: Lucio Martins Rodrigues, Francisco de Paula Santos Rodrigues, Ernesto Dias de Castro e João Esteves da Silva. Essa equipe era um grupo uniforme: Freire e Martins Rodrigues eram professores da Escola Politécnica; Dias de Castro era aluno formado em 1888 e mais dois membros que ingressaram em seguida; o engenheiro Luiz Pedrosa formado pela Politécnica em 1902 e um estudante também da Politécnica: Arthur Saboya. É importante ressaltar que Ernesto Dias de Castro era noivo da filha de Ramos de Azevedo. Obviamente houve muitos outros interesses que envolveram o acordo entre Estado e Município para a construção do Teatro Municipal, mas o fato de que havia nessa equipe um futuro parente de Ramos de Azevedo não pode passar incólume. Outra questão importante é que essa diretoria estagiava alunos da Politécnica.

A CIDADE E OS JARDINS **45**

de imitação e pretensiosos" (Morse, 1970, p.317). Entretanto, estudos realizados por arquitetos e urbanistas locais sobre esse período denotam uma discordância com relação a esse ponto de vista.

Apesar de os interesses públicos estarem voltados, nesse momento, para o leste da cidade, a iniciativa privada tinha uma orientação bem definida: a região Noroeste-Oeste. Os loteamentos realizados naquela área, como os bairros de Santa Ifigênia, Morro do Chá, Campos Elísios, Santa Cecília, Vila Buarque e o Viaduto do Chá sugerem tal opção (Toledo, 1996, p.39-118).

O Viaduto do Chá: arauto da modernidade

O Viaduto do Chá teve um papel muito expressivo na cidade, à medida que possibilitou e favoreceu o deslocamento das pessoas e o encontro entre a cidade "velha" e a "nova". Foi idealizado pelo francês Jules Martin,[24] cujo projeto suscitou muitos debates e controvérsias. A princípio, ainda no Império, chegou a ser motivo de anedotas; porém, nas décadas que se seguiram, o que parecia absurdo tornou-se um marco da modernização. A partir de então passou a ser sinônimo de moderno e esse tipo de construção alastrou-se por toda a cidade de São Paulo. O traçado do primeiro viaduto representava a expansão da territorialidade urbana e propunha diminuir distâncias difíceis de transpor. O espaço onde se localizou era uma plantação de chá, como podemos observar na Figura 1. Do lado da cidade antiga era possível ver nascendo a cidade nova, mas, para chegar até lá, os caminhos se alongavam. A ponte ligando as extremidades dos morros encurtava caminhos e aproximava os bairros novos do centro da cidade.

O viaduto marcaria a espacialidade urbana com uma característica moderna: iria demolir, transfigurar, modificar, inovar, enfim, propiciar outra paisagem para cidade de São Paulo.[25] A área destinada a sua passagem cortava o palacete do Barão de Tatuí, que representava o passado a ser superado por uma imagem progressista vinda de Londres e de Paris.[26] As grossas paredes de taipa

---

24 Informações sobre Jules Martin nas notas biográficas, ao final do livro.

25 Nesse sentido o viaduto não vinha para demolir apenas um casarão de taipa da nobreza paulistana, mas também extirpar do centro da cidade a característica agreste que marcava o local onde passou o viaduto. Era a natureza sendo dizimada pelo capitalismo que avançava soberbo por sobre o vale.

26 O Barão de Tatuí, Francisco Xavier Paes de Barros, era casado com a viúva do Barão de Itapetininga, que herdara o sobrado em questão. O sobrado representava a oligarquia ligada ao Império e sua força política nos domínios da espacialidade urbana; mantê-lo era uma questão

que remetiam aos tempos coloniais seriam substituídas pelas rijas estruturas de ferro, que chegavam para encher os olhos da elite urbana e apagar de sua memória a idéia de colônia.[27]

Figura 1 Vista do Vale do Anhangabaú sob a primeira edificação do Viaduto do Chá, no século XIX (ver B. L. Toledo, 2004. p.136-137). Acervo do autor.

O País era agora uma República e suas principais cidades deveriam mostrar ao mundo sinais de civilidade. O ferro era a representação mais efetiva desse progresso.

---

de poder desse segmento da sociedade. Também Jules Martin entrou em conflito com seus patrocinadores e não obteve total apoio do Partido Conservador, no poder, para impor seu projeto. Com a ascensão dos Liberais nos anos que se seguiram, as dificuldades aumentaram. A idéia do viaduto volta à tona quando os Conservadores retomam o poder e a proposta do projeto volta à baila com toda a ênfase. Em 1886 derruba-se parcialmente o sobrado do Barão de Tatuí e faz-se o Chá: o progresso vencia (Campos, 2002, p.51-54).

27 A demolição desse palacete representa a cidade de taipa sendo soterrada pela nova cidade. Nesse sentido, construía-se por meio dele outra camada do pergaminho histórico de São Paulo. Era um lugar sendo sobreposto por outro, considerando que a região próxima ao viaduto em pouco tempo adquiriu outra paisagem, completamente dominada pela técnica: planejada, com jardins e ruas, e cuidadosamente integrada com o próprio viaduto e com o Teatro Municipal, que iria também compor a paisagem.

A CIDADE E OS JARDINS **47**

Ao demolir, ainda no Império (1888), parte do casarão do Barão de Tatuí para a passagem da pomposa estrutura metálica, seus construtores tinham em mente o domínio do progresso sobre a tradição, essa entendida como conservadora de estruturas falidas, de alicerces carcomidos do poder existente. Era uma negação, enfim, da transformação e do desenvolvimento que, segundo Naclério Homem, demorou a chegar a São Paulo em virtude das dificuldades encontradas pelos paulistas, cuja vida era pobre e austera: "de alguns donos de engenhos de açúcar, de 'tropeiros', proprietários de tropas de mulas, e dos últimos sertanistas do ciclo das monções, as fortunas não eram consideráveis e não se comparavam à opulência dos produtores do Nordeste" (Homem, op. cit., p.18-9). Todo tipo de dificuldade era-lhes imposto pela natureza e a constituição geográfica de São Paulo; alimentos, roupas e ferramentas demoravam a chegar em decorrência desses fatores.

> Faltava-lhe ouro suficiente e a Serra do Mar constituía importante obstáculo à importação. [...] O entrave que o progresso da colonização sofreu devido às dificuldades da região não invalidou, contudo, a importância do velho Caminho do Mar. [...] Na economia colonial, São Paulo participava como produtor de "agricultura de subsistência" devendo fornecer alimentos à população do País, ao consumo interno, à "grande lavoura", cujos gêneros (açúcar, algodão etc.), por sua vez, se destinavam ao comércio exterior. (idem, p.19)

Os dois aspectos (a agricultura de subsistência e de exportação) apontados por Naclério Homem mantinham, de certa forma, o paulista longe da metrópole e do contato direto com o comércio europeu. Embora o Caminho do Mar desse acesso aos produtos importados e escoamento aos de exportação, não permitia o contato com as novidades, pela falta de recursos financeiros para conhecer a Europa.

Somente a cafeicultura iria trazer a riqueza e a opulência à cidade e ao estado, que passaram a desfrutá-las no século XIX. O que chama a atenção é como a modernização propiciada pelo cultivo do café revela os primeiros sinais efetivos de transformação da natureza e muda a paisagem quase rural em cenário urbano. É por ser um dos símbolos da entrada dessa modernização anunciada por Martin como a "Revolução Francesa de São Paulo" que o Viaduto do Chá é destacado neste item do presente trabalho.

É também nesse aspecto que a construção do Viaduto do Chá significou abrir os portais da cidade colonial para a entrada de empreendimentos capitalistas

48 ZUELEIDE CASAGRANDE DE PAULA

que chegavam com o café, o ferro, o aço e o tijolo para as novas construções e, concretamente, para a enxurrada de investimentos ingleses, os quais, de acordo com Sevcenko, iniciaram-se após a Guerra do Paraguai, dando sustentação à República e oferecendo condições de crescimento para o Brasil. Para esse historiador, a chegada de capitais ingleses ao Brasil é conseqüência de uma ampla guerra de mercados vivida pelos países hegemônicos economicamente como "[...] as potências européias, o Japão e os Estados Unidos que viviam outro tipo de guerra, representado pela ascensão dos grandes complexos industriais oligopolísticos e monopolísticos e seus efeitos dissolventes sobre as estruturas e instituições desses países" (1992, p.158). Sevcenko afirma ainda que o mercado mundial funcionava com uma harmonia organizada e racional, o que lhe permitia a manipulação de um grande volume de recursos financeiros e econômicos e seu alcance mundial.

Portanto, a demolição do casarão do Barão de Tatuí significava sucumbir ante a expansão do capital e à modernização que "abriu caminho" e venceu as "resistências" de alguns setores a mudanças que tomaram conta da acanhada São Paulo. Essas mudanças exigiram das autoridades iniciativas que apontassem para a continuidade do desenvolvimento que se definiu à medida que se estreitaram os laços entre as elites e o capital estrangeiro, consolidados nas décadas seguintes. As ferrovias (que demarcam os espaços de domínio e de novas fronteiras nas terras do estado de São Paulo e, mais tarde, em todo o País) foram financiadas pelos capitais canadense, holandês e inglês – no caso desse último inclui-se a Companhia City, empresa cuja atuação no espaço urbano da cidade de São Paulo foi significativa na definição da malha urbana. Como demonstração da entrada do capital internacional e, principalmente, do quanto o capital inglês exerceu seu controle em território brasileiro, pode-se mencionar nossa primeira ferrovia, a São Paulo Railway, uma produção totalmente de responsabilidade inglesa no País.[28]

No que se refere à Companhia City, esse quadro não foi diferente. Nas atas de reuniões dos membros da empresa sobressai a posição dos ingleses no Brasil. A companhia no País era uma sucursal, e não uma filial; seus gerentes e diretores aqui não faziam absolutamente nada sem o consen-

---

28 A ação do capital inglês não se restringiu apenas aos estados de São Paulo e Rio de Janeiro: a região norte do Paraná também foi uma de suas áreas de inserção, por meio da (re)ocupação realizada pela Paraná Plantations, mais tarde denominada Companhia Melhoramentos Norte do Paraná. Ver Tomazi (1989); Paula (1998); Campos (1997); Gonçalves (1996).

A CIDADE E OS JARDINS **49**

timento da diretoria inglesa. A comunicação era feita integralmente por telegramas, durante assembléias ou reuniões realizadas em Londres, das quais participavam alguns membros brasileiros munidos de cartas de representação de acionistas em cujos nomes votavam, ou ainda, quando um brasileiro era chamado à sede londrina. Os memorandos e comunicações internas e externas eram feitos em papéis timbrados com o nome do País onde a empresa atuava.

O Brasil era uma terra promissora em investimentos; a São Paulo não vinham apenas ingleses – Jules Martin, como visto anteriormente, era francês, e também propunha intervenções na cidade. Muitos outros estrangeiros para cá se dirigiram com o intuito de viver e enriquecer, entre os quais italianos, japoneses, libaneses, turcos, sírios, chineses, norte-americanos, alemães e poloneses.[29]

Assim, a sobreposição do novo ao velho foi mostrada de forma caricatural em uma litografia feita por Jules Martin (Figura 2) sobre a demolição do casarão do Barão de Tatuí, numa tentativa clara de evidenciar as resistências motivadas por interesses mais pessoais que políticos em relação ao crescimento da cidade. O palacete, retratado na gravura devorado por formigas gigantes, é a natureza corporificada no ataque ao magno casarão que representava os valores carcomidos sobrepujados pelo progresso. A espécie de formiga representada na litografia atacava os cafezais e ameaçava a agricultura do período como a mais grave das pestes da lavoura.

---

29 A vinda dessas etnias tem início com o fim da escravidão, no final do século XIX. Durante as primeiras décadas do século XX, aparecem como famílias que fizeram a cidade. Hardman & Leonardi (1991); Hardman (2002); Fausto (1997); Ribeiro (1994); Reale (1982); Guimarães (1980); Marzola (1985).

Figura 2 Litografia de Jules Martin sobre a demolição do palacete do Barão de Tatuí. Sua produção data do século XIX, como aponta o registro no alto da imagem (Segawa, 2000, p. 22).

A litografia em questão, intitulada *Tomada da Bastilha*, em uma nítida alusão à Revolução Francesa, permite observar que a idéia utilitarista de revolução expressa por Martin serve à irreverência e à astúcia do desenhista. Sua intenção era mostrar que a demolição do palacete do barão teria para São Paulo o mesmo efeito que a Revolução Francesa para a França: demolir parte do sobrado do barão, ridicularizando-o diante da população paulistana, significava derrubar um pensamento conservador resistente à modernidade (Segawa, 2000, p.23).

A litografia de Martin permite-nos ter uma idéia da sonoridade que invadia a cidade naquele momento de numerosas construções, mas a nota aguda foi dada pela edificação do Viaduto do Chá. Esse francês antevia a São Paulo-cidade – naquele momento, com uma população em torno de 65 mil habitantes – em busca da São Paulo-metrópole (Sposati, 2001, p.15-20). Ao representar seres humanos como formigas gigantes, manifestava sua interpretação do capitalismo quanto ao conservadorismo e o atraso expresso nas concepções agrícolas de desenvolvimento, da arquitetura de taipa e de madeira, visíveis no desenho. A cada centímetro de parede que se esfarelava em restos do que fora um belíssimo palacete colonial, sucumbiam, uma a uma, as resistências ao moderno, ao crescimento e à transformação, não obstante houvesse apenas indícios de tais mudanças. A figura da baronesa, representada, no canto inferior esquerdo, chorando a morte do galo da torre do casarão, assinala, debochadamente, o fim do domínio das idéias conservadoras que resistiam às mudanças na agricultura, na política e na indústria.

A Companhia Ferrocarril, responsável pela execução do Viaduto do Chá, passou a cobrar três vinténs pela passagem daqueles que se dirigiam ao outro lado do Anhangabaú. Os novos empreendimentos e a organização de sociedades anônimas e companhias empreendedoras, como a Ferrocarril e a Companhia City, com seus vários projetos intervencionistas e inovadores, iriam demonstrar quão positivo foi o resultado, para as elites, dessas iniciativas, pois essas empresas concentravam os capitais local e estadual, cujo alcance ultrapassava as fronteiras territoriais da cidade, estendendo-se a outras regiões e com outras atividades, como pode ser visto na empreitada de criação e difusão daquelas firmas em cuja participação empreendedores acionistas, não-sócios, tiveram grande lucratividade. Ao vazio de áreas desabitadas e aos domínios da oligarquia colonial impunha-se a "mão de ferro" do progresso e da modernização – o caminho aberto para as mais diversas formas de aplicar capitais, tanto brasileiros, como estrangeiros.

No entanto, à margem das adversidades que envolviam as administrações públicas, o Viaduto do Chá tornou-se um símbolo da cidade, como narra Bresciani, quando trata das imagens de São Paulo, de sua estética e da condição de seus moradores frente a essas transformações. A autora recorre aos memorialistas para construir as imagens do espaço citadino e um deles trata do Viaduto do Chá, dizendo que "da rua Direita parte um bello viaduto [do Chá] até a rua Barão de Itapetininga, com 240 metros de extensão e largura de 14 metros, percorridos por bonds e oferecendo dos dous lados esplendidos panoramas" (Moura apud Bresciani, 1999, p.11-45).

Bresciani lembra que o viaduto tornou-se um dos cartões postais da cidade, pela sua localização, que permitia uma visão admirável, em qualquer direção. Ainda hoje esse é um dos lugares mais referenciados na cidade. Sua localização por muito tempo orientou o cotidiano citadino, com o antes e o depois do viaduto, elo entre duas espacialidades distintas em uma mesma cidade. Sua imponência marcante no traçado urbano assinalou a história de São Paulo.

52 ZUELEIDE CASAGRANDE DE PAULA

O Viaduto do Chá foi apenas uma das intervenções significativas no espaço urbano, naquele momento (Cerasoli, *op.cit*).[30] Novas fortunas são acumuladas a partir da inserção do ferro nas construções e nas ferrovias, e do acelerado incremento que representava a construção de novos loteamentos e dos modernos edifícios – por exemplo, o Martinico, cuja arquitetura difundia as tendências urbanas em uso na Europa: fachadas limpas, linhas retas, ou seja, o moderno a instalar-se em nome do progresso e do desenvolvimento. As oligarquias coloniais, as indústrias e os empreendedores formaram um grupo difícil de definir, visto que muitos eram, ao mesmo tempo, grandes fazendeiros, sócios ou mesmo proprietários únicos de indústrias, grandes empreendedores e influentes políticos, como Antonio Prado, Cincinato Braga, Jules Martin, Ramos de Azevedo e Victor Freire.[31] Essa mesma situação verifica-se nas empresas; um exemplo típico era o da Companhia City, cujo conselho diretor (seus acionistas) transitava pela política e pela área econômica. Era o caso de Cincinato Braga, figura importante da política brasileira e sócio da City. A cidade estava envolta em investimentos e diversos projetos de modernização ajustados aos meios de acumulação de capital.

O *Correio Paulistano* publicou, em 1890, a crônica *São Paulo Cresce*, cujo teor chamava a atenção para a movimentação e o barulho reinantes na cidade. O texto faz uso de uma linguagem figurativa, que parece referir-se mais a uma mulher do que a uma cidade; uma mulher que, percebendo os adornos que a modernização lhe oferecia, queria-os para si:

---

30 Em toda a sua obra, a autora trata do crescimento urbano da cidade de São Paulo nas últimas décadas do século XIX e início do XX, mas enfoca o calçamento da cidade por pessoas comuns, e aponta a condição da cidade naquele momento como um verdadeiro canteiro de obras.

31 Sobre o caráter múltiplo das atividades realizadas pelos membros da sociedade paulistana, podemos observar, nas publicações e em memorialísticas sobre essas personagens, os vários focos de interesses. Um dos exemplos refere-se a Antonio da Silva Prado, um dos homenageados na obra *Homens de São Paulo*, publicação de 1955, de responsabilidade da Editora Martins e organizada por Affonso de E. Taunay, por ocasião da passagem do IV Centenário da Fundação da Cidade. Nesse trabalho, a vida e obra de Prado é escrita por Rubens Amaral, que relata toda a vida de Antonio Prado, inclusive sua participação na história do País e de São Paulo como abolicionista, empreendedor, político e administrador. Em 2002 Prado foi novamente um dos retratados por Tania Regina de Luca em *Cadernos Paulistas: Histórias e Personagens*, publicado pela editora Senac e organizado por Zélio Alves Pinto, para quem o livro tem como proposta mostrar acontecimentos e pessoas que marcaram a trajetória do Brasil, tendo por ponto de vista a experiência de São Paulo. Os autores dos textos são alguns dos mais categorizados historiadores e pesquisadores do País. Antonio Prado, como apontam as obras citadas, representa, entre muitos paulistanos com perfil semelhante, um dos referenciais que marcaram a passagem do século XIX para o XX na figura ambígua do industrial fazendeiro. Taunay (1955); Luca (2002).

E a Paulicéia, como que vexada de seu vestuário, originalmente combinada, por unir os elegantíssimos adornos modernos, peças vetustas e feias, está transformando-se rapidamente. Dentro em breve tempo do antigo S. Paulo pouco mais restará além da posição geográfica, pois mesmo a topografia, e ainda mais a superfície do solo vai-se modificando à vista d´olhos. Os velhos prédios caem por terra, demolidos pela picareta civilizadora. No lugar deles erguem-se da noite para o dia vestidas e comportáveis edificações. (Liberani, 1890, p.3)

Nesse fragmento da crônica já aparece a transformação para a qual a aspirante a metrópole se preparava. Sua paisagem fugidia e transitória orquestrava as sonoridades conhecidas do martelo, da serra e do estilhaçar provocado pelas ferragens, das rodas das carruagens e charretes, das patas dos animais nos calçamentos, das buzinas dos carros a motor e seu ronco. Essa sinfonia que começava a ser executada, com sonoridades peculiares, próprias de um período que iniciava um caminho sem volta para a Paulicéia, poderia ensurdecê-la, mas jamais abandoná-la, pois nem mesmo a força dos movimentos ambientalistas no final no século XX, na luta contra os vários tipos de poluição, conseguiu afastar o barulho que passou a ser característico da então megalópole.

É preciso salientar que as políticas de intervenção urbana nas cidades brasileiras estavam longe de ter o mesmo caráter das realizadas em cidades européias, que propunham mudanças urbanas estruturais de cunho social. No Brasil, as transformações eram mais voltadas para o desejo de manifestar o progresso do que de resolver questões sociais. Poucos foram os projetos que consideraram a existência do trabalhador. A economia brasileira sustentava-se na agroexportação, cujas produção e consumo pertenciam a circuitos distintos. Essa visão situava a cidade como centro consumidor e, conseqüentemente, limitava a conjunção dos

> [...] elementos do urbanismo moderno mais associados à racionalidade e à funcionalidade produtiva do espaço urbano e aos requisitos de reprodução ampliada da força de trabalho.
>
> Nosso urbanismo moderno, em vez de priorizar o âmbito da interação entre capital e trabalho, surgia como componente das diversas propostas de modernização manejadas pelos setores dominantes. Analogamente, nosso panorama ideológico custava a incorporar traços reveladores da luta de classes, sendo marcado pela disputa entre as diversas vertentes modernizadoras que concorriam na orientação das transformações locais. (Campos, 2002, p.34)

A prática da intervenção no espaço citadino vinha ocorrendo segundo os ditames do capital privado; não havia uma proposta comum para o loteamento de bairros, qualquer que fosse a intervenção por parte da municipalidade, haja vista o exemplo do Viaduto do Chá, realizado pela organização de um grupo sob a tutela de Martin e com capital privado. O texto escrito por Eugênio Guilhem e Victor da Silva Freire (diretor de obras no final da gestão do prefeito Antonio da Silva Prado) em que se apresentava o projeto de *Melhoramento de São Paulo* evidencia a presença do capital privado na atuação pública.

> Desde muitos annos, a Municipalidade e a iniciativa particular se preocuparam com os inconvenientes de uma situação cada dia mais agravada pelo aumento sempre crescente da circulação, procurando afastar do centro parte do movimento, quer pela execução de obras – viaduto do Chá e de Santa Ephigenia – que eliminassem as difficuldades de expansão proveniente da solução de continuidade criada pelo Valle do Anhangabahú, que separa a nossa 'city' de zonas planas, niveladas e próprias para constituírem outros pontos de movimento, quer pela concessão de prerrogativas particulares e favores dados aos proprietários que consentissem em erigir na rua Barão de Itapetininga prédios de andares, destinados ao commercio varejista de certo luxo e importância. (Melhoramentos, 1911, p.9-10)

A cidade seguia um processo crescente de embelezamento paisagístico e intervenções em seu tecido, como aponta o conteúdo dos argumentos de Eugênio Guilhem. Essas intervenções, promovidas pelo poder público, também eram, há muito tempo, articuladas pela ação da iniciativa privada. Assim, retrocedendo ao período compreendido entre 1902 e 1905, encontramos o remodelamento do Largo do Arouche com um ajardinamento, e as margens do Tamanduateí, na várzea do Carmo, receberam o plantio de grama e de árvores. Entre 1907 e 1909, a praça do Museu do Ipiranga foi ajardinada ao estilo francês, conforme projeto elaborado por Arsênio Putenans, e eclode a polêmica transferência da igreja Nossa Senhora dos Homens Pretos do Largo do Rosário para o Largo do Paissandu.

Intervenção no Largo do Rosário

A operação que resultou na transferência da comunidade negra do Largo do Rosário para o Largo do Paissandu, assim como a construção do

A CIDADE E OS JARDINS 55

Viaduto do Chá, foram intervenções que marcaram o desenho da cidade de São Paulo na passagem para o século XX e demonstram a articulação dos poderes na configuração do traçado da cidade de acordo com os interesses das elites. Esses poderes se manifestavam fio a fio, na tessitura da malha urbana, insuflando conflitos, acordos tácitos e diretos, enfrentamentos políticos, econômicos, sociais, religiosos e raciais que tumultuaram o período. Exemplos são a demolição do Palacete do Barão de Tatuí e a transferência da Igreja do Rosário dos Homens Pretos. Essas intervenções estavam além da preocupação urbanística e também seguiam na direção de interesses privados.

A igreja da Irmandade dos Homens Pretos do Largo do Rosário, o ponto de encontro da população negra, localizava-se exatamente na área de comércio em expansão e, por isso, era supervalorizada. Esse grupo social não foi considerado relevante pela administração municipal, que decidiu expulsar dali a comunidade, a fim de ampliar o espaço no qual se realizava o comércio, já bastante concentrado no "triângulo central". Em outras palavras, a presença da irmandade negra incomodava consideravelmente a circulação das famílias abastadas, exigindo da administração pública uma medida imediata de caráter eugênico (Santos, op. cit., passim).

O Poder Público reivindicou o Largo do Rosário, e o deslocamento foi inevitável. A modernização imprimia seus registros não só na monumentalidade do Viaduto do Chá mas, com a mesma intensidade, nas espacialidades que, redesenhadas, permitiam a segregação racial e social mediante a alegação de melhoria, que eram benefícios ocultos em ações urbanísticas.

Sevcenko, ao tratar do tema, refere-se à administração de Antonio Prado como promissora e destaca as mudanças que se faziam necessárias naquele momento (Sevcenko, op. cit., p.121). O centro da cidade exigia modificações em seu traçado, dado que parece unanimidade entre os pesquisadores do período, mas a forma como elas ocorreram denuncia um planejamento segregacionista, que se consolidou ao longo dos tempos. Porém, o que fica claro no episódio do Largo do Rosário são as estratégias utilizadas pelo poder local para atender tanto a interesses públicos como a particulares. O triângulo central não era entendido como lugar para uma comunidade negra que motivava inúmeras discussões, longos enfrentamentos em jornais e em congressos de medicina sobre o imperativo do branqueamento

(Luca, 1999).[32] Cabe acentuar que a retirada da comunidade negra foi aceita por todos, até pela Igreja, um dos poderes vigentes ao qual a Irmandade do Rosário estava ligada, o que demonstra a conivência da Igreja com o pensamento discriminatório.

Considerados involuídos, os afro-brasileiros deveriam ser mantidos em seu lugar, pois, na compreensão da elite, da Igreja Católica e dos intelectuais da época, somente o branqueamento resolveria essa condição. Enquanto isso não ocorria, o melhor era deixá-los afastados dos locais onde circulavam os brancos. Segundo a historiadora Tania R. de Luca, tratava-se de uma medida puramente eugênica que via as comunidades negras como degeneradoras das relações sociais.

> No início do século XX a prática de cindir a humanidade em grupos, aos quais eram atribuídos valores biológicos, psicológicos, morais e/ou culturais intrinsecamente diferentes continuava desfrutando do status de verdade científica que poucos ousavam contestar. A questão da mestiçagem, corolário dessa premissa, também permanecia submersa em um clima de ceticismo. No Brasil, País de população multicolorida, fruto das mesclas mais variadas, a problemática da hibridação não era simples especulação teórica, mas experiência vivida quotidianamente. (idem, p.156-7)

Observa-se que a concepção da população negra como raça involuída aparece com freqüência nos estudos sobre esse período. Além do problema da miscigenação, havia a dificuldade em controlar o surto de doenças (Andrade, 1992, p.23-9), outro problema crucial da urbanização que, inevitavelmente, levava à questão eugênica. A intervenção espacial promovida pelas autoridades era, portanto, fundamentada também nos argumentos correntes e na obrigação de manter a ordem e as condições de desenvolvimento urbano para toda a sociedade, garantindo-lhes condições saudáveis e liberdade de transitar, desde que não se fosse negro (Campos, 2003).

---

32 Esse branqueamento era algo imposto até mesmo como condição para a existência do povoamento do País, de acordo com a autora: "Na década de 1920, o pessimismo de Agassiz, Cobineau ou Coutry (...) encontrava subscritores que insistiam em vincular o avanço do País ao branqueamento de sua população, maneira eufemística não apenas de reafirmar a inferioridade de índios e africanos, mas também de expressar dúvidas quanto às chances efetivas dessas etnias abandonarem um estágio mental inferior e assim participar do esforço de construção nacional. A viabilidade da nação parecia depender da natureza de interpretação dada ao secular problema da mestiçagem"(idem, p.165).

A Praça do Largo do Rosário, lugar de convívio de comunidades negras, é mencionada de maneira panorâmica pelo historiador Nicolau Sevcenko em um rol de intervenções urbanas realizadas por Antonio Prado:

> Parte das suas intenções ficava clara pelo empenho paralelo em modernizar e organizar a Inspetoria Sanitária e os serviços básicos de higiene, dividindo para isso a área urbana em trinta distritos. Ele também desafogou o Triângulo, ampliando o Largo do Rosário, recrismado de Praça Antonio Prado, que se tornou o ponto de confluência e redistribuição de todo o tráfego de veículos e pedestres do centro. (op. cit., p.121)

Isso corrobora a idéia de que a modernização instaurava-se rapidamente – mesmo para a investigação histórica sobre os espaços centrais da cidade, os feitos de Antonio Prado aparecem como realizações necessárias naquele momento histórico.

O triângulo central assiste, a partir de 1901, ao alargamento da Rua Quinze de Novembro. Era a mais elegante rua de comércio, e sua desembocadura no Largo do Rosário conduzia aos bairros considerados "nobres" na cidade, razão pela qual não poderia haver ali uma Irmandade do Rosário.

Livre desse "estigma" a praça assumiu o papel de coração da vida social e empresarial de São Paulo. No lugar da igreja o irmão do prefeito, Martinho Prado Junior, ergueu o Prédio Martinico, o mais alto da cidade com seus cinco andares; seria ocupado pela sede da Light e pela redação do jornal *O Estado de S. Paulo*.(Campos, 2002, p.83)[33]

Os "benefícios" que ofereceu à cidade a transferência dessa comunidade negra faziam parte de um acordo tácito entre as elites e aqueles que menosprezavam esse grupo étnico, considerado inferior aos demais. Empregaram-se nesse pleito as táticas para satisfazer a grupos, famílias e pessoas, táticas essas camufladas nas intervenções urbanas que expressavam os interesses econômicos, políticos e ideológicos da sociedade da época.

Observa-se a não-existência sequer da preocupação em negar que a transferência da comunidade negra se devia à inconveniência de sua presença. E o desamparo à Irmandade do Rosário começou nas negociações quanto à indenização relativa à área que lhe pertencia, que acabou sendo avaliada em

---

33 A partir de 1986, o local passou a ser ocupado pela Bolsa de Mercadorias & Futuros (BM&F).

metade de seu valor; em caso de recusa, seria embargada pela Prefeitura e a Irmandade compulsoriamente retirada dali, com a demolição da igreja.

No novo espaço destinado à Irmandade do Rosário, a comunidade negra não era desejada, embora fosse um lugar ermo, quase um sítio, muito parecido com o Largo do Rosário quando nele se instalou a Irmandade em 1728. A hostilidade com que foram recebidos não abalou, contudo, os recém-chegados, que resistiram o quanto foi possível, e a Igreja do Rosário foi fundada no Largo do Paissandu.[34]

A transferência da Irmandade dos Pretos do Rosário e a demolição do palacete do barão de Tatuí não foram somente intervenções urbanas necessárias, mas também expuseram a forma pela qual setores da sociedade perseguiam seus interesses políticos, ideológicos e econômicos por intermédio de projetos que privilegiavam negócios privados. Segundo Malta Campos, as cidades brasileiras como um todo passaram por esses problemas, pois a

> racionalização e embelezamento esbarravam nos onipresentes interesses fundiários, resultando em realizações parciais. Sucessos pontuais ou momentâneos, no que se refere à remodelação da cidade, eram vitórias obtidas a custo no panorama pouco racional e nada belo da urbanização acelerada, das soluções casuísticas e do aproveitamento imobiliário indiscriminado.(Campos, 2002, p.22)

No caso de São Paulo, essa análise se aplica àquele momento, pois não havia um planejamento das necessidades amplas e gerais que atendesse aos interesses de toda a população, independentemente de sua condição social. Era realizada uma política de intervenções ideologicamente marcada pelo conservadorismo e pela política de privilégios sem planejamento na esfera da complexidade urbana.[35]

---

34 Sobre as dificuldades das irmandades negras, mais enfaticamente a dos Homens Pretos do Rosário, destaca-se a dissertação de Antonia Quintão, na qual a autora trata dos enfrentamentos dessa comunidade no decorrer das lutas pela libertação escravista e a conquista de espaços dentro do perímetro urbano de São Paulo, salientando o posicionamento da igreja frente aos poderes vigentes e às comunidades. Ver Quintão (1991).

35 Segundo Morse, a gestão de Antonio Prado não contribuiu para que houvesse um planejamento mais sistemático do espaço urbano, deixando muito a desejar nesse aspecto. Entretanto, realizou arranjos na mesma proporção de sua falta quanto ao posicionamento político de seus representantes, haja vista a Revolução de 1924, que põe à mostra essa teia de composições políticas (op. cit., p.317 et. seq).

Obviamente, isso não quer dizer que a gestão Antonio Prado nada fez; ao contrário, Sevcenko enumera várias interferências no espaço citadino realizadas no decorrer dessa administração. Porém, nenhuma delas provinha de um planejamento que implicasse modificações mais amplas. Eram, como procuramos evidenciar, intervenções isoladas, e seu planejamento era marcado por situações específicas no âmbito dos poderes dos grupos.

A concepção de cidade e de planejamento que percebemos nos casos tratados expressa-se na dominação das elites e na compreensão que esses grupos tinham de si, como se viam e se posicionavam com relação à espacialidade urbana como depositária dos anseios e necessidades de uma coletividade. Tal posição não se refere apenas à superioridade econômica, mas também à superioridade de valores morais, religiosos e culturais, com direito a conduzir a expansão territorial urbana de acordo com seus interesses e voltada para os locais visados.

O primeiro planejamento, feito em 1911, efetivado na gestão de Duprat, demonstrava amplas preocupações que, entretanto, priorizavam as artérias centrais da malha urbana e favoreciam as classes mais abastadas, relegando ao último plano as áreas periféricas, cujos espaços eram habitados por operários e pessoas de posses sem poder de interferência no âmbito dos poderes – ou seja, menos significativas para uma elite ciente de sua condição, com visões muito bem demarcadas sobre si e sobre os outros. Essa elite veio, mais uma vez, apontar a direção que tomaria a cidade dali em diante, opondo-se, na raiz, à pluralidade, diversidade, multiplicidade e, já naquele momento, à complexidade, preteridas em favor de um núcleo central que usufruía as benesses que o planejamento tinha a oferecer a seus fomentadores.

Não se aplicou à cidade um princípio condutor que levasse em consideração que "[...] planejar uma cidade é tanto pensar a própria pluralidade do real quanto efetivar essa maneira de pensar o plural; é saber como articulá-lo e ser capaz de fazê-lo" (Certeau, 1994, p.24). Vemos que "fazer" uma cidade exige muito mais que apenas enquadrá-la conceitualmente; sem os instrumentos básicos do fazer, ela sempre será uma concepção, uma idéia, um conceito, mas não se materializará. Para que isso possa ocorrer, é preciso que o planejamento ou um planejamento seja consolidado em conjunto com o já existente e que haja espaço para o seu vir-a-ser na pluralidade e na complexidade urbanas.

Plano de Melhoramentos: o poder dos engenheiros

A proposta de um planejamento amplo para a cidade de São Paulo foi sendo gestada nos últimos anos da primeira década do século XX, mas os estudos efetivos para tanto foram feitos a partir de 1910, com o conhecido Plano de Melhoramento de São Paulo, trazido a público em 1911. O panorama da cidade mostrava um crescimento que justificava mais atenção das autoridades com relação a uma melhoria do centro, assim como possibilidades de expandir o comércio para fora dos limites do triângulo central. Três projetos propunham-se, então, a dar mostras das intenções de melhoramento, visando não só às soluções para o presente, mas a uma paisagem urbana que doravante conferisse ao espaço citadino a idéia de progresso e civilização congregados no crescimento urbano.

Os projetos apresentados por Alexandre Albuquerque, Freire-Guilhem e Samuel das Neves[36] tiveram, inicialmente, a função de oferecer diretrizes organizacionais na orientação do crescimento da cidade. Objetivou-se definir melhor as artérias centrais, praças, viadutos e espaços determinados para encaminhar o crescimento do comércio. Os bairros poderiam, a partir desse núcleo, fixar sentidos de orientação e localização. As empresas loteadoras teriam, também, demarcadas as áreas para os novos bairros e, em acordo com a prefeitura, poderiam direcionar suas metas para outros loteamentos. Deu-se a isso o nome de Plano de Melhoramentos de São Paulo.

Essa idéia de planejamento, que pretendia atender às necessidades das elites, não considerava, segundo Marisa Carpintéro (op. cit., p.78), a questão das moradias populares ou da habitação de um modo geral. Pouco tardou para as autoridades atentarem para esse "detalhe": a urbanização consistia também em moradias para o operariado, que havia sido ignorado pelos melhoramentos de 1911.

Ao adentrar o campo investigativo no qual o Plano de Melhoramentos se efetivara, constatamos que o projeto de Alexandre Albuquerque (Figura 3) foi subsidiado por capitalistas brasileiros que viam no melhoramento urbano uma forma de aglutinar capitais. Compunham esse grupo paulistanos, como o conde de Prates, o barão de Bocaina, Plínio da Silva Prado, José Nogueira Paulino, José Martiniano Rodrigues Alves, Nicolau de Souza Queiroz, Horácio

---

36 A vida e obra sobre Samuel das Neves está nas notas biográficas.

Belfort Sabino,[37] Sylvio de Campos, Francisco de Paula Ramos de Azevedo e o próprio Alexandre Albuquerque.[38]

A proposta de Alexandre Albuquerque apresentava a inserção de uma avenida que ligaria a Praça Antonio Prado à Chácara do Carvalho em Campos Elísios, local de moradia do prefeito Antonio Prado. Seu desdobramento seguiria até o bairro Bom Retiro e a Freguesia do Ó, além do vale do Tietê. Outra avenida ligaria o Teatro Municipal, o Viaduto do Chá e a Estação da Luz, e uma terceira ligaria o Largo do Viaduto de Santa Ifigênia ao Largo do Arouche e ao bairro de Higienópolis (Segawa, op. cit., p.70). Seu planejamento ficou conhecido como o Projeto das Grandes Avenidas.

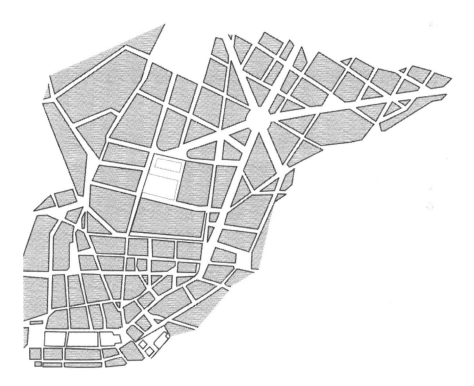

Figura 3 Projeto de Alexandre Albuquerque. Planta redesenhada por Rafael R. Ferreira a partir de Segawa, p.72

---

37 Horácio Sabino era um dos sócios da Companhia City.
38 A vida e obra de Alexandre de Albuquerque consta nas notas biográficas.

As três grandes vias convergiam para um centro cujo final, em rotatória, era visivelmente semelhante à Place de l'Étoile. Esse novo arruamento era baseado no modelo parisiense de remodelação urbana de grandes avenidas e extraordinários bulevares, entre outras interferências que o projeto pretendia realizar. No entanto, era uma proposta onerosa para o poder municipal e para os investimentos privados, pois se pautava nos princípios haussmanianos e exigia inúmeras desapropriações que levariam fortunas dos cofres públicos. A viagem à Europa resultou nessa paixão pelas obras de Haussmann, mas a cidade não suportava tamanho empreendimento sem que se soubesse de onde tirar subsídios financeiros para efetivá-lo. Diferentemente do que apresentava o projeto de Freire-Guilhem (Figuras 4 e 5), não havia, na proposta de Albuquerque, uma planilha de custos e de fontes orçamentárias para tornar viável seu projeto. No entanto, existia em suas proposições uma perspectiva que fugia do triângulo tradicional que envolvia o centro da cidade, como previam os outros dois projetos.

Porém, segundo Segawa, o projeto de Alexandre Albuquerque estava em descompasso com a Europa diante das propostas de planejamento urbano alemão, das idéias de Camile Sitte e do movimento inglês das cidades-jardins (idem, p.74). Esses, sim, foram contemplados no Plano de Melhoramentos. Victor da Silva Freire, em função de sua formação, sentia-se inclinado às propostas delineadas por Sitte, que eram soluções aplicáveis aos terrenos acidentados da promissora São Paulo. Em vez de impedir seu crescimento, isso poderia ser um agregador de valores ao planejamento proposto.

O projeto apresentado por Freire-Guilhem tinha origem no trabalho de Victor Freire, do setor de obras da Prefeitura Municipal. Esse engenheiro assumiu a Seção de Obras como chefe e, mais tarde, tornou-se seu diretor em 1899. Sua entrada no poder público está vinculada a Antonio da Silva Prado. Contudo, quando Prado deixou a Prefeitura, Freire continuou na direção da Seção de Obras, na época Diretoria de Obras Municipais, até 1926. Seu projeto oferecia uma proposta resultante de estudos sobre a região, fundamentados em informações concernentes ao cargo que exercia. O projeto apresentado para a intervenção no centro previa

> o alargamento e nivelamento da Rua Libero Badaró, da construção de um viaducto ligando a praça Antonio Prado ao largo do Paysandú, do ajardinamento do Valle do Anhangabahú. [...] Concluída ella, ficará o centro em perfeitas condições de viabilidade, para acudir as exigências do tráfego naturalmente crescente, durante largo prazo de tempo. E, simultaneamente, achar-se-á dotado de um logradouro de aspecto

característico e original, como os que procuram modernamente constituir as cidades mais adiantadas, arredam dos seus programmas edilícios, sempre que a topographia natural lh'o permitte fazer – é felizmente o nosso caso – o typo das longas avenidas banaes e sem tão favoráveis condições de esthetica, de que é modelo acabado, na opinião dos competentes, a conhecida avenida 'de Mayo', em Buenos Aires.

A esse logradouro fará digna companhia o que deverá ser constituído mais tarde, do lado da várzea do Tamanduatehy, pelo seu ajardinamento e pela ligação da rua da Boa Vista com o largo do Palácio, encastoando por essa fórma o coração da cidade entre dois bellissimos parques e emmoldurando-o entre dois soberbos panoramas, de natureza diferente mas esplendidos ambos pela harmonia e suavidade das suas linhas.

Indispensavel é, porém, que a esses logradouros não falte o aspecto monumental falharia esse por completo se, provido de recursos pecuniários, não se achasse o executivo municipal munido de uma lei de desapropriação, cujo molde não é difficil encontrar no paiz ou no estrangeiro, e que permitta constituir lotes marginaes de fórma e dimensões adaptadas á construcção de immoveis, dignos de enquadrar os melhoramentos projectado.(Freire, 1911, p.7-8)

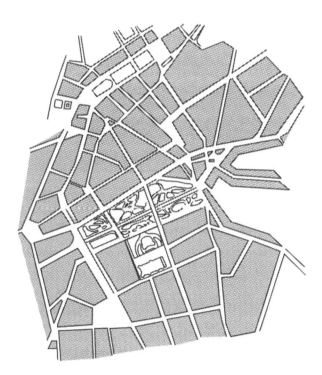

Figura 4 Projeto de Freire-Guilhem. Planta redesenhada por Rafael R. Ferreira a partir de Segawa, p. 85

O Plano de Melhoramentos Freire-Guilhem é todo ele voltado para a suntuosidade e o embelezamento, assim como para a solução de alguns dos problemas mais prementes naquele momento. O principal era transpor os morros e vales e levar a cidade para fora do triângulo central, onde se encontravam agrupados os estabelecimentos comerciais e, por conseguinte, todo o grande fluxo de pessoas e de transporte de carros a motor, bondes e veículos movidos por tração animal. Esse agrupamento, aglutinado em um único ponto, oferecia aos paulistanos uma pequena amostra das conturbadas cenas londrina e parisiense.

O plano de Freire-Guilhem, em seu aspecto prático, não se distinguia do plano apresentado por Alexandre Albuquerque quanto à grandiosidade e aos custos. A dessemelhança estava em que o primeiro era encaminhado ao governo do Estado com uma planilha de custos e uma carta de apresentação do prefeito Antonio Prado na qual ele, sabiamente, mostrava a diferença entre a cidade de São Paulo e a de Buenos Aires, considerada a Paris sul-americana e, portanto, a urbe paulistana era merecedora de investimentos maiores que os dez mil contos de réis pedidos a sua gestão (Prado, 1911, p.4-6).

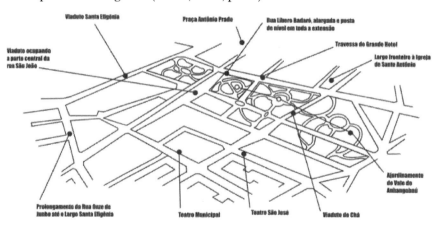

Figura 5 Perspectiva geral do Projeto de Freire-Guilhem. Planta redesenhada por Rafael R. Ferreira a partir de Segawa, p. 75

O terceiro projeto a entrar na concorrência pela melhoria do centro foi o de Samuel das Neves (Figura 6), engenheiro representante dos interesses do governo do Estado. Foi levado a público em 23 de janeiro de 1911 pelo *Correio Paulistano*. O jornal dizia ser esse o projeto que a Prefeitura executaria, como se a decisão sobre qual dos projetos apresentado aos paulistanos para a melhoria da cidade já tivesse sido tomada. A precipitação do jornal, ao anunciar a preferência por um dos projetos, levou a um constrangimento geral. Além disso, a proposta desse engenheiro não tinha fundamentos financeiros, fundamentos que caracterizavam a tônica do projeto de Freire-Guilhem. Foram apresentados ao prefeito Antonio Prado caminhos alternativos, ou seja, a desapropriação dos terrenos que envolviam a área principal, onde ocorreria a interferência maior.

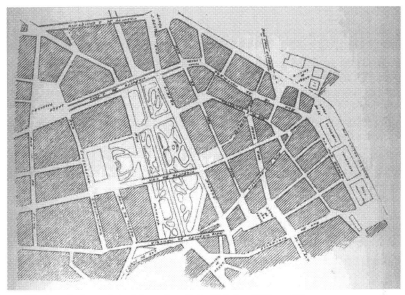

Figura 6 Projeto de Samuel das Neves (ver B. L. Toledo, 1996, p. 85).

Caso o governo do Estado não atendesse ao pedido de Antonio Prado, a referida área poderia ser vendida e, assim, o dinheiro empregado na aplicação do projeto seria recuperado. De toda forma, o plano apresentado pelos engenheiros Eugênio Guilhem e Victor da Silva Freire trazia alternativas quanto a sua aplicação, pois apontava os caminhos financeiros para se concretizar. Por esse motivo, a publicação do projeto de Samuel das Neves como o escolhido causou desagrado ao grupo ligado a Prado, visto que não apresentava viabilidade financeira. Os motivos que levaram o *Correio Paulistano* a cometer tal "deslize", ao anunciar a definição do projeto final, não aparecem nas obras estudadas. Porém, é possível que esse episódio só tenha ocorrido em função das disputas entre Prefeitura e Estado, na definição de um projeto urbano que, embora não atendesse a toda a população, traria um grau considerável de interferência na espacialidade urbana.

Samuel das Neves ligava-se a nomes importantes, como o Conde de Prates. Era engenheiro agrônomo e agrimensor funcionário do setor de obras estadual, pertencente à Secretaria de Agricultura, Comércio e Obras Públicas. Seu projeto foi apresentado no final de janeiro, depois de ter vindo a público o projeto de Freire-Guilhem. Diferentemente desse último, sua proposta foi realizada com pouco tempo e sem muitos estudos, como os que embasaram a da Prefeitura; não apontava diretrizes urbanísticas definidas, não dispunha de um planejamento seguro do uso imobiliário e não assegurava a funcionalidade dos espaços e a circulação priorizada no caso do de Freire-Guilhem. Trazia sugestões para uma avenida ampla que ligaria a Avenida Paulista à Avenida Tiradentes.

> Além de reproduzir as idéias do Viaduto Boa Vista e da praça do Patriarca o projeto Samuel das Neves propunha abrir uma nova rua no coração do "triângulo", do Viaduto Boa Vista à Brigadeiro Luís Antônio, na qual "toda a edificação obedeceria ao tipo da rua Rivoli, de Paris". Mais importante era o tratamento do Anhangabaú: garantia a ocupação dos dois lados das ruas Formosa e Líbero Badaró e preconizava o tratamento do vale enquanto bulevar arborizado e edificado, formando, no lugar do parque, "uma avenida parque". Apresentada, como não podia deixar de ser, como a "avenida central" de São Paulo, ligaria o espigão da Paulista à avenida Tiradentes. Prenunciando uma escala de intervenção mais ampla daquela admitida até então, essa via de fundo de vale sugeria diretrizes menos presas à colina histórica do que aquelas que presidiam ao projeto da prefeitura. Sua idéia seria a retomada mais tarde no projeto da avenida Anhangabaú, atual Nove de Julho. (Campos, 2002, p.124)

Esse projeto visava mais à monumentalidade que os outros. Segundo Segawa, a avenida central por ele proposta deveria ter sessenta metros de largura, enquanto os outros propunham quarenta e a Avenida Central, na cidade do Rio de Janeiro, tinha 33 metros. Também comportava outra rua que deveria ter 18 metros de largura, com edificações ao modelo da Rua Rivoli, em Paris. Deveria ter o seguinte percurso: "[...] do cruzamento da rua do Comércio com a rua da Quitanda, sobe procurando o prolongamento da Avenida Luiz Antonio e [...] do ponto de partida desce na direção oposta, rumo ao prolongamento da Rua Boa Vista" (Segawa, op. cit., p.90-1).

Victor Freire respondeu a Samuel das Neves em uma célebre conferência proferida no Grêmio Politécnico. Fez veemente crítica ao projeto e sugeriu alternativas, inspirado nas idéias de Camile Sitte, indicando, com isso, ser seu admirador. Não estava resolvida, contudo, a questão entre os dois projetos. Josep Bouvard,[39] que há algum tempo percorria a América do Sul, foi chamado a arbitrar a questão. Segawa garante que a vinda de Bouvard foi acidental, mas outros autores apontam a oficialização do convite feito pela Câmara Municipal (Campos, 2002, p.143-9; Toledo, 1996, p.91). Sua vinda, segundo Reis Filho,

> [...] provocou algumas reações de repúdio, mas permitiu à Câmara encaminhar uma solução conciliadora, adotada nos anos seguintes. Basicamente, o parecer de Bouvard deu força aos planos elaborados na diretoria de Obras do Município, conhecidos como Freire-Guilhem [...] A solução proposta pela Diretoria Municipal e por Bouvard foi considerada pelos profissionais como tendo sido influenciada pelas idéias de Sitte, opondo-se ao caráter cirúrgico e autocrático de Haussmann, notado no Plano Albuquerque. O plano Samuel das Neves pode ser considerado como uma variação do plano Freire, tendo sido elaborado em prazo extremamente curto, não se conhecendo todas as peculiaridades, uma vez que não chegou a ser publicado na íntegra. (Reis Filho, op. cit., p.45)

O ano de 1911 foi, ao que tudo indica, um ano polêmico na política e no enfrentamento entre os senhores do poder local. Revelou-se nesses embates uma clara divisão de forças entre o grupo representado por Freire-Guilhem e o representado por Samuel das Neves. A disputa não era apenas por um plano de diretrizes urbanas, mas pelo controle das relações políticas e econômicas cujo cerne tratava do loteamento de áreas. As relações comerciais transpunham os limites urbanos e estaduais, como no caso das ferrovias, da formação de companhias com ações de empresas de capital estrangeiro, como a City of São Paulo Improvements and Freehold Land Company Limited, que detinha o controle do grupo ligado a Antonio Prado, embora ele, particularmente, não apareça aí.

É nesse quadro que Raymundo Duprat assume a Prefeitura de São Paulo. Ele havia exercido a vereança algumas vezes; amiúde substituía Antonio da Silva Prado na condição de vice-prefeito e, assim, não era estranho aos conflitos que cercavam o Plano de Melhoramentos, tendo recebido de bom grado a presença de Joseph Bouvard para a indicação de soluções ao impasse que se havia criado. Bouvard era um nome respeitado por todos os envolvidos, e seu projeto, além

---

39 A biografia de Josep Antoine Bouvard consta em notas biográficas ao final do livro.

de apaziguar os ânimos, resultou em melhorias concretas para a cidade. Foi o político e conciliador que adaptou o plano de Freire-Guilhem com o objetivo de dar elegância ao Vale do Anhangabaú, o que permitiria atender aos interesses públicos e privados. Projetou a construção de dois blocos isolados nos terrenos do conde de Prates com cercamentos em jardins. Essas edificações foram planejadas por Samuel das Neves, cuja preocupação também visou à elegância e à harmonia com a paisagem externa, de forma que esse conjunto de obras se tornou o ponto para o qual convergiram as atenções por mais de duas décadas. Consta de seu plano a organização da Várzea do Carmo, mais tarde transformada em Parque D. Pedro II, cujos projetos incorporaram muitas de suas sugestões.

Nesse panorama, incluindo-se o primeiro grande Plano de Melhoramentos e seus meandros, tinha continuidade a construção de uma paisagem urbana "civilizada", domesticada, subjugada, integrada à tendência urbanística da cidade. Se observarmos os registros fotográficos, encontramos em diferentes pontos uma natureza agregada ao restante dos elementos que compõem o contexto urbano.

A Avenida Paulista (Figura 7), por exemplo, mostra uma simetria perfeita. A aparência das árvores enfileiradas evidencia o domínio do homem sobre a natureza e sua capacidade de assinalar a civilidade, até mesmo por intermédio da própria natureza. Diferenciá-la do embrutecimento que as áreas rurais apresentavam, com a multiplicidade e a dessemelhança, era uma necessidade do urbano.

Figura 7 Plano geral da Avenida Paulista, em direção à região da rua da Consolação, a partir do torreão da residência Von Büllow. Na linha do horizonte, à direita, o Pico do Jaraguá. À esquerda da avenida, região em que viria a ser planejado o bairro Jardim América. Autoria: Guilherme Gaensly, 1907. Acervo: Fundação de Energia de São Paulo.

Nessa paisagem, vemos árvores com aspecto semelhante, diverso apenas daquelas que estão nos jardins das residências, mas que também têm simetria entre si: são cuneiformes, decorativas e repetem-se em quase todos os jardins ao longo da avenida, patenteando novamente a salubridade e a correção da natureza. Essa contraposição está presente na mesma imagem, se compararmos a avenida à área de fundo do Parque Siqueira Campos, cuja vegetação conserva sua disposição natural e disforme.

Notamos que a civilidade na natureza da paisagem urbana estendia-se por toda São Paulo; não era apenas uma condição da Avenida Paulista. Se analisarmos a paisagem do Vale do Anhangabaú alguns anos depois (Figuras 8 e 9), quando nele foram empreendidas as reformas propostas no Plano de Melhoramentos, encontraremos um elogio à natureza adaptada à composição urbana. Toda a área que envolvia o Teatro Municipal, o Vale do Anhangabaú e o Viaduto do Chá apresentava uma composição simétrica inteiramente integrada à urbanização proposta. Tratar do Plano de Melhoramentos com vistas a atentar para o esquadrinhamento do espaço é importante, uma vez que esse planejamento contribuiu consideravelmente para o vir-a-ser da cidade a partir de si mesmo e de interferências posteriores. A paisagem urbana respaldada na natureza compreendia, sem dúvida, a feição da cidade.

Figura 8 Vista do Vale do Anhangabaú. (Reis Filho, 1994. p.42). Acervo do autor.

As imagens desse período indicam que havia uma composição urbana paisagística para a qual se voltou Barry Parker ao planejar o Jardim América. Seu projeto de alinhar residência, bairro e cidade era coerente; entretanto, as dificuldades dos administradores, ao longo do século XX, em atender às exigências de uma cidade industrial conduziram a espacialidade urbana a uma configuração fora de controle, no final do século. Perdeu-se, dessa forma, a referência paisagística que no passado marcara a urbe.

No cenário de 1911, em conformidade com Reis Filho, vem ao Brasil, acompanhando Bouvard, o empresário inglês Laveleye quem, por estímulo do amigo, adquiriu uma área de aproximadamente 12 milhões de metros quadrados. Nascia, nesse momento, a City of São Paulo Improvements and Freehold Land Company Limited. Seus diretores eram Laveleye, Bouvard, Cincinato Braga, Campos Salles e Lord Balfour, na época presidente da São Paulo Railway. Essa composição financeira e política foi a proprietária da maior e mais forte empresa privada que envolveu capitais da França, Inglaterra e Brasil no espaço urbano. A própria constituição desse grupo demonstra muitos mais interesses do que aponta Segawa, ao mencionar a passagem, por acaso, de Bouvard por São Paulo. Sua vinda está, pelo contrário, permeada por situações que denotam uma real avaliação dos conflitos e dos interesses em jogo para definir o melhor quinhão e a quem caberia seu controle, no crescimento desmedido, já para a época, da recente metrópole.

Figura 9 Vista do Teatro Municipal. (Fotografia extraída de *Cadernos de Pesquisa LAP*. Algumas Experiências Urbanísticas do Início da República: 1890-1920, nº 1, jul. ago. 1994. p.42). Acervo do autor.

O mais importante, com relação à Companhia City, estava em sua gênese: era uma empresa britânica, mesmo que em sua constituição houvesse a participação de capital francês com atuação no Brasil e de brasileiros – suas atas de reuniões e seus documentos de formação registram o controle inglês. Seus acionistas-diretores brasileiros eram subordinados à diretoria da Inglaterra. Os empreendimentos realizados no Brasil pelo capital inglês estendiam-se por todos os segmentos econômicos do País, e a disputa pela aprovação do Plano de Melhoramentos mapeava esse domínio, de forma indireta, é verdade, mas em nenhum momento poderíamos dizer que foi um acaso a intervenção de Bouvard.

O primeiro empreendimento da Companhia City seria o loteamento do subúrbio Jardim América. Com a perspectiva de um Plano de Melhoramentos com linhas mais ou menos definidas e a aquisição da área pela Companhia City, a proposta de transformar em subúrbio o local hoje denominado Jardim América (na época, apenas América) tornou-se concreta. Mas nada indica, nessa ocasião, qual a proposta urbanística para a região.

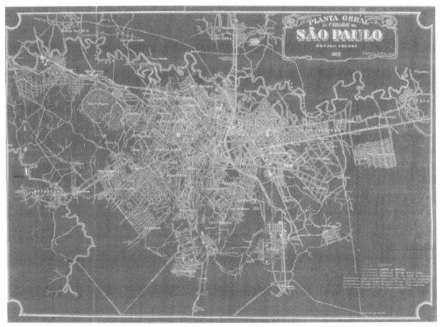

Figura 10 Planta Geral da cidade de São Paulo de 1913. Acervo da Biblioteca Mario de Andrade.

O Jardim América aparece no mapa de 1913 em quadriculado, com arruamentos em malha ortogonal, cortada por diagonais (Figura 10). Até 1915, quando a planta do planejamento da área foi solicitada ao escritório de Raymond Unwin, em Londres, havia apenas esse desenho da localidade cujo traçado apresentava uma visível opção pelo estilo "tabuleiro de xadrez". Na planta da cidade de São Paulo, podemos ver que o traçado do bairro marcando a malha urbana é aquele projetado por autor não-identificado pela City. Outro dado importante é ele estar localizado no fim da área da cidade caracterizada no mapa, o que confirma sua constituição inicial de subúrbio.

Somente em 1917, Barry Parker foi convidado a vir ao Brasil e passou a responder pelo desenho da planta definitiva do Jardim América, com as características que o definiram, para os urbanistas brasileiros, como bairro-jardim. O Plano de Melhoramentos de 1911 foi aplicado em sua quase totalidade e ofereceu à cidade uma feição embelezadora, como os registros fotográficos comprovam. Portanto, quando Barry Parker chegou a São Paulo, em 1917, a capital do estado possuía uma área central com uma certa harmonia paisagística e foi sob a perspectiva de integração a essa paisagem que Parker propôs seus projetos.

2
CIDADE-JARDIM:
DE LETCHWORTH A SÃO PAULO,
O NASCIMENTO DO JARDIM AMÉRICA

*Antes que o homem moderno possa controlar
as forças que hoje ameaçam a sua própria
existência, é necessário que retome posse de si mesmo.
Isso fixa a principal missão para a cidade do futuro:
criar uma estrutura regional e cívica visível,
destinada a colocar o homem à vontade em face
do seu ego mais profundo e do mundo mais amplo,
ligados a imagens de nutrição e amor humano.*

Lewis Mumford, *A cidade na História*

*As cidades desenvolveram-se de uma maneira
que chamamos espontânea, mas que, na realidade,
era determinada pela evidência que a figura histórica
da cidade tinha na consciência individual e coletiva.*

Giulio Carlos Argan,
História da Arte como História da Cidade

A concepção de cidade-jardim apresentada no livro *Cidades-Jardins de amanhã* (1898), de Ebenezer Howard, expressa o pensamento desse autor sobre urbanização, desde a idéia geral de um grupo de cidades até detalhes como os valores dos terrenos, calculados em libras, no todo do empreendimento e em suas partes, possibilitando conhecer, assim, o custo de cada cidade. O desenho da totalidade e das partes de seu plano é minuciosamente elaborado, a fim de facilitar o entendimento de sua proposta pelo leitor.

O planejamento centrava-se na harmonia entre homem e natureza e na convivência de ambos nos mesmos espaços. Mas, segundo Maria Irene Szmrecsányi, a noção de cidade-jardim é muito mais que isso:

> apresenta toda uma política para a manutenção do equilíbrio social, ameaçado pelas sórdidas condições de urbanização das camadas populares inglesas durante o século XIX. Planeja não só as formas, as funções, os meios financeiros e administrativos de uma cidade ideal, sadia e bela, mas, principalmente, um processo para satisfazer as massas e controlar sua concentração nos centros metropolitanos.(in: Howard, 1996)

A formulação de urbe, acima exposta, foi uma das tendências que orientou urbanistas e planejadores no século XX,[1] motivada pela necessidade de apontar soluções para a miséria no campo, o caos e a desordem que afetavam as cidades inglesas, principalmente a Londres do final do século XIX. Portanto, todas as questões sociais convergiam para a importância de impedir o deslocamento das populações do campo para os centros urbanos – perspectiva que se afigurava desoladora —, mas essa tentativa não logrou êxito (Andrade, 1998, p.35).

Howard não era um urbanista, ele trabalhava no Parlamento inglês como taquígrafo. Isso certamente o colocava diariamente em contato com os debates sobre a espacialidade urbana e as possíveis respostas às contingências diárias. Explica-se, assim, sua determinação em encontrar, naquele momento, uma saída para o panorama da urbe o que o levou à elaboração de um planejamento meticuloso.

Tal planejamento é considerado utópico por não conceber a migração como um problema social, cuja raiz estava na concentração do capital, responsável pelo "mecanismo monstruoso" que transformaria a sociedade em "duas Nações: a dos civilizados, composta pelos homens de propriedades, e a dos bárbaros, formada por aqueles que eram proprietários somente do próprio corpo" (Bresciani, 1986, p.214).

Além de ter uma percepção referente às condições de seu País, Howard mudou, ainda jovem, para os Estados Unidos, foi ser agricultor em terras do Nebraska, onde de acordo com Hall deve ter vivido a "Lei de Distribuição de Terras de 1862, que cedeu gratuitamente campinas e planícies aos pioneiros,

---

1 De acordo com Benevolo, as cidades projetadas no entorno de Londres, nos anos 40, possuem elementos procedentes da concepção de cidade-jardim e entre seus planejadores estão urbanistas como Thomas Sharp e Frederick Gibberd. A idéia da descentralização de Londres, embora pensada e planejada na década de 30 e efetivada na de 40, nada mais foi que a proposta de Ebenezer Howard aplicada três decênios depois (Benevolo, 1999, p.681).

estabelecendo, assim, uma economia e uma sociedade de prósperas fazendas e pequenas cidades, e um sistema educacional voltado para o progresso técnico da agricultura e das artes mecânicas" (1995, p.104). Porém, essa experiência não deu certo, de modo que passou a morar em Chicago, conhecida na época como Garden City, por ser vastamente arborizada e equipada com parques, cenário que seria destruído por um incêndio no final do século XIX.

Contudo, o que possivelmente deve tê-lo marcado mais foi o bairro-subúrbio de Riverside, nos arredores da cidade, projetado por Olmested e Calvert Vaux (Andrade, 1998, p.41-3). Howard conheceu, também, o Central Park, em Nova Iorque, idealizado pelos mesmos arquitetos que projetaram Riverside. Tais contatos podem ter inspirado a introdução, em sua cidade-jardim, dos parques e *parkways*, que também constavam nos projetos de Parker, projetista do Jardim América. A proposta de Olmested pautava-se no saneamento da paisagem e na tendência para delimitar o perímetro urbano.

A leitura das obras *Looking Backwards*, de Edward Bellamy, e *Progress and Poverty*, de Henry George, nomes ligados ao movimento cooperativista, estimularam Ebenezer Howard a agregar a suas idéias o que ele via de positivo nesses escritos. Conheceu os ideais de Thomas More, Edward Gibbon Wakefield e foi contemporâneo de William Morris, Tony Garnier, Robert Owen, Hebert Spencer, John Ruskin e Alfred Marshall. Entre esses pensadores encontramos socialistas, socialistas utópicos e economistas mencionados pela contribuição dada na tentativa de apontar soluções para o período vivido por Howard (Ottoni, in Howard, op. cit., p.43).

Diante do vasto campo de análise que se constituiu para Howard a partir de todos os escritores por ele lidos e do contato com seus coetâneos em debates e correspondências, é possível reiterar a leitura de Dácio Ottoni, para quem a cidade jardim foi uma síntese inglesa do século XIX.

Porém, entendemos que a proposta de urbanização nela contida e sua tentativa de aplicação, no início do século XX, não alcançaram o sucesso esperado porque apresentavam muito mais que uma concepção urbana, isto é, propunha-se uma idéia de sociedade cujo teor se opunha ao capitalismo.[2] Suas idéias eram claras e objetivas, mas o sistema cooperativista, nos moldes apresentados, destruiria, na base, a formação das grandes aglomerações urbanas que caracterizaram o século XX, compondo um dos suportes do capitalismo.

---

2 Sobre as idéias de Ebenezer Howard, Andrade (idem, p.66) também salienta seu caráter de reforma social, a exemplo de outros autores já citados, como Mumford, Hall, Relph e outros.

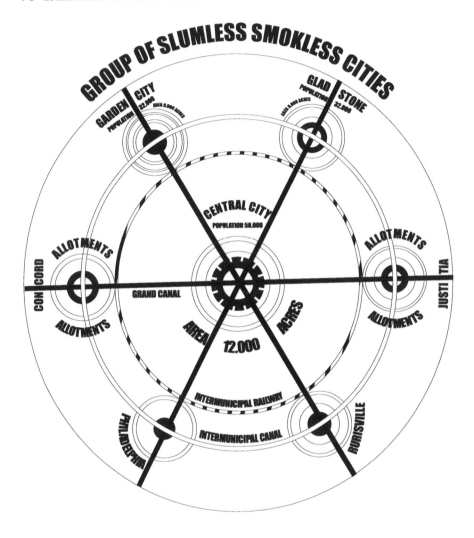

Figura 11 *Diagrama n. 7*. Desenho de Rafael Ferreira, com base em Howard, p. 204.

A cidade-jardim como concepção urbana trazia em si uma proposta revolucionária. É possível que nem mesmo Ebenezer Howard conhecesse a dimensão do que propunha. No citado *Cidades-jardins de amanhã*, observa-se que a preocupação de relevância era resolver o problema de moradia da população londrina e, concomitantemente, oferecer-lhe trabalho. Seus argumentos e proposições, no entanto, esbarravam na estrutura do sistema capitalista, que atingia alto grau de acumulação no final do século XIX.

Howard acreditou no discurso transformador do Parlamento inglês, uma vez que, como taquígrafo, era quem os registrava. Entretanto, a urgência em resolver o problema urbano passava pela manutenção do sistema produtivo em voga, e as idéias contidas em sua obra implicavam a supressão desse sistema: as populações desempregadas se dirigiriam à cidade-campo, onde encontrariam trabalho e moradia. Eliminar-se-ia assim o excesso de mão-de-obra, e isso desestruturaria a base do capitalismo.

É também, fundamentado nesse argumento que urbanistas e arquitetos chamam Howard de utópico, pois ele foi ingênuo ao supor que poderia, com a cidade-jardim, mudar o cenário de sua época, por meio da parceria entre o governo e os capitalistas. Sua concepção de cidade não apresentava apenas intervenções urbanas estruturais, mas também pressupunha outro sistema produtivo, cuja base era o cooperativismo – forma de organização social na qual se pautavam os socialistas utópicos e anarquistas. Mesmo que em nenhum momento sua obra mencione essas referências de forma direta, suas leituras lhe deram subsídios para idealizar uma sociedade que contemplasse elementos dessa base ideológica.

Essas observações sobre as idéias howardianas visam salientar a existência de um ideário político e social que as permeava. Howard não propunha apenas uma saída para a metrópole, mas também outro sistema produtivo e outra organização social. Suas idéias, entretanto, subsidiaram urbanistas e arquitetos e até mesmo o Parlamento inglês na organização espacial de novas cidades, entre 1938 e 1950, na Inglaterra.

Faz-se necessário, portanto, explorar o que apresentava e como foi aplicada a concepção de cidade-jardim, uma vez que Barry Parker tinha uma compreensão de espaço urbano afinada com as idéias de Howard. Sem levar isso em conta, não é possível entender a relevância da relação entre essa concepção de cidade e os argumentos de base para o tombamento do Jardim América – relação essa estabelecida pelos proponentes do processo relativo ao tombamento do bairro.

Assim, iniciamos analisando o *Diagrama n° 7* (Figura 11), no qual se delineia a cidade-jardim concebida por Howard. Percebemos as feições de totalidade de sua proposta: no núcleo de uma região está uma cidade central com uma população de no máximo 58 mil habitantes, ligada a várias outras com até 32 mil habitantes. Essa cidade central seria vinculada às demais por uma estrada de ferro intermunicipal cuja circunferência mediria 20 milhas. A distância máxima entre uma cidade e outra seria de 10 milhas; já uma cidade periférica distaria da central apenas 5,22 km. Howard também pensou nas minúcias do sistema de transporte, sugerindo até mesmo as paradas de trens. Além disso, o diagrama traz um sistema de canais em conformidade com o modelo circunferencial que atenderia a todas as cidades. Esse diagrama mostra como o planejador da cidade-jardim concebia um conjunto de cidades interligadas.[3]

Cada uma dessas unidades urbanas abrigaria em seu interior áreas destinadas a parques e jardins públicos. Em torno dessas cidades haveria espaços reservados a chácaras, cuja produção de hortifrutigranjeiros abasteceria a população local de produtos primários básicos. Esse grupo de cidades era planejado para alcançar uma população de até 250 mil habitantes, aproximadamente. Também havia sugestões sobre a forma de as cidades se organizarem para comercializar os produtos ali produzidos e enviar seus excedentes a outras localidades que deles tivessem necessidade. Howard pensou em absolutamente tudo, com um detalhamento, às vezes, exagerado e cansativo, mas não pecou pela falta de clareza em suas propostas.

As cidades idealizadas por Howard teriam êxito, se pudessem atrair o excesso de população das conurbações. Deveriam oferecer todas as vantagens da mais intensa e ativa vida urbana e, ao mesmo tempo, toda a beleza e os prazeres do campo, na mais perfeita harmonia (Howard, op. cit., p.108).

Howard justificou essa forma de conceber as novas configurações espaciais dizendo que, se assim não fosse, não haveria motivo para a população deixar o grande centro. Sua perspectiva sobressaía pela comodidade, pelo conforto que a cidade deveria passar a oferecer. No entanto, Andrade alerta para o fato de a cidade-jardim não ter alcançado plenamente sua proposta:

---

3 Entre as cidades, haveria ainda áreas de parques e de cultivo; quando uma crescesse e chegasse ao limite máximo de população estipulada, transporia os parques e áreas agrícolas, formando outra cidade. Para exemplificar tal situação, recorreu ao caso de Adelaide, na Austrália, cuja população "saltou" os parques que a circundavam e fundou a Adelaide do Norte. Dessa maneira, criar-se-ia indefinidamente um corpo de cidades em um grande aglomerado urbano.

parece-nos uma hipótese razoável a de que a realização e sucesso de inúmeras experiências segundo o tipo Cidade Jardim, principalmente na Inglaterra, mas também em outros países europeus, deveu-se exatamente à busca de auto-suficiência econômica – ainda que esta jamais tenha sido obtida de modo pleno, como revelam as histórias de Letchworth ou Welwyn Garden City. (1998, p.39)

Os estudos, entre eles o realizado por Andrade, mostram que a cidade-jardim falhou no que se refere ao fator econômico, mas obteve êxito no que diz respeito ao planejamento de áreas urbanas.

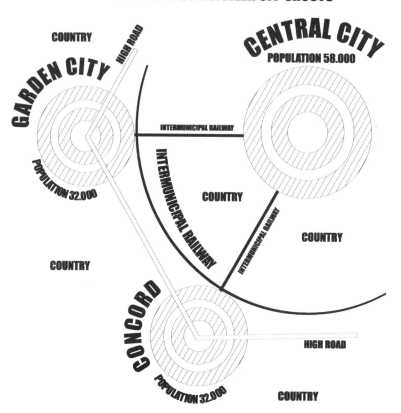

Figura 12 *Diagrama n° 5*. Desenho de Rafael Ferreira, com base em Howard, p. 190.

O *Diagrama n° 5* (Figura 12) apresenta em destaque a ligação entre a cidade central e as de seu entorno, formando as "cidades sociais", como as denominou seu criador, que acabou por agrupá-las de forma concêntrica.

Howard procurou explicitar ao máximo o que propunha, desde a organização espacial de uma cidade, a ocupação de seu território, até uma rede de cidades-jardins que abrangesse uma região inteira. Para que não ficasse dúvida quanto a sua intenção, seu argumento pautou-se na forma de atração que as "cidades sociais" deveriam apresentar para se tornarem realidade: a relação entre cidade e campo, resultando na cidade-campo – a cidade-jardim.

Para o pensador dessa proposta, os atrativos que as espacialidades urbanas possuíam só poderiam ser combatidos com encantos iguais ou superiores. Tal argumento afiançava sua tese de criação de novas cidades ao redor de áreas conurbadas. Howard tinha claro que seu planejamento urbanístico também era apropriado para uma área em processo de colonização ou ocupação. Assim, relacionou os fatores que considerou mais relevantes para a vida no espaço citadino, expresso no magneto "cidade", como segue:

CIDADE	
FATORES FAVORÁVEIS	FATORES DESFÁVORAVEIS
Oportunidades sociais. Locais de entretenimento. Altos salários monetários. Oportunidades de emprego. Ruas bem-iluminadas. Edifícios palacianos.	Afastamento da natureza. Isolamento das multidões. Distância do trabalho Aluguéis e preços altos. Jornadas excessivas de trabalho. Exército de desempregados. Nevoeiros e seca. Drenagem custosa. Ar pestilento e céu sombrio. Cortiços e bares. (Howard, op. cit., p.109)

No entanto, o magneto "campo" também não conseguia satisfazer a todas as necessidades da população. Para apontar essa incapacidade, Howard destacou o que considerava características estruturais do campo:

CAMPO	
FATORES FAVORÁVEIS	FATORES DESFÁVORAVEIS
Beleza da natureza. Bosques. Campinas. Florestas. Ar fresco. Aluguéis baixos. Abundância de água. Sol brilhante.	Falta de vida social. Desemprego. Matas. Jornada longa. Salários baixos. Falta de drenagem. Falta de entretenimento. Falta de espírito público. Casas superlotadas. Carência de reformas. Aldeias desertas. (idem, ibidem)

A CIDADE E OS JARDINS 81

Na opinião de Howard, o campo não oferecia, naquele momento, soluções para os problemas da população inglesa. Então, como apontar soluções coerentes para os graves obstáculos que a cidade enfrentava? A resposta estava em unir o melhor de ambos, o que poderia ser materializado em novas espacialidades urbanas, compondo assim o terceiro magneto, que apresentaria os elementos de solução tanto para os problemas do campo como da cidade inglesa:

CIDADE-CAMPO	
CIDADE JARDIM	CIDADE JARDIM
Beleza da natureza. Campos e parques de fácil acesso. Aluguéis baixos. Preços baixos. Oportunidades para empreendimentos. Ar e água puros. Residências e jardins esplêndidos. Liberdade.	Oportunidades sociais. Muito o que fazer. Nenhuma exploração. Afluxo de capital. Boa drenagem. Ausência de fumaça e de cortiços. Cooperação. (idem, ibidem)

Ebenezer Howard juntou tudo o que, segundo seu ponto de vista, havia de melhor na zona rural e urbana em um único magneto denominado "cidade-campo" e posteriormente batizado cidade-jardim. Essa espacialidade tornar-se-ia um conjunto de novas cidades, devendo circunscrever-se em uma área de 6.000 acres, cujo centro seria ocupado pela cidade em si. Ele considerava que a solução para os problemas das cidades conurbadas estaria em uma busca de equilíbrio do homem com a natureza (idem, p.108-10). Para melhor ilustrar sua proposta, fez uso de uma representação dos três magnetos em círculo (Figura 13), em cujo centro encontrava-se o homem. A fim de que não houvesse dúvidas sobre o significado da representação que propunha, as benesses do campo e da cidade e o homem, juntos, combinavam os elementos que formavam a nova cidade.

A organização da área na qual se implantaria a cidade-jardim, administrada por um sistema cooperativo, propunha distinções no tipo de arrendamento entre as áreas destinadas à indústria e aquelas designadas para as moradias ou o comércio. As "indústrias que construíram elas mesmas suas instalações teriam um arrendamento com prazo de 999 anos e os demais arrendamentos estabelecidos em 99 anos ou 999 anos, renováveis a cada 99 anos" (Ottoni in Howard, op. cit., p.53-5).[4]

---

4 Esse tipo de arrendamento era uma prática já desenvolvida na localidade de Bloomsbury; tinham longa duração e eram renováveis por herdeiros. Tratava-se de um sistema provavelmente herdado das relações de vassalagem que marcaram a Inglaterra medieval.

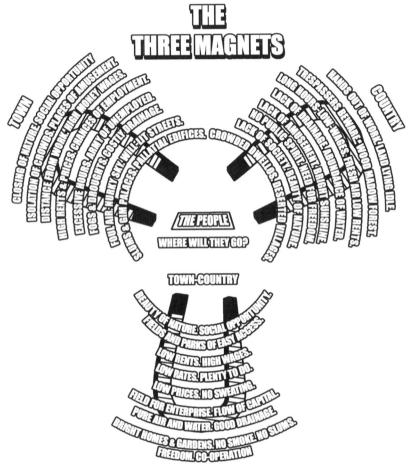

Figura 13 *Os três magnetos*. Desenho de Rafael Ferreira, com base em Howard, p.109.

Essa nova proposta de assentamento baseava-se, sobretudo, na cobrança de taxa-aluguel cujo valor estaria ao alcance de todos. A renda inicial destinava-se ao pagamento do capital emprestado para construção da cidade, assim como para criar e manter os requisitos básicos de saneamento.

Howard esclarece, ainda, que essas propriedades poderiam ficar sob a tutela de alguns fiadores que as administrariam em benefício da coletividade, de modo que o incremento de valor que gradualmente se criaria passaria à propriedade da municipalidade (idem, p.143).

A chamada "cidade social" teria seus terrenos coletivos organizados, inclusive os das residências, com base nos princípios de um novo tipo de orientação

A CIDADE E OS JARDINS 83

ideológica, que não estava ligado ao Estado e simultaneamente fugia aos fundamentos socialistas, embora neles se inspirasse (idem).[5] Andrade, pesquisador da vida e obra de Barry Parker (trabalho que exigiu estudos sobre Howard), afirma sobre *Cidades-jardins do amanhã*:

> em comparação com outros livros de urbanismo de sua época, é sua visão pragmática muito precisa, e que é, provavelmente, um dos principais fatores responsáveis pelo sucesso de suas idéias. Mais ainda, tal pragmatismo – mesmo quando não impregnado pelo ardor de sua retórica inflamada – permitiu a implementação de suas concepções em situações históricas muito diversas. (op. cit., p.66)

Isso pode ser comparado com a internacionalização da cidade-jardim, que encontrou eco em inúmeros países, entre os quais o Brasil. Raymond Unwin e Barry Parker foram convidados a iniciar, em 1903, parte do projeto urbanístico de Ebenezer Howard: a primeira cidade-jardim, chamada Letchworth. Dez anos após o início de sua construção, a cidade possuía uma população de 8.500 habitantes; somente em 1962 alcançou os 26.000 dos 30.000 para os quais foi programada. Letchworth foi construída pela companhia The Garden City Pioneer Companhy Ltd. O mapa dessa cidade foi traçado segundo as proposições de Howard e incluía uma Galeria de Cristal (Figura 14) destinada ao comércio, lugar onde se combinariam trabalho e lazer.

Essa galeria destinava-se a ser um espaço público para o consumidor. Sua lucratividade deveria ser criada pela ocupação exclusiva de cada loja da arcada por seu proprietário, que pagaria o aluguel correspondente ao espaço. O comércio dar-se-ia como esclarece Howard em seu livro:

> Isso deverá verificar-se no Palácio de Cristal que, será lembrado, é uma espaçosa arcada que circunda o Parque Central, onde estão expostas as mercadorias mais atraentes à venda na Cidade Jardim, e que sendo jardim de inverno e um grande centro comercial, é um dos passeios favoritos da população da cidade. Nas lojas, os negócios são feitos não pela municipalidade, mas por vários indivíduos e sociedades, limitado, no entanto, o número de negociantes pelo princípio da opção local.

---

5 Essa forma de arranjo de uma comunidade no âmbito de uma propriedade cooperada remete-nos, hoje, à associação condominial vigente em muitos assentamentos nas cidades de todo o mundo, mesmo no Brasil.

[...] Um indivíduo ou uma sociedade que pretendam abrir na Cidade Jardim, digamos, uma loja de tecidos, ficariam ansiosíssimos por saber se haveria medidas, e quais, para limitar o número de seus concorrentes, pois eles dependeriam quase inteiramente do comércio da cidade ou das imediações. Na verdade, freqüentemente ocorre que um proprietário privado de terras, planejando edificar uma propriedade, firma acordos com seus arrendatários lojistas propositadamente para precavê-los da inundação de outros naquele mesmo ramo que se inicia em sua propriedade.(op. cit., p.153-4)

Além de preocupar-se em atender ao comércio e concentrá-lo em apenas um lugar para favorecer o comerciante e o consumidor, Howard voltou-se para a questão do lazer da comunidade. Assim expressava sua idéia sobre o espaço de diversão:

O restante desse amplo espaço, circundado pelo "Palácio de Cristal", constitui um parque público de 56 ha com grandes áreas de recreação e de muito fácil acesso a todos. Ao redor de todo o Parque Central, exceto onde este é interceptado pelos bulevares, há uma grande arcada envidraçada denominada "Palácio de Cristal" e que se abre para o parque. Durante a estação chuvosa, esse edifício torna-se um dos passeios favoritos do público, sendo a certeza de que esse abrigo luminoso estará sempre ao alcance dos usuários do Parque Central mesmo nos dias de tempo mais instável. Aí manufaturas estarão expostas para venda e se dará a maior parte daquele tipo de compra que requer o prazer de escolher e decidir. Porém o espaço definido pelo Palácio de Cristal será bem maior do que o necessário para tais finalidades, sendo parte considerável utilizada como jardim de inverno, constituindo em seu todo uma mostra permanente do mais atrativo caráter, ao mesmo tempo em que sua forma circular o coloca próximo a todos os moradores da cidade, estando o mais remoto deles a uma distância máxima de 558m. (idem, p.115)

Em outra passagem de sua obra, Howard destaca a área de comércio e lazer para exemplificar a forma pela qual se daria a junção dos dois elementos que, conjugados, resultariam em bem servir à nova cidade.

A Arcada, porém, não foi concebida para ser somente o grande centro comercial da cidade e do distrito e mostra permanente na qual os industriais da cidade expõem seus produtos, mas é também um jardim de verão e de inverno. O espaço que esta Arcada cobre será, por essa razão, consideravelmente maior do que é efetivamente necessário para as finalidades de lojas e de magazines, se estas são mantidas dentro de limites razoáveis.(idem, p.155)

Essa composição espacial concentradora do comércio, de acordo com o autor, propiciava confiabilidade a quem se dirigisse à cidade, pois os novos moradores teriam a seu dispor tanto um comércio acessível quanto a possibilidade de tornar-se negociante. Além disso, ofereceria qualidade de vida àqueles que desejassem segurança, tranqüilidade e contato com a natureza, uma espécie de reduto de paz. Portanto, era o lugar perfeito para o descanso dos que estavam extenuados pelo desgastante turbilhão que era a grande cidade industrial.

Porém, não foi isso o que aconteceu. Inicialmente, a ocupação dos locais onde funcionou o comércio previa o pagamento de taxas cujo valor não cobria as despesas. A companhia responsável pela implantação da cidade e pela cobrança dos tributos e impostos sofreu prejuízos e não conseguiu destinar à infra-estrutura a arrecadação pretendida, o que refletiu na manutenção da área de comércio. Esse foi um dos problemas que prejudicou a concepção de cidade-jardim e pelo qual seu criador é criticado.

O comércio demorou a consolidar-se, mas uma parte foi organizada dentro do espaço da galeria. As Figuras 14, 15 e 16 mostram os contornos, fachadas e interiores, assim como a organização de seu espaço. Essa rua é pouco movimentada, mais residencial e de acesso a um museu e a um edifício de uma grande construtora. O comércio está localizado do lado oposto da galeria.

Figura 14 Acervo da autora. Fachada lateral do edifício da Arcada: a Galeria de Cristal em Letchworth. Letchworth, Inglaterra, 2002.

Figura 15 Acervo da autora. Entrada lateral da Galeria de Cristal. Letchworth, 2002.

Figura 16 Acervo da autora. Interior da Galeria de Cristal. Letchworth, 2002.

A CIDADE E OS JARDINS **87**

A rua não é arborizada em comparação com o restante da cidade. Os postes da primeira cidade-jardim também ostentam volumosas e coloridas floreiras. Essa prática apresentava-se em todas as cidades visitadas, Stevenage, Hartfield e Welwyn, além de Londres.

O prédio tem dois pavimentos, como registrado na Figura 14, e foi construído com tijolos à mostra e chaminés no alto do edifício. A cor predominante é idêntica à de outros prédios na cidade e similar à da arquitetura de outras cidades próximas a Letchworth. Esse estilo, assim como a cor, é uma característica dos edifícios londrinos. A arquitetura e a coloração quase uniforme em toda a Inglaterra cansam os olhos de visitantes como nós brasileiros, habituados à multiplicidade de forma e cor das nossas cidades.

Na calçada que circunda a Galeria de Cristal há pequenas árvores ornamentando a rua. Tudo indica que substituem as que foram retiradas. Também há postes que suportam volumosas floreiras. Desse lado da galeria está a rua de comércio, onde transitam os ônibus que interligam as cidades próximas a Letchworth até Londres, por isso a rua é bastante movimentada. A Figura 15 destaca a entrada lateral do edifício. Tem a forma de um arco e lembra um portão medieval. À frente dessa entrada está localizado um ponto de ônibus intermunicipal, por esta razão a entrada é bastante utilizada por moradores que ao descer do ônibus, muitas vezes, ainda passam por lojas e mercado, no interior da galeria. Após esse pórtico, há uma parte, no interior, coberta por vidro transparente; um relógio grande controla o tempo e vários *banners* informativos sobre a cidade colorem o espaço.

Ao lado direito dessa entrada fica a Letchworth Garden City Heritage Foundation, cujo trabalho, entre outras atribuições, consiste em orientar turistas, além de receber e encaminhar pesquisadores que visitam o lugar para conhecer seu planejamento e arquitetura. A iluminação ainda faz uso de luminárias antigas. De modo geral o ferro está em quase tudo, o que possibilita proclamar seu vasto uso no final do século XIX e início do XX.

A continuação dessa entrada segue para uma ala coberta de vidro que dará acesso ao espaço aberto exposto na Figura 16. Nessa parte, os arcos de ferro entrecruzam-se em arranjos circulares nos quais estão dispostas floreiras coloridas. Essa composição de arcos e floreiras estende-se por todo o interior da galeria, nos locais em que não há cobertura. Ao final, esse corredor se abre em dois novos prolongamentos para a esquerda e para a direita.

À esquerda ficam os serviços telefônicos, os sanitários, as entradas de serviços de funcionários, o acesso ao supermercado, uma sorveteria e um café; à direita estão enfileiradas lojas de móveis, tapeçaria, confecções, calçados, perfumaria, um salão de estética e uma farmácia, entre outros tipos de comércio.

A impressão que se tem é de uma tentativa de harmonizar, mesmo dentro de ambientes fechados, o encontro dos elementos que compõem o campo e a cidade, expressamente defendido na concepção urbana de Howard. A segunda cidade-jardim a ser criada foi Welwyn. Howard resolveu empreender sua construção depois de ver frustrado, por falta de apoio das autoridades, seu projeto de implantar no País cinqüenta novas cidades-jardins. Essa idéia não foi aceita pela administração pública da época, em razão de seu alto custo e da necessidade imediata de se apresentarem saídas para os problemas urbanos que Londres enfrentava. Havia, para os administradores da capital britânica, dificuldades a serem resolvidas que as cidades de Ebenezer Howard não conseguiriam solucionar. A distribuição espacial de Welwyn seguiu o mesmo planejamento de Letchworth, porém a Galeria de Cristal ficou localizada ao lado da estação ferroviária da cidade.

Figura 17 Acervo da autora. Galeria de Cristal em Welwyn. Welwyn, 2002.

Na Figura 17, aparecem os trilhos da ferrovia, paralelos ao prédio da galeria, cuja arquitetura de linhas retas e simples evidencia uma concepção arquitetônica moderna. O prédio é todo de tijolo à vista, mas não possui chaminés como o de Letchworth.

Figura 18 Acervo da autora. Vista parcial do teto da Galeria de Cristal. Welwyn, 2002.

O teto que aparece na Figura 18, em parte de vidro, e as estruturas de ferro e alumínio constituíam um avanço para a época, pois sua arquitetura se diferenciava daquela que os ingleses estavam habituados a olhar. A luz inunda o edifício durante todo o tempo, poupando energia.

Esse teto tem uma cúpula de vidro que atravessa toda a extensão do prédio. A cúpula é composta por pequenas janelas que ficam abertas, viabilizando a ventilação interna. Um dos elevadores permite o acesso até a parte superior do teto.

A Figura 19 apresenta o acesso principal ao edifício. Essa entrada é composta por uma combinação arquitetônica constituída por duas partes: uma alta e outras duas mais baixas, o que resulta em uma composição triangular. As duas partes mais baixas formam a base de suporte da parte alta do triângulo. A cobertura dessa base é de concreto, com colunas circulares e lisas, porém na metade dessas colunas encontram-se reforços de concreto que circundam todos os pilares, como se os amarassem uns aos outros. Formam, assim, um anel protetor do corredor central.

Ainda sobre a entrada, observa-se o prolongamento do teto de vidro, apoiado por duas colunas com circunferência maior e desligadas das demais, o que dá a idéia de alongamento do corredor central, ao mesmo tempo em que se estende em direção ao céu, proporcionando a sensação de infinito. No plano superior, a base de concreto que circunda as colunas aneladas estende-se também para dar suporte à cúpula de vidro em triângulo, no sentido longitudinal, cobrindo todo o corredor.

Figura 19 Acervo da autora. Entrada principal da Galeria de Cristal. Welwyn, 2002.

Figura 20 Acervo da autora. Entrada principal da Galeria de Cristal. Welwyn, 2002.

A CIDADE E OS JARDINS 91

Diferentemente do *shopping* atual, no qual se perde a noção de tempo por não haver contato com o ambiente externo nem relógio para controle das horas, voltadas totalmente para o consumo, em Welwyn o relógio e o contato com o sol mantêm as pessoas a par da passagem do tempo.

A Figura 20 foi tirada no final do corredor de entrada, mas em sentido contrário. Sobre essa entrada, encontra-se um abrigo onde há um relógio (como na galeria de Letchworth). A partir da entrada e em toda a extensão da galeria na parte central o teto é transparente. Essa organização inicial do comércio de Welwyn e de Letchworth, embora apresentasse uma forma inovadora para a época em que foi proposta, manteve o comando do trabalho e da produção por meio do controle do tempo, mecanismo amplamente utilizado no processo produtivo fabril.

Welwyn, no final do século XX, contava com uma população de noventa mil habitantes. A cidade cresceu mais que Letchworth e tem uma infra-estrutura maior e mais bem preparada, tanto para moradores como para o turismo, um dos investimentos que move a economia dessas duas cidades. Elas não alcançaram as expectativas de Howard; mesmo assim, tornaram-se referências para um bom planejamento urbano, pois apresentam qualidade de vida e comportam a população existente em quase todos os aspectos. A grande maioria dos habitantes trabalha, estuda e se mantém na localidade. Welwyn tem mais a oferecer que Letchworth, mas conservar a qualidade de vida é uma meta permanente dos moradores.

De fato, segundo Mumford, foi o êxito de Letchworth e Welwyn que levou a comissão parlamentar, presidida por *sir* Anthony Montague Barlow, a sugerir a descentralização de Londres, principalmente de sua área industrial, e a seguir o curso que, em 1946, resultou na projeção do anel de cidades novas no entorno da metrópole (1998, p.563).

Essa descentralização começou a ser discutida a partir de 1938, quando se votou a lei que regia o crescimento de Londres. Entre 1945 e 1947 foram aprovadas duas leis gerais que regiam a construção de 14 novas cidades no País, oito das quais ao redor de Londres, formando um cinturão que passaram a absorver os moradores da metrópole. Essas novas cidades foram necessárias também porque os bombardeios sofridos pela cidade, durante a Segunda Guerra Mundial, marcaram profundamente sua arquitetura, exigindo a reconstrução e a reorganização de sua espacialidade.

O início da construção dessas cidades se deu em 1946, com a localidade de Stevenage, cuja população estava prevista em sessenta mil habitantes. Em 1947, Hemel Hempstead destinava-se a 65 mil pessoas; Crawley, a 62 mil; Harlow, a

92 ZUELEIDE CASAGRANDE DE PAULA

sessenta mil. Em 1948, Harthfield tornou-se uma ampliação da cidade-jardim de Welwyn, exatamente como exemplificava Howard no caso de Adelaide, com uma população calculada em 26 mil habitantes. Ainda em 1948, foi iniciada a construção de Weiwyn (uma ampliação da cidade-jardim de Welwyn), com população prevista de 42 mil habitantes; em 1949, a de Basildon, com 86 mil habitantes, e a de Bracknell, com 25 mil (Benevolo, op. cit., p.681).

As outras seis cidades novas foram construídas em pontos distintos por toda a Inglaterra: Newton Aycliffe, para 15 mil habitantes, e East Kilbride, para cinqüenta mil, ambas em 1947; Glenrothes, para 32 mil, e Peterlee, para 25 mil, iniciadas em 1948; Cwmbran, com 45 mil, em 1949, e Corby, com 55 mil, em 1950 (idem, ibidem). Em contraponto, Edward Relph (1987, p.139) observa que:

> [...] embora a inspiração para as novas cidades tenha vindo do movimento cidade-jardim, a sua construção foi promovida principalmente pela Lei Britânica das Novas Cidades de 1946, que forneceu mecanismos necessários para a reconstrução de catorze cidades em grande parte autônomas, para alojar a população excedentária das principais cidades, cujo crescimento deveria ser refreado.

Benevolo encontra afinidade entre as cidades-jardins e as cidades novas inglesas. Para ele são semelhantes em tamanho, na baixa densidade, nas residências unifamiliares e na existência de jardins. Não formam um conjunto de cidades como Howard propunha, mas compreendem uma série de componentes separados por amplas zonas verdes, embora sejam cidades independentes. Os bairros têm população limitada, em torno de dez mil habitantes, e o atendimento às necessidades básicas, como escolas primárias, parques infantis, lojas etc., é proporcionado nos moldes da cidade-jardim. A localização dos escritórios e serviços comerciais fica próxima à linha férrea.[6] As universidades e o transporte rodoviário mais veloz foram situados nas zonas verdes, entre uma cidade e outra.[7]

Na opinião de Relph, as cidades novas inglesas resultaram da expansão que caracterizou, naquele momento, a multiplicação de cidades por todo o planeta. O autor lembra que esse fenômeno foi mundial e que, em 1976, viviam nas novas cidades inglesas cerca de 1.800.000 pessoas e "programas semelhantes de expansão de antigas vilas e de construção de outras novas foram adotados

---

6 É importante lembrar que, na Inglaterra, o serviço ferroviário faz o transporte de passageiros, diferentemente do Brasil, onde só transporta cargas, com raras exceções.

7 Leonardo Benevolo alerta para a organização independente e separada das cidades, que resultou na configuração de ambiente demasiado disperso e muito criticado na década de 50 (op. cit., p.681).

A CIDADE E OS JARDINS 93

na Suécia, Rússia, Finlândia, Holanda e França" (*op.cit.*, p.139). Além disso, Relph informa que, desde 1945, foram construídas novas vilas em mais de setenta países.

Os indicativos da apropriação da cidade-jardim, nessa expansão, também foram sentidos no Brasil. Durante a década de 1940, as espacialidades urbanas de Maringá e Cianorte, no norte do estado do Paraná, se consolidaram como cidades novas e com padrão urbano atípico em comparação com o vigente no País até aquele momento, em termos de planejamento de uma cidade inteira. Essa região tem a paisagem urbana marcada por uma arborização que se iniciou com um cinturão de chácaras e é mais intensa do que em outras localidades brasileiras (Paula, 1998, p.24-135).

As ruas das cidades cujo planejamento foi realizado pela Companhia de Terras Norte do Paraná, de origem inglesa, são amplamente arborizadas, há muitas praças e, nas cidades maiores, existem parques urbanos. Essa característica paisagística é uma ressonância das cidades inglesas originárias da concepção de cidade-jardim. O elemento natureza, representado pela arborização, está em todas elas. A domesticação da natureza e sua inserção como elemento paisagístico urbano provavelmente foram trazidas pelos ingleses (Paula, 1996, p.211-26).

A relação estabelecida pelos ingleses com a noção de natureza é longa, e é possível que se explique pelo fato de, na Inglaterra, ter sido incorporada às ações do cotidiano. Sem dúvida, é uma natureza domesticada, urbanizada, a ponto de termos de fixar os olhos nas floreiras que ornamentam as ruas de Londres para nos certificarmos da "natureza da natureza" (Morin, 1987, p.340).[8] Mesmo as ruas que não são arborizadas, como a Oxford Street e a Regent Street (Figura

---

8 Para Morin, existe uma natureza da natureza em todos os sentidos, principalmente naquele no qual podemos entender a natureza humana como uma das facetas da natureza em seu conceito abrangente. Segundo ele, o ser humano é integrante da natureza, como todos os outros seres, e faz parte de um sistema complexo de inter-relações cujo resultado é o movimento criativo, chamado de antropossocial. Toda a natureza é detentora de uma natureza e para ela se volta; assim, aconselha o autor que conheçamos a esfera antropossociológica não só na especificidade irredutível, não só na dimensão biológica, mas também na dimensão física e cósmica. Daí em diante, a natureza é o que liga, articula e faz comunicar profundamente o antropológico, o biológico e o físico. Temos pois de reencontrar a natureza para reencontrar nossa natureza, como tinham sentido os românticos, autênticos guardiões da complexidade durante o século da grande simplificação. Vemos que a natureza daquilo que nos afasta da natureza constitui um desenvolvimento da natureza e aproxima-nos do mais íntimo da natureza da natureza. Nosso próprio desvio relativamente à natureza está animado pela natureza da natureza. No entanto, a natureza não pode fechar-se sobre nós e engolir-nos.

21), têm floreiras nos postes de iluminação que lhes dão o toque de jardins, além de uma ou outra árvore isolada.

A Regent Street serve de exemplo, entre muitas, por ser uma das ruas centrais do comércio de Londres. Nela estão localizadas lojas que vendem grifes mundialmente famosas, como Valentino e Kenzo, entre outras.

Figura 21 Acervo da autora. Primeira quadra da Regent Street, de Picadilly Circus em direção a Oxford Street. Londres, 2002.

As floreiras lembram a quem por elas passa a existência da natureza, colorindo a paisagem, tanto nos postes quanto em algumas sacadas de escritórios. A maioria dos bairros residenciais situados na direção centro-periferia é provida de jardins locais, árvores de pequeno porte nas ruas e floreiras nos postes e nas residências, além de pequenos jardins, cujas áreas variam entre um a dois metros quadrados, em frente à porta principal das casas. As calçadas, em muitos casos, também possuem quadriculados plantados com grama, como algumas existentes no Brasil; quando chove, a área dos jardins das residências absorve a água da chuva.

Standish Meacham, na obra *Regaining Paradise*, reforça a idéia da vasta arborização que marca a cidade, além de realizar um histórico sobre o movimento cidade-jardim, desde seu nascimento com Ebenezer Howard até o trabalho de

Unwin e Parker em Hampstead (1999, passim). A primeira impressão é que há uma parcela privilegiada da sociedade, que tem acesso às áreas verdes dos campos de golfe dos jardins palacianos. Mas, após uma leitura mais atenta, verifica-se que a obra descreve a força do movimento pela difusão das cidades-jardins e pela maneira como se conseguiu harmonizar as benesses do campo e da cidade.

Ao visitante da cidade de Londres, ocorre, num primeiro momento, ao observar a paisagem, que se trata de um lugar privilegiado, como a área dos Jardins em São Paulo – cuja riqueza se concentra nas mãos de poucos e proporciona uma paisagem verdejante apenas àquele segmento da população. Pensa-se que essa vista deleitante é restrita às classes abastadas, mas ao percorrer a cidade o visitante percebe, como Calvino, em suas *Cidades Invisíveis*,[9] que as entranhas de Londres se revelam rua por rua (1990, passim). E mais: os jardins internos nas quadras que se estendem por bairros e bairros, ajardinando a cidade, transformam quase toda a sua extensão em um grande canteiro.

Áreas de acesso restrito, como campos de golfe, pertencem, sem dúvida, apenas aos mais ricos; porém, é visível que a paisagem verde é de domínio de todos os ingleses. No entanto, nem sempre foi assim. Simon Schama, em *Memória e Paisagem*, ao relatar suas lembranças sobre a Inglaterra da primeira metade do século XX, trata da convivência das duas "arcádias" em Hampstead Heath, ainda hoje debatida por ambientalistas. Descreve, em uma passagem:

> A charneca que conheci na década de 1950 já havia sido amplamente reflorestada, de modo que, no lado noroeste, eu podia atravessar um bosque denso, orientando-me por marcos naturais: um enorme carvalho oco, um fosso salobro, um barranco coberto de lírios-do-vale. Durante a maior parte de sua história, contudo, aquele fora um lugar agreste e descampado, onde só os arbustos mais tenazes conseguiam deitar raízes no solo arenoso e batido pelo vento. (Schama, 1996, p.518)

Essa área, hoje um extenso parque dentro do perímetro urbano de Londres, foi motivo de muita disputa entre um de seus proprietários, *sir* Thomas Maryon Wilson, e a população. Em 1929, quando Wilson "[...] propôs cercar

---

9 Nessa obra, o autor ensina-nos, por meio de uma narrativa densa, a buscar as entranhas da cidade. Revela o desenho de uma espacialidade urbana em suas singularidades e minúcias, mostrando-nos a importância desse descobrimento quando realmente desejamos conhecer as várias faces de uma cidade.

uma parte da charneca e transformá-la num pitoresco parque, com 'passeios ornamentais' e tudo, a grita foi geral. O que houve foi um confronto clássico entre desenvolvimentistas e conservacionistas" (idem, p.519).

Porém, o embate estava apenas começando: a atitude de Wilson resultou numa ação judicial que o puniu com a perda de oitenta hectares da charneca, transformados em parque para o desfrute dos ingleses. Tal ação fundamentou-se no argumento de que Londres, por meio de suas autoridades, reivindicava, para o usufruto dos seus, uma área agreste que passaria a garantir a saúde cívica dos ingleses.[10] O episódio, ainda hoje lembrado, ocorreu em 1829.

Observamos, então, um interesse crescente dos ingleses pela preservação da natureza. Segundo Keith Thomas, um dos estudiosos da relação homem/natureza, até o século XVIII as manifestações de amor à natureza foram amplamente difundidas nas obras dos românticos na literatura e na pintura. Porém, tratava-se de um conjunto de concepções que valorizavam a natureza domesticada, ligada ao urbano e exposta em jardins:

> procuravam reunir no mesmo espaço todas as belezas naturais e deixar de fora toda coisa desagradável ou desarmoniosa, os viajantes pitorescos olhavam para a natureza apenas em busca de conformidade com um padrão preconcebido ou modelo aceito de harmonia estética. Geralmente viam-se desapontados, pois, como salientava Gilpin, raramente "um cenário puramente natural" era "corretamente pitoresco". Sempre havia uma "rudeza" nas obras do mundo natural; ele nunca produzia "uma gema polida".(Thomas, 1988, p.316)

Em outras palavras: quanto mais repetida e ordenada fosse, maior era a beleza revelada; tratava-se, contudo, de uma produção humana e se opunha ao campo, quando se observava o crescimento sem controle da vegetação. Porém, o aumento considerável da queima do carvão em decorrência de seu uso industrial e doméstico levou os ingleses a verem a cidade como um lugar difícil de habitar, pois o "[...] carvão queimado em começos do período moderno continha o dobro do enxofre do produto usado hoje em dia; seus efeitos eram proporcionalmente letais" (idem, p.291). Assim, a busca de áreas mais aprazíveis começou a guiar os hábitos e costumes, de modo que durante o século

---

10 Esse período é caracterizado por um intenso trabalho de "limpeza" da cidade de Londres, imposto pelas doenças, que se multiplicavam assombrosamente. Sobre esse tema é importante a leitura de Rosen, 1994, p.151-218.

XVIII, o gosto pela natureza agreste voltou a ter espaço na Inglaterra. No final desse período, o apreço pela natureza selvagem era mesmo religioso:

> portanto, a antiga preferência por uma paisagem cultivada e dominada pelo homem conhecia uma contestação radical. Encorajadas pela sua facilidade para viajar e por não estarem diretamente envolvidas no processo agrícola, as classes educadas vieram a atribuir importância sem precedentes à contemplação da paisagem e à apreciação do cenário rural. (idem, p.316-7)

Figura 22 Acervo da autora. Uma das entradas do Parque de Hampstead.

Figura 23 Acervo da autora. Área de vegetação aberta na charneca.

Em contrapartida, o campo inglês passou a ter a simetria antes buscada nos jardins, a ponto de ser considerado quadriculado demais pelos cercamentos para ser pitoresco. Aqueles que não tinham acesso à educação, isto é, a maioria populacional composta por trabalhadores, permaneciam na área urbana.

Por pressão dos naturalistas exercida sobre seus representantes, a Inglaterra foi o primeiro País a preocupar-se com uma legislação voltada para a preservação de áreas naturais e de animais. Esteve também na vanguarda da publicação de obras naturalistas e romances ligados à natureza. Porém, de acordo com Thomas, esse gosto pela natureza foi manifestado também na França e na Alemanha. A extensão do interesse da população inglesa por esse tema pode ser avaliada pelo sucesso do livro *Common Objects of the Country* (1858), de autoria do reverendo J. G. Wood, cuja vendagem alcançou cem mil cópias numa semana. Outros escritores também vendiam muito quando publicavam obras referentes a esse assunto. Para a escritora Eliza Brightwen, sua notoriedade atribuía-se ao "[...] amor pela natureza animada que está entranhado nos corações ingleses" (idem, p.335).

A contraditória relação de intimidade e destruição travada pelos ingleses com a natureza, narrada por Thomas, é longa e foi sendo construída lentamente. Nesse sentido, o destaque à área do parque de Hampstead fora do perímetro urbano, no momento de sua preservação, embora tenha sido integrada à cidade, teve um objetivo bem definido. Intentou-se mostrar, a partir da memória de Simon Schama, que a relação dos ingleses com áreas verdes é marcada por grande complexidade, visto que a Grã-Bretanha, em virtude da Revolução Industrial, foi um dos maiores consumidores de reservas naturais no mundo moderno. Apesar disso, ou talvez exatamente por esse motivo, encontram-se aí os sinais das primeiras manifestações de amor à natureza e de interesse em preservá-la.

O interior do parque de Hampstead tem hoje um jardim de extrema beleza, com caminhos cercados por colunas cobertas de plantas, à frente da Kenwood House. A Figura 24 apresenta, de forma parcial, esse espaço, ao qual os ingleses chamam The Hill. Todavia, esse lugar não é uma simples elevação no meio da vegetação agreste do parque; ali se encontram pérgulas constituídas por colunas de concreto que sustentam uma composição de vigas de madeira com espaçamentos próximos umas das outras, formando a cobertura vazada do caminho. Ao pé de cada coluna há uma planta trepadeira que se entrelaçou à coluna e subiu até as vigas, em muitos lugares fechando o teto e proporcionando um espaço de sombras refrescantes aos que por ali passam. É uma composição harmônica de caminhos; alguns deles não têm vegetação, mas nem por isso são menos integrados ao espaço do jardim.

Visto de longe, a impressão que se tem é de que se trata de uma ruína perdida no meio do bosque misturada à vegetação. Porém, ao aproximar-se, o visitante depara com uma expressão arquitetônica harmônica e singular marcada por corredores de muitas colunas, que lembram os caminhos gregos. Quando esses corredores se encontram, são fechados em uma abóbada vazada que arremata essas interceptações, dando continuidade a outros caminhos. A Figura 26 registra um desses percursos sob uma das cúpulas, pondo em destaque a seqüência de colunas. O corredor registrado na Figura 26 termina na porta em frente de Kenwood House, atualmente um museu aberto à visitação pública. Essa entrada tem uma abóbada fechada em cor azul, diferente das demais do jardim de pérgulas.

Figura 24 Vista parcial: The Hill. Acervo da autora.

Antiga residência do conde de Mansfield, no século XVIII (Schama, op. cit., p.513-21), e posteriormente de *sir* Thomas Maryon Wilson, a Kenwood House possui uma beleza distinta daquela que emoldura o parque. Nela o jardim é bem cuidado e as plantas são ornamentais, o que os diferencia da vegetação natural do registro fotográfico na Figura 23, um exemplo do que ainda resta de natureza "intocada" no perímetro urbano de Londres e dentro da área a que pertence o bairro de Hampstead.

Figura 25 Vista da área aberta do parque pelo interior da vegetação. Acervo da autora.

Figura 26 Vista do corredor frontal de The Hill. Acervo da autora.

Figura 27 Ala direita da pérgula no jardim de Kenwood House. Acervo da autora.

Entretanto, à medida que nos afastamos do parque em direção às ruas do bairro de Hampstead, encontramos cercas vivas, simetricamente podadas, e uma demonstração clara do domínio do homem sobre a natureza.

A quadra mostrada é uma das que possui entrada para o jardim interno e um acesso à rua, que está paralela ao caminho que aparece nesse registro. É uma espécie de um *cult-de-sac*, serve de estacionamento rápido, mas tem um amplo gramado e canteiros com flores. É possível constatar a existência de muretas baixas ao redor da quadra e dentro do jardim.

Nas ruas e alamedas sinuosas e silenciosas, pode-se ouvir o canto dos pássaros nas árvores e arbustos, assim como nas áreas de jardins. Esse bairro tem características muito parecidas com as do Jardim América, como o aspecto de suas casas e ruas arborizadas, além do fato de ter sido planejado por Raymond Unwin e Barry Parker, como já mencionado.

Figura 28 Acervo da autora. Acesso ao jardim interno de uma das quadras do bairro de Hampstead.

Figura 29 Acervo da autora. Uma das ruas do lugar. Hampstead, 2002.

As ruas no bairro de Hampstead são semelhantes: muretas baixas com cercas vivas, calçamento com gramado e arborização. Já nas ruas de circulação de ônibus a mureta com cerca viva foi substituída por muros mais altos. Há ruas largas e arborizadas em toda a extensão do bairro, mas também há ruas estreitas, cuja largura permite o trânsito de apenas um veículo.

A natureza citadina é um dos elementos constitutivos do bairro de Hampstead. Planejado no início do século XX, seus moradores procuram cultivar jardins e trazê-los para dentro de suas casas para a convivência diária. A referência à natureza remeteu alguns autores à concepção de cidade-jardim ou bairros-jardins, quando mencionados como conceito urbanístico e de paisagem. Keith Thomas afirma que "[...] Ebenezer Howard recorria a uma longa tradição quando proclamava, na década de 1890, que 'cidade e campo precisam estar casados'. Os ideais da cidade-jardim e do cinturão verde mostraram-se duradouros" (op. cit., p.301). O conceito de cidade-jardim é mais uma das manifestações inglesas sobre a importância da natureza na vida do ser humano.

Mesmo que a Inglaterra, nos séculos XVII e XVIII, tenha conhecido uma paisagem desoladora, insalubre, e os vários movimentos românticos, reformistas e saneadores tenham conduzido os ingleses a uma reestruturação urbana nos séculos XIX e XX, com o intuito de saneá-la, ainda é preciso considerar que na população inglesa de modo geral, ossificou-se primeiro o gosto pela natureza como "refrigério". Somente ao final do século XIX configurou-se a preocupação ambiental, embora aliada a valores religiosos, veio favorecer o surgimento de movimentos ambientais no século XX.

O Jardim América: um projeto da Companhia City pelas mãos de Barry Parker

A história do Jardim América está intrinsecamente ligada à vida da cidade e apresenta, na década de 1980, outra singularidade, qual seja, seu tombamento pelo Conselho de Defesa do Patrimônio Histórico, Arqueológico, Artístico e Turístico do Estado de São Paulo (Condephaat), que realizou essa ação em conseqüência da atipicidade do bairro. Tal característica originava-se de sua vasta arborização e de seu traçado irregular, características que definiram o Jardim América como área verde e privilegiada no desordenado espaço urbano da megacidade que é São Paulo. Entretanto, a existência dessa área

A CIDADE E OS JARDINS 103

verde é inerente à concepção urbana aplicada ao Jardim América por Barry Parker, seu planejador, no início do século XX.

Faz-se imprescindível, neste ponto, oferecer um panorama da construção do Jardim América, uma vez que ela está intrinsecamente ligada às políticas de loteamento, expansão do capital privado e ao estabelecimento, no Brasil, de empresas de origem internacional, principalmente inglesa. Da mesma forma, é essencial descrever quem foi Barry Parker e qual a sua relação com a concepção de cidade-jardim. A par dessas informações, é possível delinear o cenário que suscita a transformação do Jardim América em objeto de preservação patrimonial, histórica, ambiental e turístico-urbana na década de 1980.

A notabilidade das realizações de Barry Parker é analisada por Carlos Roberto Monteiro de Andrade (Andrade, 1998, p.225-427), que detalha a vida e obra desse arquiteto e sua relevante contribuição para as cidades brasileiras e, em especial, para a cidade de São Paulo. Também enfatiza a falta de estudos a respeito de Parker e a dificuldade em encontrar referências na Inglaterra acerca do período no qual o urbanista esteve no Brasil. Essa falta de informações torna-se um entrave principalmente para as pesquisas referentes ao período compreendido entre 1917 e 1919, muito mais que para a investigação do restante da obra desse arquiteto. Sobre sua estada no Brasil há apenas um pequeno registro preservado pelo arquivo do First Garden City Museum, em Letchworth:

> *Barry Parker was for two years consultant to the City of São Paulo Improvement Co. and lived in Brazil during that period. His work included the layout for a Garden Suburb – Jardim América – and many individual house designs in a South American classical vernacular style.*
>
> *The center of the suburb, a circus surrounded by houses of ingeniously cranked plan form derives from Sollershott, Letchworth and somehow Parker managed to turn arbitrary geometry into natural design with an amazing ability to avoid awkward internal spaces. The design elements of the houses are closely related to the O porto work, much simplified with tall narrow sash window and pantiled roofs giving a distinct character to the houses which were required to have very high ceilings by the local building regulations.*
>
> *Preliminary sketch for one of the "praças" in Jardim América.*
>
> *Sketch for praça in Jardim América with the Jacaranda as shade and decoration tree.* (Miller)

Além desse registro, o arquivo do First Garden City Museum guarda um álbum de fotografias das residências projetadas pelo arquiteto durante sua permanência no Brasil e alguns artigos de jornais que mencionam sua passagem pelo País. Também preserva artigos que indicam a vinculação de seu trabalho ao de Raymond Unwin, até mesmo um artigo jornalístico cujo título é *The Life and Work of Sir Raymond Unwin*, no qual Barry Parker relata a vida pessoal e profissional de seu sócio, elogia seu trabalho e ressalta a amizade que os uniu ao longo do tempo.

Raymond Unwin é significativamente mais citado do que Parker nas obras relacionadas a ambos, mesmo durante o tempo em que eram sócios e trabalhavam em parceria. Isso talvez se deva ao fato de Parker ser considerado o arquiteto e Unwin, o urbanista. Um exemplo é a conhecida obra *O Urbanismo: utopias e realidades,* de Françoise Choay, que dedica um capítulo aos culturalistas e ressalta três nomes: Camillo Sitte, Ebenezer Howard e Raymond Unwin (1998, p.205-32). No texto dedicado a Unwin, aparece, no início da introdução, quase como uma nota, uma menção a seu sócio na construção de Letchworth e do subúrbio de Hampstead. Da mesma forma, Edward Relph se refere a Barry Parker como sócio de Unwin (op. cit., p.51-72). Em tais obras não é sugerida, em nenhum momento, a relevância do trabalho de Parker, ao passo que Unwin é tratado como o urbanista em voga e idealizador de soluções para as conurbações existentes na virada do século XIX para o XX. Apenas Peter Hall (op. cit., p.125-131) trata com mais atenção do trabalho de Barry Parker, referindo-se a planejamentos urbanos que realizou após deixar o Brasil, como o de Wythenshawe, em 1926, local onde trabalhou até quase o final de sua vida (Andrade, 1998, p.414). Outra questão importante diz respeito às obras que debatem a repercussão da cidade-jardim na América do Norte; quanto à América do Sul, não há menção a esse respeito.[11]

---

11 Alguns trabalhos acadêmicos apontam a influência da concepção cidade Jardim em vários estados do Brasil. O Paraná tem sua região norte ocupada sob a orientação da Companhia Melhoramentos Norte do Paraná, antiga Paraná Plantation, de origem inglesa, até o período da Segunda Guerra Mundial, e que planejou uma área de 515 mil hectares, manifestando a inspiração nessa tendência, em alguns momentos de forma muito subjetiva e, em outros, de forma direta, de que é exemplo a cidade de Maringá. O estado do Mato Grosso do Sul também expressa em sua capital, no Centro Cívico, os sinais dessa orientação urbana. Outra localidade amplamente estudada por urbanistas é a cidade de Goiânia (GO), cujo traçado mostra um encaminhamento seguramente idealizado sob essa concepção. Bairros na cidade do Rio de Janeiro e a Ilha do Governador são outros locais nos quais podemos encontrar manifestações da cidade-jardim. Portanto, talvez falte mais empenho da parte de urbanistas e historiadores em estudar essa influência em nosso País. Os estudos sobre essa manifestação são vários e aparecem ao longo deste trabalho em referências, mas o mais abrangente é o realizado por Andrade, op. cit., p.355-412.

A CIDADE E OS JARDINS **105**

Enfim, faz-se necessário oferecer algumas indicações de quem foi esse ilustre "quase desconhecido" arquiteto que sobressaiu no Brasil mais por sua atuação como urbanista do que por seu ofício de arquiteto, como era conhecido. Parker realizou seu trabalho com muito empenho; em aproximadamente dois anos marcou a tessitura da Paulicéia, de modo que o urbanista se sobrepôs ao arquiteto, mesmo com a assessoria de Unwin.[12] Deve-se deixar claro, entretanto, que embora seu trabalho de arquitetura no Jardim América tenha sido obscurecido pelo do urbanista, não é, de modo algum, menos relevante. Seja como for, o que o tornou conhecido na Inglaterra não foi considerado importante no Brasil, onde seu trabalho chegou a integrar o corpo de solicitações para o tombamento do Jardim América.[13]

Richard Barry Parker nasceu em 1867, na cidade industrial de Chesterfield, localizada nos limites de Derbyshire Peak District, na Inglaterra. Filho de família abastada, estudou projetos de interiores no estúdio de T.C. Simmonds, em Derby. Foi para G. Falkner, em Manchester, onde permaneceu até 1893. Trabalhou como fiscal de obras dos condados de Hertfordshire e Monmoutshire entre 1883 e 1884. Iniciou suas atividades profissionais como arquiteto em Buxton, onde projetou o subúrbio-parque de Moorland, em propriedade de sua família (Miller, op. cit.).

Barry Parker era primo e cunhado de Raymond Unwin. Além de dividirem o escritório, também compartilhavam aspirações ideológicas e expectativas frente aos ideais de planejamento urbano, influenciados pelos movimentos *Arts and Crafts, Queen Anne* e o *Cottage Style*, uma tendência de caracterização de moradia operária na época. A parceria de ambos compreende vários projetos, além da publicação de um livro em que expressavam sua visão arquitetônica e urbanística. Porém, o que vai torná-los conhecidos são suas atividades de planejamento e urbanização aplicadas à cidade-jardim de Letchworth e ao subúrbio bairro-jardim de Hampstead, ainda que tenham realizado vários outros trabalhos significativos.[14]

---

12 Essa assessoria não ficou comprovada, mas é suposta por todos aqueles que estudaram Parker, em razão de sua estreita relação com Unwin.

13 É bem possível que esteja nessa atitude a resposta à solicitação do tombamento. Tratava-se de uma ação puramente mercadológica, porém voltaremos a ela no decorrer do trabalho, com a análise dos documentos.

14 Um dos trabalhos realizados pelos sócios Parker e Unwin foi o planejamento, em 1901, da cidade fabril de New Earswick, próxima a York.

A sociedade entre Parker e Unwin se caracterizava por uma separação das responsabilidades no trabalho, conforme argumenta Andrade. Essa divisão deixava a cargo de Unwin o traçado da cidade ou bairro e a Parker o projeto arquitetônico residencial. Embora trabalhassem integrados, os projetos de cada um deles eram feitos separadamente. Isso se estendeu a todas as atividades realizadas por eles em conjunto, fossem referentes a um bairro, fossem relativas a uma cidade (Andrade, op. cit., p.6). No entanto, a eclosão da Primeira Guerra Mundial contribuiria para a dissolução da sociedade, visto que "[...] Unwin assumiu cargo na área de munições do governo, enquanto o pacifista Parker deixou a Inglaterra [...]" (Campos, 2002, p.240). Primeiramente, Barry Parker dirigiu-se a Portugal, onde realizou as obras do Centro Cívico da cidade do Porto, que não foram integralizadas. Posteriormente, rumou para o Brasil.

Tratar da passagem de Barry Parker pelo Brasil é, indiscutivelmente, referir-se também à City of São Paulo Improvements and Freehold Land Company Limited (hoje conhecida como Companhia City de Desenvolvimento), que entrou em contato com o escritório de ambos em Londres, em 1915. Entretanto, somente Unwin assinou o primeiro projeto do Jardim América. A Companhia City foi composta por capital brasileiro e estrangeiro em 1911, na cidade de São Paulo. Os fundadores constituíram um conselho diretor, presidido por Lord Balfour of Burleigh, governador geral do Banco da Escócia, presidente da São Paulo Railway e futuro ministro do exterior da Inglaterra. Joseph A. Bouvard, arquiteto que trabalhara nas grandes remodelações de Paris e exercia papel de consultor e projetista na urbanização da cidade de São Paulo, era o vice-presidente. Os diretores eram Edouard Fontaine Laveleye, banqueiro europeu em busca de investimentos na América Latina; Campos Salles, o ex-presidente da República; Cincinato Braga, deputado federal por São Paulo, e Horácio Belfort Sabino, advogado de negócios imobiliários e proprietário da área ocupada hoje pelo Jardim América, entre vários outros estrangeiros (Bacelli, 1982, p.30).

Em 1912, essa empresa, segundo Wolff, já era proprietária do equivalente a 37% da área total da cidade de São Paulo, o que nos permite dimensionar a proporção de seu poder. Assim como a Light (The Brazilian Traction, Light and Power), uma companhia anglo-canadense, responsável pela maior parte dos serviços de bonde e energia da capital, e a São Paulo Railway, a principal companhia ferroviária do País, também de capital inglês, a Companhia City tinha uma participação considerável junto às elites nas decisões sobre os rumos da urbe. Enfim, por essa associação de interesses, é possível perceber como

A CIDADE E OS JARDINS 107

foram constituídos esses poderes e como eles definiram o traçado da cidade. Pode-se mesmo verificar se havia um projeto urbano e paisagístico sendo aplicado e até que ponto esse grupo, no campo imobiliário representado pela Companhia City, definiu seu perfil. Sobre essa composição de forças, Silvia Wolff (2001, p.76-7) observa que

> Havia, assim, quem obtivesse as garantias financeiras necessárias ao empreendimento, quem entendesse das lógicas urbanas da cidade e quem pudesse induzi-las, dotando de infra-estrutura as áreas a serem comercializadas, e ainda quem possuísse os terrenos, o conhecimento e o trânsito no mercado imobiliário paulistano.

Enfim, esse grupo trabalhava "em conjunto" – nos projetos aplicados às várias espacialidades do perímetro urbano, verifica-se uma conformidade entre eles. Isso não ocorreria se não houvesse um planejamento, mesmo que apenas por parte da City e seus consultores, que eram ligados à Prefeitura. Essa empresa possuía vínculos com Victor Freire, desde a sua implementação, quando o

> Sr. Fontaine entra em contato como Sr. Victor da Silva Freire então diretor de Obras Públicas da municipalidade de São Paulo, procurando obter deste, informações acerca da existência de proprietário de grandes áreas da capital que estivessem dispostos a negociá-las. Este apresenta-o ao Dr. Cincinato da Silva Braga, que, juntamente com antigos proprietários de terras estavam adquirindo grandes áreas para exploração desse ramo de negócios. (Bacelli, op. cit., p.26)[15]

Essa relação manteve-se posteriormente, pois o engenheiro tornou-se um dos diretores da empresa em 1945.[16] Esse fato nos leva a concluir que, se no

---

15 O fragmento foi extraído do Processo de Ação Ordinária de Reintegração de Posse, Cartório 1o. Ofício, São Paulo, 22. out. 1932.

16 A participação do engenheiro Victor da Silva Freire como diretor da Companhia City aparece nos Livros Ata de 1945. Também é mencionada por Silvia Wolff, Roney Bacelli e Carlos Roberto Monteiro de Andrade em seus respectivos trabalhos. No entanto, nenhum deles evidencia o momento exato da entrada desse membro da empresa em sua diretoria ou mesmo seu ingresso como acionista. Os documentos aos quais tivemos acesso nos arquivos da Companhia City também não forneceram essa data. Tivemos em mãos um livro Ata de 1945 no qual esse sócio aparece como diretor, mas na primeira ata em que seu nome consta como pertencente à diretoria os assuntos tratados são relativos à empresa e não mencionam o diretor como novo membro. Sua participação é a mesma dos outros, o que nos levou a concluir que já há algum tempo estava na

108 ZUELEIDE CASAGRANDE DE PAULA

nascimento da empresa Freire esteve presente, junto com Bouvard, como mediador e, três décadas depois, tornou-se um de seus diretores, então consecutivamente acompanhou o trabalho da empresa e vice-versa. Isso se manifestou na comunhão de idéias quando se tratou de planejar o Vale do Anhangabaú, o Pacaembu e a ampliação do centro para além do triângulo central, regiões que integravam a parte da cidade atingida pelas transformações propostas para a urbanização no Plano de Melhoramentos, do qual Bouvard havia sido árbitro, ainda na transição da gestão Prado/Duprat. Essa teia de relações foi destacada por Andrade:

> A Cia City havia sido recém-criada e, no entanto, já encontramos no esquema da Diretoria de Obras a indicação de uma "Avenida principal projetada pela S. Paulo City Improvements", continuando a Avenida Paulista. Em outra estampa de seu Relatório [...] vemos o traçado sinuoso do que foi o primeiro projeto para o Pacaembu, provavelmente elaborado por Bouvard, que estava na ocasião também a serviço da Cia City. Tal vínculo entre a Cia City e o plano da Diretoria de Obras, não nos parece algo fortuito. Arriscaríamos lançar a hipótese de um conluio de interesses entre Freire e aquela promissora companhia imobiliária, que em grande medida determinou os rumos da expansão metropolitana, reforçando os setores da cidade nos quais a City havia adquirido, por indicação do próprio Freire e com a assessoria de Bouvard, enormes glebas de terrenos. Não por acaso também esses senhores tornaram-se, em momentos diversos, diretores da City, com Bouvard, assim como Freire, tendo atuado, desde a criação da Companhia, como consultores técnicos. (Andrade, 1998, p.156)

Andrade salienta que a ligação entre a Prefeitura, Companhia City e as elites levou a um conluio desses poderes no que diz respeito ao controle espacial da cidade e à definição de seu uso. Pelo elo existente entre a empresa e o poder público, é possível deduzir que, embora não estivesse claro para a população, havia entre esses dois poderes uma convergência sobre o tipo de planejamento desejado para a área central da cidade e seus arredores. Isto em decorrência de seu rápido crescimento e, conseqüentemente, da valorização de áreas para loteamentos.

---

empresa e nessa condição. Não foram localizados os livros anteriores que pudessem fornecer a data de seu ingresso. O Arquivo da Companhia City é um arquivo corrente, por isso as pastas circulam dentro da empresa; quando são necessárias às várias seções, são solicitadas, e a elas são incorporados documentos que estão relacionados aos imóveis. Esse procedimento dificulta a consulta ao arquivo, embora haja um grande esforço por parte da empresa em atender o pesquisador, mesmo que isso signifique, do ponto de vista comercial, pôr em risco seus documentos.

Em 1886, a cidade tinha uma população de 47 mil pessoas e, em 1919, data do retorno definitivo de Barry Parker a Londres, alcançara a assustadora soma de quinhentos mil habitantes – 453 mil pessoas em 33 anos: em média, aproximadamente 13.727 chegavam à cidade por ano. Essa é uma distribuição homogênea, mas é certo que não foi assim: houve períodos em que o fluxo era maior e outros em que era menor. Essa variação é apontada pelas tabelas de crescimento populacional elaboradas por Santos e nas quais se apresenta uma evolução percentual de 200% entre 1890 e 1900 (Santos, p.30-64).

Santos informa ainda que "[...] nos dois primeiros decênios deste século, não obstante o crescimento percentual ter diminuído, continuou ocorrendo uma elevação do número de habitantes da cidade" (p.33). Tal volume populacional certamente deu indicativos aos fazendeiros, comerciantes e viajantes sobre a promissora cidade que, no século XX, se transformava em metrópole.

Por conseguinte, havia problemas graves de moradia quando Parker aqui chegou. No que diz respeito à Companhia City, ela loteara a área do Pacaembu, próxima ao Centro, e o local estava "abandonado", com a cidade crescendo ao seu redor. Parker, como consultor da empresa, foi conhecê-la e propôs a criação de um parque público, de forma a aproveitar melhor seu terreno, pois se tratava de uma região de relevo acidentado. No entanto, o alto valor de mercado da área tornou a idéia inviável.

O fato de a região ser acidentada levou o planejador a sugerir que o local se destinasse a abrigar um bairro exclusivamente residencial, se realmente houvesse interesse em aproveitá-lo satisfatoriamente. A legislação vigente deveria, então, ser modificada, não sendo possível elaborar um projeto seguindo a orientação da que estava em vigência. O projeto preparado pela City, ou seja, por Barry Parker, não foi aprovado pela Câmara Municipal, haja vista que não havia legislação correspondente a tal proposta, que não atendia às dimensões exigidas quanto à largura das ruas, ao comprimento mínimo de quadras e, além disso, apresentava ruas sinuosas.

Diante desse impasse, Parker voltou toda a sua atenção para as relações entre a Companhia City e a Prefeitura, a fim de que ambas vissem a necessidade de rever a legislação em vigor. Para alcançar seu intento, elaborou um relatório no qual apresentava sua visão a respeito do Pacaembu. Em vez de reformular sua proposta de planejamento, expôs argumentos para mudar a legislação. Pode ter sido o caminho mais difícil, mas ele não abriu mão de suas idéias e da concepção urbana na qual acreditava. Para isso, foram redigidos quatro documentos nos quais o arquiteto expõe suas razões.[17]

O primeiro deles, intitulado *Mr. Parker's Report on Pacaembu, dated March 1st 1917*, consiste numa carta de Parker a Gurd, diretor da City no Brasil, em que apresenta seu parecer sobre o traçado urbano em xadrez aplicado à cidade de São Paulo. O traçado ao qual se refere era herdeiro da ocupação portuguesa, e Parker o considera não adequado ao relevo da cidade de São Paulo. Sua argumentação se pautava no fato de o sítio urbano ser totalmente sinuoso e acidentado, com colinas, vales, tabuleiros planos, fundos de vales e encostas com declives acentuados. A área que compreendia o Pacaembu também tinha essa característica e tornara-se um espaço vazio, como tantos outros espalhados pelo perímetro urbano, de difícil acesso e próximo ao Centro.[18]

A ocupação de todo o perímetro urbano, portanto, dar-se-ia de modo irregular e os vazios entre um bairro e outro se justificavam pelos problemas naturais. Poderia haver também outro motivo: visar à valorização da área, tornando-a alvo de disputa para loteamentos.

Essas irregularidades, de acordo com o diagnóstico e o caráter de urgência de adequação à topografia do sítio urbano, que não cabia em um planejamento marcado pela regularidade, reticularidade e precisão – elementos constituintes da concepção em xadrez, que se ajusta muito bem às áreas planas e regulares —, foram os fatores mais relevantes na argumentação de Parker para sustentar e convencer os poderes envolvidos na constituição da malha urbana de proceder a uma mudança na legislação (Andrade, op. cit., p.228).

As críticas do urbanista são precisas, pois constatam a falta de observação por parte dos engenheiros que propunham o planejamento de um loteamento, sem pensar em seus futuros moradores, nos aspectos arquitetônicos, de en-

---

17 Manuscritos de Barry Parker. Arquivos da Cia City (Brooklin Novo). Pasta GG 092. Nessa pasta também há relatórios e correspondências entre Parker e a direção da City e entre ele e a Prefeitura. Sobre esse enfrentamento travado por Barry Parker com a empresa e a Prefeitura, Andrade apresenta um debate bastante enriquecido por uma pesquisa minuciosa, da qual o arquiteto foi o objeto. A leitura de seu trabalho contribui consideravelmente para o entendimento das relações travadas entre as forças que definiam o traçado da cidade de São Paulo naquele momento. É difícil fugir aos caminhos trilhados por Andrade, uma vez que, em sua tese, encontram-se mapeados os dois anos de permanência de Parker no Brasil. No caso desta pesquisa, optou-se por seguir o mesmo caminho metodológico por ele realizado, no que diz respeito à discussão sobre o Pacaembu e a legislação, pois houve uma seqüência cronológica impossível de ser ignorada (Cf. Andrade, 1998. p.227-233).

18 Manuscritos de Barry Parker; Andrade, op. cit., p.228.

genharia e de higiene, financeiros e práticos – elementos fundamentais e que, por isso, não poderiam ser sacrificados.

Parker enfatizava, também, que era obrigação do urbanista pensar em oferecer ao morador de um bairro uma paisagem aprazível, pois o sucesso de um loteamento depende de seus futuros moradores gostarem do lugar onde viverão.[19] O significativo nesse relatório foi Parker deixar claro a seu diretor que não abriria mão de seus valores em favor da lucratividade da empresa. O arquiteto/urbanista acrescentou ainda que estava muito preocupado com o Pacaembu quanto ao problema da ventilação propícia, em conseqüência da topografia acidentada, e que buscaria encontrar, em seu projeto, a solução para o problema.

Parker descartava, dessa forma, a total destruição do relevo pela imposição do traçado em grelha, de princípios mais rígidos, cuja observância exigia esforços redobrados e profundas alterações, que oneravam os loteamentos. Para evitar essas medidas, propôs ruas de duas larguras: algumas, em número reduzido, teriam 16 metros e seriam as artérias do bairro; as outras, em maior número, mediriam oito metros. Essa diferença de largura era motivada pelo fato de as residências independentes permitirem vias mais estreitas – afinal, a referência do urbanista eram as casas em bloco, ao estilo arquitetônico marcadamente europeu, que se opunha às habitações soltas, unifamiliares, aplicadas a Letchworth e Hampstead, inovações urbanas estimuladas pela cidade-jardim e implementadas por ele e seu sócio.

O traçado para o Pacaembu acompanharia as curvas de nível do terreno, o que facilitaria, mais que qualquer outro arranjo, a drenagem e a inserção de esgotos, repetindo as imprecisões do sítio urbano. Parker propôs também que os terrenos tivessem duas frentes, das quais a principal deveria voltar-se para o vale. As residências também deveriam ter quatro lados, favorecendo a simetria necessária, além de uma visão das encostas que, segundo seus argumentos, proporcionaria uma paisagem magnífica (Andrade, op. cit., p.230).

O desafio de argumentar para mudar a legislação levou-o a estreitar relações com o engenheiro Victor da Silva Freire, a ponto de convencê-lo a apresentar seu parecer favorável à modificação da legislação. Ainda no decorrer da polêmica, Parker enviou ao engenheiro, em 10 de abril de 1917, uma carta a que estava anexada a petição apresentada à Prefeitura sobre o planejamento do Pacaembu. Nela estavam relatadas as dificuldades para o loteamento daquela área e

---

19 Manuscritos de Barry Parker; Andrade, op. cit., p.229.

se recomendava seu uso como bairro residencial.[20] Parker também enfatizou sua proposta de arruamento e a impossibilidade de se ocupar o vale, caso a legislação permanecesse inalterada.

O bairro Pacaembu só foi loteado anos mais tarde, mas as propostas de Parker estavam parcialmente incorporadas.[21] Suas inferências e seus relatórios foram decisivos para que se mudasse a legislação vigente e o bairro fosse planejado conforme as características do terreno, com a anuência da Divisão de Obras Públicas e, principalmente, com o favorecimento dos moradores.

O Código de Postura e Padrão Municipal que regia a urbanização foi criado em 1886, de acordo com as formulações internacionais, e sofreu alteração em 1893, quando o Decreto Estadual 235 criou o Código Sanitário, modificando as novas construções. Esse código foi acrescido da lei municipal 1.666, de 1913, que regulamentava o alinhamento de imóveis. Houve um segundo Código Sanitário, aprovado em 1918, mas modificado em 1920 pelas leis 2.332 e 2.611, essa última datada de 1923.

As modificações promovidas em 1923 definiram o ruamento, assim estabelecido: "ruas locais com 8 a 12 metros; secundárias com 12 a 18; principais com 18 a 25, e as de grande fluxo com mais de 25 metros. Essa flexibilidade permaneceu nos atos seguintes" (Wolff, op. cit., p.60).

O código modificado por essas leis complementares regeu a urbanização de São Paulo até 1929, quando a lei 3.427 aprovou um novo Código de Obras, conhecido como Código de Obras Arthur Saboya, que resultou de um estudo realizado, durante a gestão do prefeito José Pires do Rio (1926-1930), pelo próprio Saboya e por Silvio Cabral.

Em 1930, quando aconteceu o 1° Congresso de Habitação na cidade, o código em vigor foi questionado e, em 1934, sofreu alterações inseridas pelo Ato 663, nos artigos 21 e 24, mantendo-se assim até 1955. Essas alterações "conferiam destaque para o Jardim América e o Pacaembu, bairros da City, além de algumas ruas de Perdizes, onde se estabelecia que os muros de fecho previstos por lei para outros locais deveriam ser substituídos por cerca viva sobre mureta de alvenaria de tijolos ou pedra de 50 centímetros de altura" (idem, p.61).

---

20 *Letter*.... Manuscritos de Barry Parker.

21 A forma de planejamento em adequação ao terreno, a largura das ruas e o desenho em curvas, a quantidade de ruas em relação àqueles bairros de intensa circulação foram observados. A direção dos ventos foi outro fator a ser considerado para construir as casas do Pacaembu. Andrade, op. cit., p.232.

Apesar de todas as leis complementares, a flexibilidade quanto à largura das ruas e à aplicação de projetos adequados à topografia do sítio urbano foi mantida; segundo Silvia Wolff, isso resultou da argumentação consistente da Companhia City em favor da aplicação de tais modificações em seus loteamentos e que acabaram estendendo-se a outros bairros, como o conhecido caso do Jardim Europa (idem, p.59-60).

Outro projeto desenvolvido por Barry Parker foi o planejamento do Jardim América, que o tornou conhecido no Brasil. O mais relevante, nesse caso, é que, se havia, como descreve Andrade, uma divisão de trabalho entre Unwin e Parker, no Brasil as atividades do segundo envolveram tanto o planejamento urbano quanto o arquitetônico.

Em 1913 (Figura 30) o Jardim América aparece no mapa da cidade, mas ainda num traçado de tabuleiro de xadrez. A área, localizada a dois quilômetros da margem esquerda do rio Pinheiros, ficava em um relevo tabular constituído por terraços e planícies fluviais com extensões pantanosas.

No mapa da cidade da Figura 30, o bairro é cortado no centro pela Avenida Brasil e nas diagonais pelas retas das ruas Peru e Bolívia, Guatemala e Equador, formando um grande eixo central. Na extremidade deste, estão localizadas áreas destinadas a edifícios públicos, como escolas, área para esporte, teatro e igreja. No entanto, o projeto definitivo eliminou esses elementos de composição do traçado. O segundo projeto do bairro foi idealizado pelo escritório de Unwin e Parker.

Na planta intitulada *Garden City*, as linhas diagonais fecham em curvas. A planta tem sinais da concepção de bairro-jardim como viria a ser o projeto de Barry Parker, porém não está contemplada com os jardins internos.

A extremidade da Rua Peru encontra a Rua Guadalupe e termina na sua confluência com a Avenida Brasil. A outra linha demarcatória do traçado (hoje composta pelas ruas Guatemala e Uruguai) saía do eixo central (hoje praça América) para o ponto extremo do bairro, quase fechando as extremidades com a Rua Guadalupe. Nesse traçado não havia ainda os jardins internos nas quadras e, portanto, o desenho da Praça Guadalupe também não estava assinalado. O desenho é marcado ainda pelas ruas México e Argentina que fecham o eixo central atravessando a área de um lado ao outro do ponto de cruzamento das diagonais.

Porém, à área convencionada para o bairro, foram agregadas outras aquisições posteriores, tornando-a maior e correspondendo à área de 1.096.375 ms² (um milhão noventa e seis mil trezentos e setenta e cinco metros quadrados). LIMITES: - Começam na rua Estados Unidos, no lado impar, n'um ponto fronteiro ao alinhamento do lado impar da rua Melo Alves, situado na distância de 119ms31 da rua Jamaica; seguem na direcção Sudoeste e attravessam a Avenida Brasil; continuam na mesma direcção até encontrar a rua Groenlândia, n'um ponto situado na distancia de 153ms36 da rua Venezuela; dahi seguem a rua Groenlândia passando as ruas Venezuela, Colômbia, México e Praça Califórnia, na direcção Suleste, n'uma distancia de, mais ou menos, 1.002 metros; dahi seguem, em linha recta, na direcção Noroeste, parallelamente a rua Chile e 40 metros distante desta rua, attravessam a rua Esperia, avenida Brasil, ruas Honduras e Estados Unidos; dahi seguem até um ponto distante 57ms70 desta ultima rua; dahi seguem em direcção Noroeste e attravessam a avenida Nove de Julho ruas Paraguay, Casa Branca, Peixoto Gomide, Alameda Rocha Azevedo até a rua Christovan Diniz; dahi seguem a rua Christovan Diniz até a rua Estados Unidos; seguem por esta ultima no lado impar, até o ponto de partida, passando pelas ruas Colômbia, Antilhas, Venezuela e Jamaica. O bairro esta situado no sudoeste desta capital, a uma distancia de, mais ou menos, 3 kilometros e 700 metros do centro da cidade, nos districtos do Jardim América e Jardim Paulista. Extende-se da rua Estados Unidos até a rua Groenlandia e da rua Guadelupe até a rua Chile. O terreno é constituido por uma planicie com declive medio de 2% para o rio Pinheiros, que se acha a 2 kilometros do bairro.(*apud* Reale, 1982, p.148)[22]

A primeira planta do bairro (Figura 31) é de 1911, de autoria desconhecida, e contém características ainda referentes ao clássico xadrez retilíneo. Em 1915, a Companhia City solicitou ao escritório de Raymond Unwin a elaboração de um projeto específico para aquela localidade; o retorno foi a proposta de desenhar a planta desse bairro apenas com a descrição topográfica. Essa planta foi projetada, e o grande X de linhas retas foi substituído por um X com extremidades curvas. Tais retas ficavam mais aparentes se observadas a partir da Praça América em direção à extremidade do loteamento na Rua Guadalupe. No desenho *Garden City*, não foram eliminados todos os sinais do traçado anterior. Em ambas as plantas, se bem examinadas, é perceptível, ainda, a predominância das linhas retas, a despeito da adaptação ao planejamento orgânico filiado à tradição do urbanismo dos subúrbios anglo-americanos (Wolff, op. cit., p.130).[23]

---

22 O documento citado é réplica do original.

23 Essa filiação refere-se a discussão sobre a influência que os subúrbios americanos de Chicago causaram a Ebenezer Howard, quando lá esteve, amplamente debatida nas obras de Relph e Hall, já citadas.

A CIDADE E OS JARDINS 115

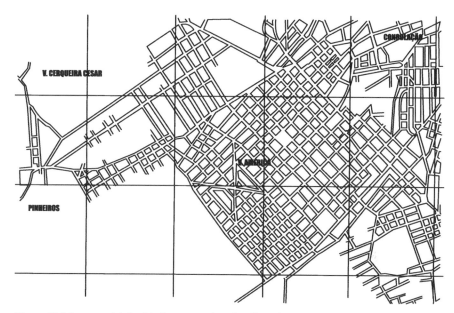

Figura 30 Mapa parcial da cidade: área onde se localiza o bairro Jardim América. Desenho de Rafael R. Ferreira com base em Wolff p.129.

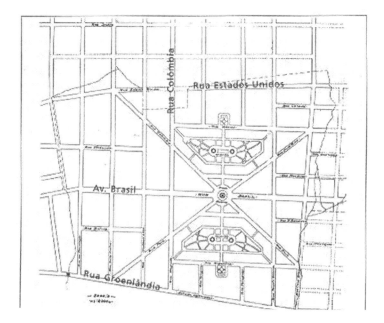

Figura 31 Primeira planta da área, sem autoria. Primeiro projeto da Companhia City para a área do subúrbio, cuja medida era de 1.096.375 metros quadrados. Linhas divisórias: Rua Groelândia, Rua Estados Unidos. As outras extremidades do lugar faziam divisas com terrenos. Planta redesenhada por Rafael Ramires Ferreira a partir das referências de Silvia Wolff (p.130).

A proposta de Barry Parker era atípica e seu desenho alterou decisivamente a planta inicial. Esse era um espaço de áreas que alagavam em tempos de chuva e distante do centro da cidade. Parker observou que em razão da localização, e sendo destinado a uma classe de poder aquisitivo médio, esse espaço carecia de um planejamento cuidadoso e muito bem elaborado, que contivesse elementos inovadores para a área urbanística. Assim, o bairro foi projetado nos moldes dos subúrbios londrinos, mais especificamente Hampstead.

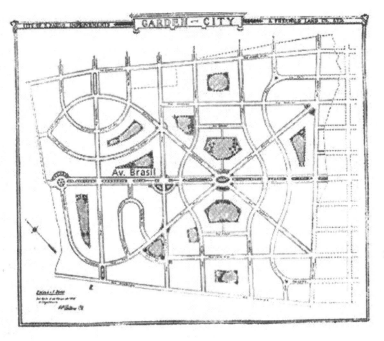

Figura 32 Planta do bairro planejado pelo escritório de Parker e Unwin, provavelmente de 1915. Título: *Garden City*. Planta redesenhada por Rafael Ramires Ferreira a partir das referências de Silvia Wolff (p.130).

O Jardim América, naquela ocasião, era um projeto de risco, segundo Ebe Reale (op. cit., p.157), pois apresentava a vegetação como um dos elementos básicos do planejamento, em uma cidade que lutava contra o cenário pitoresco, suscitado pela topografia do sítio urbano, que levava, muitas vezes, ao abandono de áreas. Isso acabava por imprimir à paisagem um aspecto rural, ameaçando o "progresso e a civilização" em curso (Bresciani, 1999, p.11-37).

A obra de Parker, no início, encontrou resistências: as vendas não atingiram o esperado e não era hábito no Brasil a existência de subúrbios, em razão da localização distante do centro urbano. O local mais próximo era a Avenida Paulista, onde se podia verificar, após a fileira de residências suntuosas, a presença da natureza não dominada e, ao longe, duas ou três casas esparsas misturando-se à vegetação (Figura 7). É preciso ressaltar que essa imagem da Paulista é de 1907 e que o Jardim América foi lançado em 1915; ainda assim, é consistente a referência de Reale sobre a reação inicial do mercado à área do Jardim América.

É bem possível que as residências iniciais projetadas por Barry Parker tenham sido necessárias para chamar a atenção à área fora do perímetro urbano, talvez porque a cidade de São Paulo não comportasse, naquele momento, um bairro afastado do núcleo central. Outra questão difícil na área do Jardim América era o fato de ser pantanosa e, segundo Reale, um criadouro de mosquitos.

Sobre essas modificações no estilo de morar que interferiam na malha urbana, Reis Filho (1994, p.27) escreve:

> [...] nos bairros da zona sul do Rio de Janeiro, em Higienópolis e Campos Elísios, em São Paulo, os arquitetos mais ousados orientavam a construção de casas com soluções arquitetônicas mais atualizadas, com jardins amplos, porões altos e programas mais complexos, que conseguiam ser, a um só tempo, chácaras e sobrados.

O problema com respeito ao Jardim América, inicialmente, parecia estar na localização, pois as moradias ali planejadas, embora fugissem do tipo de construção proposta, ainda eram de padrão médio para a época. Quanto ao planejamento residencial, estilos diferenciados foram implantados no bairro, mas havia o agravante do termo de submissão para o comprador: um contrato de venda com cláusulas específicas sobre as acomodações das casas no lote e a localização no terreno. Isso constituía uma restrição à liberdade de atuar sobre sua propriedade para a qual possíveis compradores de terrenos do bairro não estavam preparados.

Havia em São Paulo um certo fascínio pelas tendências arquitetônicas vindas de fora. Porém, as tendências aqui aplicadas eram acrescidas das características locais das habitações coloniais e do estilo das chácaras que possuíam casas com hortas e jardins, além de elementos da arquitetura extraídos de observações de viagens dos moradores das residências. Um bom exemplo desse estilo de morar era a Avenida Paulista (Figura 7), afora a liberdade de decisão sobre o estilo, pois de acordo com Carlos Lemos,

> [...] Por um motivo ou outro, a cidade cresceu demais, ganhando casas ricas, casas remediadas, casas operárias e cortiços. [...] Foi quando se definiu o hábito do imigrante rico, agora em grande número, de escolher o estilo de seu palacete

segundo a tradição arquitetônica de sua terra natal. E, nesses dias, ao brasileiro nato, a opção estilística continuaria sendo o neoclássico ou a arquitetura "francesa", desde a erudita ligada aos Luíses, especialmente o XVI, até às versões algo românticas baseadas em adaptações de exemplos buscados nas revistas de moda, nas ilustrações de textos variados, nos cartões postais e em tudo que representasse a França querida, a fonte geradora dos modelos culturais. (Lemos, 1985, p.153)

As memórias de Jorge Americano ao tratar da sociedade do inicio do século XX e as lembranças de infância de Boris Fausto ao relatar a vida de sua família no Brasil ratificam que na falta da chácara, as casas com grandes quintais, jardins e hortas marcaram um estilo de morar da classe média. Os olhares estavam voltados para as residências opulentas das quais eram copiados os modelos arquitetônicos na falta de um arquiteto renomado, ou de constantes viagens para a Europa.

De modo geral, é a partir do inicio do século XX que são implementadas as primeiras experiências arquitetônicas, a partir do *art nouveau*, posteriormente do neocolonial e, finalmente, do movimento modernista (Reis Filho, op. cit., p.56).

Parker fugia ao estilo existente em São Paulo, sendo bem possível que tenha sido contratado exatamente porque a Companhia City desejava algo além da paisagem proporcionada pelo modo existente de morar. O urbanista/arquiteto tinha em mente uma paisagem cujas cercas vivas faziam o papel de divisores das espacialidades dos lotes, permitindo que a frente dos terrenos ficasse livre (Wolff, op. cit, p.71). Essa composição espacial é marcante em Hampstead, bairro no qual o arquiteto inglês trabalhou com seu sócio Unwin e onde puseram em prática suas concepções.

Nessa localidade, as cercas vivas são uma característica geral; suas alturas variam de uma rua para outra, como pode ser constatado nas Figuras 40 e 41. Em sua grande maioria, são baixas e, sob os arbustos, há pequenas muretas, visíveis apenas naqueles terrenos onde a sebe não está presente, ocultando-as. Nos logradouros onde funcionam os corredores comerciais, os terrenos são cercados por muros visíveis. A ocupação é mista: há padarias, floriculturas, posto de correio, os serviços básicos de modo geral e até um pequeno cemitério.

No entanto, a relação com a espacialidade aberta não se pôde estabelecer com relação ao Jardim América, em São Paulo. A espacialidade aberta como uma vitrine, própria do norte-americano e do inglês, a exemplo de Hampstead, feria a intimidade da família brasileira, muito conservadora, mas estava presente no

A CIDADE E OS JARDINS 119

planejamento do Jardim América. Seu autor não atentou para tal fato, e esse foi outro motivo que retardou, no início, a venda dos lotes na área. Além disso, a concepção de moradia paulistana estava presa mais aos palacetes suntuosos da elite cafeeira, de influência francesa, do que ao estilo europeu implantado em Letchworth, Hampstead e em bairros norte-americanos. Parker tinha como fio condutor uma minuciosa rede de alinhamento do espaço de acordo com a área, a topografia, a malha urbana, a arquitetura das edificações, os jardins e os arruamentos. Essa harmonização visava inserir jardins internos no coração da quadra, o que Parker fez e ordenou de modo a atender ao maior número de residências localizadas na quadra.

Assim, aquilo que normalmente seria o fundo de uma casa passou a ser a segunda fachada em frente ao jardim comum. Esse também era um caminho por onde as pessoas que moravam fora do conjunto de residências transitavam, havendo um caminho estreito que permitia a entrada de não-moradores. A planta de 1919 (Figura 33) traz os jardins internos e sua configuração. Em muitos casos, a ligação entre um jardim e outro podia ser feita por vários caminhos. Esse é o caso da quadra 19, que fica entre as ruas Groelândia, Venezuela, Colômbia e Peru.

O jardim interno era ligado a uma praça (hoje, Praça Incas) por um caminho arborizado. A praça, por sua vez, era cortada pela Rua Peru, ficando uma de suas partes na quadra 18. Ainda no jardim interno da quadra 19 havia um segundo caminho arborizado, do mesmo lado da praça à sua esquerda, que dava passagem também à Rua Peru. Do lado oposto, a quadra era margeada pela Rua Groelândia e o jardim interno se prolongava até ela. Portanto, essa área interna possuía três entradas para o público externo à quadra. A distinção mais acentuada se refere à quadra 23 (Figura 33, destaque), localizada entre as Rua Honduras, Guatemala, Colômbia e México, cujo jardim interno era, na verdade, uma praça com frente para a Rua México.

O desenho da planta apresenta nitidamente o traçado da urbanização proposta. Percebe-se que há um interesse em acomodar natureza e intervenção urbana. Trata-se de uma natureza domesticada, mas é a que ainda implica identidade e que leva o indivíduo a uma constante sondagem de sua origem em um tempo distante, primitivo. Enquadrada hoje nos limites dos jardins, parques e praças, a natureza é totalmente desmistificada e dominada.

Assim, podemos dizer que Parker, procurando atender aos interesses da empresa, em razão de toda a sua formação, de seu trabalho anterior na cidade-jardim e em Hampstead, buscou apresentar uma concepção de planejamento adequado ao espaço, no qual o cidadão ficaria em harmonia com a casa, essa com o bairro e esse com a cidade. Isso implicava, naquele momento, pensar a natureza da cidade como elemento de construção da paisagem. Certamente a natureza na cidade, no sentido paisagístico, constituía uma compreensão da espacialidade que a qualificava como concepção, abrangendo outro estatuto urbano.[24] Essa é uma questão para a qual Camilo Sitte já havia chamado a atenção de planejadores, urbanistas e arquitetos, no final do século XIX, e que atingia a urbanização de São Paulo nas primeiras décadas do século XX.

De acordo com as informações de Andrade, Parker era um dos interlocutores de Victor Freire, portanto estava ciente das propostas urbanas em pauta no planejamento por parte do poder público. Conhecia também aquelas que constituíam idéias a serem debatidas e que poderiam ser aplicadas ou não.

Assim, o planejamento do Jardim América não foge à integração com o resto da malha urbana, porém expressa claramente como seu criador entendia o planejamento de um bairro e a ousadia de sua proposta. Por seu caráter inovador, o Jardim América chamou a atenção tanto de interessados em residir no bairro quanto de urbanistas, pois nada dessa magnitude havia sido planejado no Brasil.

A singularidade do trabalho de Parker materializado no Jardim América é um sinal, no caso brasileiro, de sua atuação concreta como planejador, em comparação à de arquiteto. Tal predominância foi chamada a endossar o tom-

---

24 A natureza da cidade é um dos temas mais debatidos no século XX. Isso ocorre frente ao significado que adquiriram as espacialidades urbanas a partir dos deslocamentos humanos, nacionais ou internacionais, principalmente para locais como Nova Iorque, Tóquio, Cidade do México e São Paulo, entre outras inúmeras grandes concentrações humanas. Michel de Certeau, ao analisar a megacidade, reivindica que se dê uma atenção maior a essa questão, pois precisam ser encontradas alternativas que venham a convergir para o entendimento do que nelas ocorre, pois somente a partir dessa informação soluções podem ser apontadas. Nesse aspecto, o trabalho do historiador é de extrema relevância, já que oferece informações e confere ao movimento de existência da cidade significados para a compreensão de sua história. Seguindo esse raciocínio, a cidade de São Paulo foi atropelada pelo crescimento desenfreado para o qual não havia espaço ou construtores e urbanistas preparados para administrá-lo. O progresso e a civilização almejados acabaram por provocar repetidamente os efeitos contrários daqueles aos quais visavam: o sistema de lucro gera uma perda que nas formas múltiplas da miséria e da pobreza fora do sistema e do desperdício dentro dele constantemente transforma a produção em "gasto". Além disso, a racionalização da cidade leva a sua mitificação nos discursos estratégicos, que são estimativas baseadas na hipótese ou na necessidade de sua destruição para chegar a uma decisão final (Certeau, 1994, p.24).

bamento na década de 1980.[25] Talvez seja mais apropriada para justificá-lo do que a característica de bairro-jardim, pautada na concepção homônima de Ebenezer Howard, da maneira como é empregada no Projeto de Tombamento do bairro Jardim América, pois foge a tudo aquilo que havia sido realizado por ele até aquele momento e o coloca exercendo a função desempenhada por Unwin na divisão de trabalho por eles estabelecida.

Figura 33 Planta do Jardim América de 1919. No destaque, quadra 23. Redesenhada por Rafael R. Ferreira com base na planta citada em Wolff p.131.

---

25 Parker realizou também, individualmente, o planejamento da área do porto na cidade homônima, em Portugal, porém seu projeto não foi todo aplicado como foi o do Jardim América. Embora tenha sido modificado ao longo dos anos, inicialmente esse último seguiu rigorosamente o planejado por ele. Segundo os estudos realizados por Andrade, no caso de Portugal, era um planejamento que abrangia toda a área portuária, com jardins, praças e edificações modernas ao estilo inglês, mas os portugueses restringiram-se a uma parte dele, e não se sabe ao certo por que não foi aplicado em sua totalidade. Esse destaque dado às suas atividades de urbanista foi chamado a endossar... (op. cit., p.121-139).

122 ZUELEIDE CASAGRANDE DE PAULA

Parker deixou o Brasil em 1919 mas, conforme certos indícios, cercou-se de todos os cuidados para que seu trabalho como planejador não fracassasse. O Jardim América, na época um subúrbio, foi um trabalho individual e completo com resultados positivos, em que Parker aplicou seus conhecimentos de planejador com uma dimensão maior que a concedida à arquitetura naquele espaço.

As pesquisas feitas sobre Parker assim o apontam e ressaltam como seus feitos e realizações de urbanista repercutiram nos empreendimentos de outros planejadores brasileiros.[26]

As propagandas

A Companhia City organizou um departamento de publicidade inteiramente voltado para esse fim e destacou-se pelo desempenho e o esmero nesse setor. As estratégias de divulgação da Companhia City estendiam-se a todos os meios, até mesmo exposições, congressos, peças de teatro e outros eventos que atraíssem pessoas com o perfil do comprador-alvo. Esse tipo de procedimento pode ser considerado comum hoje, mas não o era naquele momento. Mobilizar todas as possibilidades de promoção era um sistema publicitário de vanguarda. Optamos por tratar das propagandas apresentadas em panfletos e artigos de jornal que mostram prontamente a extensão do trabalho promocional dessa empresa, mais especificamente as relacionadas ao Jardim América.[27]

A idéia de planejamento bem-feito e adequado à condição social de seu morador foi oportunamente utilizada pela empresa loteadora, que a enfocou em suas propagandas dirigidas e evocou os predicados inovadores do próprio

---

26 O exemplo mais característico é o trabalho de Jorge de Macedo Vieira realizado na região norte do Estado do Paraná. Foi quem projetou a cidade de Maringá, cujo desenho segue todas as orientações contidas na noção de cidade-jardim de Howard. Vieira foi estagiário na Companhia City exatamente entre 1917 e 1919, período em que Parker atuava como assessor. Essa convivência é nitidamente identificada nos trabalhos realizados pelo brasileiro mas, no caso de Maringá, a administração e os segmentos sociais, políticos e econômicos exploraram sua gênese e procurou-se promovê-la por esse meio, transformando-a na primeira cidade-jardim do estado e a que possui a maior quantidade de árvores nas ruas (Paula, 1996, p.211-226).

27 Silvia Wolff trata com mais abrangência do setor de publicidade da empresa (op. cit., p.104-116).

A CIDADE E OS JARDINS **123**

Jardim.[28] No entanto, não encontramos, antes de 1923, nenhuma propaganda em forma de panfleto especificamente sobre o Jardim América.[29]

O ano de 1923 foi considerado pela companhia como ano de encerramento da primeira fase de vendas de terrenos, período em que foram construídas 56 residências. Durante essa etapa, os meios de divulgação utilizados para promover a venda dos terrenos eram mais indiretos, incidindo sobre aspectos como saneamento básico e transporte, além de uma curiosa estratégia que envolveu o Parque Siqueira Campos.

A atenção voltava-se para a Avenida Paulista desde 1916, quando o sistema de energia elétrica foi inaugurado, juntamente com o Trianon. Passou a ser elegante morar próximo à Avenida e o interesse imobiliário da Companhia City dirigiu-se a essa região. Assim, a empresa passou a desenvolver

---

28 No contato com o acervo documental da Companhia City, percebe-se que houve um conjunto de medidas que almejava promover as áreas por ela adquiridas para atingir seus fins comerciais. Encontra-se, em suas atas e em cartas do setor de engenharia à gerência, a proposição de atividades, em seus loteamentos, com o intuito de melhorá-los, visando à venda. Além disso, encontramos um balanço dos serviços de encanamento, pavimentação e construção do estádio Pacaembu, financiados pela empresa. As doações de terrenos à Prefeitura são mencionadas em documentos endereçados à municipalidade, assim como a doação de terrenos a hospitais e a escolas. Estão documentados, também, em relatório do setor de obras enviado à gerência geral, a abertura de 96 km de ruas, a arborização das praças, ruas e jardins construídos pela empresa. Além de 42 km de galerias pluviais, 45 km de guias, 5 km de linhas de bonde e, em acordo com a Light & Power, 46 km de rede de luz e 20 km de gás. Essas benfeitorias tinham o objetivo de promover as vendas nos bairros pertencentes à empresa. Mesmo que a intenção fosse puramente promocional, ainda assim elas servem para dimensionarmos as interferências da empresa na espacialidade urbana de São Paulo. Assim, se por um lado esse conjunto de providências dá a medida do poder econômico da empresa, por outro suscita uma questão importante: por que outras empresas, ao lotearem, não fizeram o mesmo? Não foi possível localizar o contrato de compra e venda dos terrenos iniciais da empresa, tampouco documentos que apontassem algum tipo de acordo entre empresa e poder público, obrigando-a a esse fim. O que se pode deduzir dos documentos é que se houvesse receptividade às áreas loteadas, as vendas seriam realizadas. Porém, naquele momento havia falta de moradia; de uma forma ou de outra, a empresa venderia seus terrenos, talvez não para o adquirente que almejava, mas, ao menos, sem prejuízo. No entanto, ela não abriu mão de um determinado tipo de morador no bairro. Mesmo que tudo isso viesse puramente a promover suas áreas, inicialmente, não foi o suficiente para que alçasse êxito total nas vendas; somente depois da vinda de Barry Parker, com seu planejamento, e das propagandas diretas, é que se atingiu o comprador específico e o objetivo em todos os seus loteamentos.

29 Observamos que os trabalhos que tratam desse bairro não determinam com precisão as datas dos anúncios publicitários explorados, quando tratam de imagens. Verificamos que panfletos também eram publicados em jornais com o mesmo formato, mas não ficou claro quem saiu primeiro: a publicação no jornal ou o panfleto cuja distribuição ocorria na própria empresa, em locais de venda e em eventos. Constatamos também que há uma concentração de anúncios na terceira e última fase de vendas no bairro.

um trabalho de publicidade que apregoava seu bairro e os benefícios que oferecia, bem como sua localização privilegiada.

No caso da Avenida Paulista (Figura 7), a imagem oferecida era quase uma miragem. Apresentava harmonia e integração, mas a monotonia na disposição indicava uma natureza subjugada, estetizada, pouco menos que uma criação humana, tal a sua simetria. Denunciava também a competição entre o ser humano e a natureza selvagem, pois a repetição denotava sua humanização. O conjunto explicitava a simetria de quintais, jardins e casas, formando uma paisagem única, totalizante e civilizada, o que corroborava a idéia de paisagem humanizada. Compondo também essa paisagem, a obra de Parker no Brasil estendeu-se a outro projeto: a remodelação do Parque Siqueira Campos (Figura 34). Esse empreendimento não estava desvinculado do trabalho que desenvolvia no Jardim América, pois precisamente o promovia. Essa conclusão foi tirada dos documentos e, principalmente, da reação dos jornais, na época, a seu trabalho no mencionado parque.[30] As evidências disso são fortes, embora não tenha sido encontrado nenhum documento escrito em que fossem mostradas claramente tais intenções.

---

30 O jornal *O Estado de S. Paulo* publicou matéria, no dia 22 de fevereiro de 1919, cujo teor denunciava a devastação promovida no Parque Siqueira Campos: "Há coisa de um mês, denunciei nessas colunas ao sr. Prefeito um atentado que se estava praticando contra a cidade: o corte das árvores e arbustos na Avenida Paulista. [...] Ora, domingo último, estando na avenida consegui o que pretendia: fechado a ponte de madeira que liga a mata da Avenida Paulista à da Alameda Santos, havia umas traves cruzadas que esbarravam o caminho. Era, pois, proibido passar-se além....Voltei, intrigado com a coisa: 'Essa agora! Que diabo se estará fazendo do outro lado, que a gente não possa ver?' Mas saindo do parque e tomando uma das ruas que o ladeiam, tive, logo abaixo, uma desoladora surpresa: o que se fizera no centro do parque, também ali se estava fazendo e em muito maior escala, porque só ficavam de pé meia dúzia de árvores isoladas. E era tão grande a extensão danificada pelo machado e pela foice dos malfeitores da Prefeitura, que voltei indignado, como indignado também voltará quem se der ao trabalho de lá ir.... Pois então era lá possível uma coisa assim? Para que se cortaram árvores e arbustos no lindíssimo bosque, único verdadeiramente rústico da cidade? Será para alindá-lo, transformando-o num jardim inglês? Mas a prefeitura esqueceu que é estragar o parque tudo quanto se fizer para aformoseá-lo dessa forma. [...] De quem terá sido essa idéia extravagante de se fazer uma 'limpa' na mata, deixando o chão areadinho e as árvores despidas de cipós e parasitas? Por mim sou ainda levado a crer que o senhor prefeito não tem pleno conhecimento do atentado de lesa-natureza que se está perpetrando no Bosque da Avenida. Dê-se ao trabalho de lá ir, hoje ou amanhã, e estou certo que Sua Excelência ficará triste e indignado. Ou estão Sua Excelência não tem alma sensível à beleza de uma mata brasileira – e que mata!, o mais lindo e encantador trecho de floresta que jamais uma grande cidade teve a fortuna de possuir e conservar" (*apud* Sevcenko, 1992, p.114).

A CIDADE E OS JARDINS   125

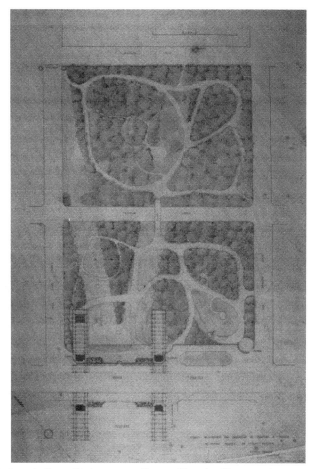

Figura 34 Projeto de Barry Parker para o Parque Siqueira Campos. Acervo pertencente ao Condephaat.

A Avenida Paulista, naquele momento, se revelava um dos lugares mais procurados para moradia ou investimento, pois era uma alameda habitada por famílias de grandes posses e localizada ao longo do espigão. Apresentava, portanto, uma visão privilegiada sobre o Jardim América, que ficava na mesma extremidade do Parque Siqueira Campos. Tratava-se de chamar a atenção dos moradores e visitantes da Paulista para a lucratividade que a área oferecia e para o fato de permitir, a quem passeasse pelo parque, uma visão das residências construídas no bairro e das áreas abertas à espera de comprador. A infra-estrutura oferecida e a promessa de morar bem para aqueles que não residiam na grande avenida estava no bairro a seu lado. E, para os residentes da Paulista, apresentava-se a promessa de lucratividade por meio da especulação.

Parker sofreu críticas por essas interferências, pois apresentavam características de favorecimento à empresa loteadora do Jardim América. Seu planejamento para o Parque Siqueira Campos trazia duas vielas em forma de V, no coração da mata, que se iniciavam na entrada da Avenida Paulista e terminavam na outra extremidade, voltada para a área do Jardim América. O caminho abriu um corte na vegetação e sacrificou uma quantidade significativa de árvores. Ao cortá-las, possibilitou a visibilidade do loteamento de propriedade da City e que Parker havia planejado. Esse exemplo evidencia a conexão com a natureza e como esta passa a marcar os espaços da cidade, no que diz respeito à qualidade de vida de um segmento social específico, no modo pelo qual esse segmento determinou o entendimento que se produzia, naquele momento, sobre a natureza e a urbanização.

De acordo com Rosa Kliass, nas décadas de 1920 e 1930, enquanto os bairros do entorno se consolidavam e a Avenida Paulista abrigava a alta burguesia, o parque tornou-se ponto de encontro elegante da cidade, apoiado pelas atividades no Trianon (1993, p.151).

O episódio do Siqueira Campos apontou também para uma contradição que esteve sempre presente na história do povo inglês: a da integração à natureza, exaustivamente explicitada por Keith Thomas, e simultaneamente a destruição dessa mesma natureza durante a Revolução Industrial, mediante o uso indiscriminado das florestas (descrito minuciosamente por E. P. Thompson em *Senhores e caçadores*), tanto dentro como fora dos limites da lei. Esse investimento imobiliário postou Barry Parker diante de sua herança histórica e evidenciou o explorador inglês em terras do ultramar, mesmo no século XX. Fê-lo pôr em xeque seus valores pessoais, manifestados em seus trabalhos até aquele momento e que o trouxeram à América exatamente por não se sentir à vontade, como seu sócio e parente Unwin, para participar da Grande Guerra, forma de violência da qual não compartilhava.

No entanto, não conseguiu reagir da mesma maneira às intenções das elites paulistanas quanto ao planejamento do Parque Siqueira Campos, até porque esse era um projeto desvinculado da empresa que assessorava. Possivelmente, por acreditar que, de certa forma, defendia sua criação, já que o parque contribuiu sobremaneira para a divulgação da paisagem oferecida pelo Jardim América, convenceu-se da necessidade de criar caminhos e violar a natureza; afinal, era uma natureza agreste, embora fosse um parque, portanto destoava da paisagem humanizada da grande Avenida e daquela que propunha no Jardim

A CIDADE E OS JARDINS **127**

América. O historiador Nicolau Sevcenko corrobora a tese do uso do parque para a publicidade do Jardim América, a partir da leitura dos artigos do jornal *O Estado de S. Paulo*, quando diz:

> [...] O projeto de desbastar o bosque tropical da Avenida Paulista, para transformá-lo num jardim gramado e bem comportado, era do arquiteto inglês Barry Parker, empregado do gigantesco *holding* internacional City of São Paulo Improvements and Freehold Land Co., responsável pelo empreendimento imobiliário das cidades-jardins, adulteração comercial do modelo urbanístico original e revolucionário de Ebenezer Howard na Inglaterra. Tanto porque a floresta tropical não harmonizava com o urbanismo britânico, quanto porque a mata virgem impedia a visão panorâmica para a promoção das vendas e incremento do valor especulativo do que a Companhia anunciava como o primeiro bairro moderno de São Paulo – iniciado com o loteamento da encosta do espigão da Paulista que dava para o vale do rio Pinheiros – o Parque da Avenida foi entregue a Parker para redecoração, com financiamento vultoso dos cofres municipais, tendo sob seu comando empregados e equipamentos da própria prefeitura, para desmatar e civilizar aquele logradouro público. (op. cit., p.115)

A venda de terrenos, naquela região da cidade, deixava a desejar. Isso se confirma se observarmos as tabelas apresentadas por Wolff, nas quais se constata a construção de uma residência em 1915, planejada por Hugo Maroni, e seis projetadas por Barry Parker, num total de sete casas, entre 1915 e 1918, o que revela a necessidade de divulgar os terrenos à venda (Wolff, op. cit., p.278-83).

Esse cenário não tardou a influenciar as vendas que, entre 1923 e 1930, alcançaram um índice maior. Ao mesmo tempo, as construções aumentaram para 103 residências – crescimento provocado também pelo desenvolvimento acelerado da cidade que, nesse período, promoveu 39.528 novas edificações no espaço urbano de modo geral e contribuiu para atingir um alto índice de construções no bairro (Carpintéro, 1996, p.78).

Para convencer o adquirente, a Companhia City aliava idéias de progresso desenvolvimentista e do ideário higienista recorrente nas práticas urbanas exercidas na cidade-jardim. Um dos exemplos está na seguinte chamada de um panfleto em letras destacadas: "O AR LIVRE DO CAMPO E TODO CONFORTO DA CIDADE só se encontram reunidos no JARDIM AMÉRICA – O BAIRRO NOBRE DA CAPITAL".[31]

---

31 Panfleto pertencente ao acervo da Companhia City. Pasta s/n°, com propagandas sobre o Jardim América (Arquivo do Brooklin Novo).

O anúncio traz um texto explicativo sobre o bairro que salienta suas qualidades por estar localizado distante do centro da cidade e, mesmo assim, oferecer as melhores condições de vida para quem deseje ali residir. O morador escolheria seu vizinho, tendo em vista o número determinado de residências, e a construção deveria seguir um padrão estabelecido no ato da compra do terreno. Esse padrão possuía todas as características das casas projetadas por Barry Parker. Os profissionais da área tinham expectativas quanto ao resultado da proposta, pois eram conhecidas as idéias de Unwin e de Parker, aplicadas em empreendimentos realizados em outros países (Segawa, op. cit, p.111-13).

A Figura 35, em contraposição, é um registro do movimento, da agitação e também do transtorno que a materialidade, característica da condição urbana, provocava na cidade. No caso, a colocação dos trilhos, imagem do trabalho, é, ao mesmo tempo, solução de deslocamento para a população e fator de impedimento ao trânsito normal, o que se pode perceber pelas calçadas cobertas pela terra, pelas ferragens e pelo deslocamento de pessoas nos mesmos espaços.

Figura 35 Obras no Largo do Tesouro, atual praça Padre Manuel da Nóbrega, nesta vista a partir do Pátio do Colégio em direção à confluência com a rua XV de Novembro. O Edifício com quatro pavimentos marca o entroncamento com a rua do Tesouro, na rua XV de Novembro. À direita, descendo diagonalmente, em primeiro plano vê-se a atual rua General Carneiro.

A imagem até faz supor o barulho e o trânsito e mostra os trabalhadores e transeuntes misturando-se. Entre eles os senhores de ternos e chapéus e, provavelmente, uma mulher protegendo-se do sol, coberta por um guarda-chuva.

Enfim, todos esses elementos que compõem a fotografia revelam a agitação e o movimento que caracterizava a cidade. Sobretudo a Figura 35 denota o crescimento urbano e a recepção às tecnologias, que anunciam melhoria de vida e prosperidade, mas também fazem supor multiplicidade de raças, línguas diferentes e multidão.

A imagem remete, ainda, à superação do arcaico, rude, primitivo e incivilizado – em suma, de tudo aquilo que o paulistano procurava combater – assinalados oportunamente pela Companhia City em sua proposta urbanística. Mais que qualquer outro elemento, estava presente nas propagandas da empresa a combinação entre desenvolvimento e natureza, essa, porém, domesticada. O *slogan* da Companhia City sustentava-se nesse motivo, e as propagandas de seus loteamentos enfatizavam o moderno e o aprazível, a qualidade de vida oferecida.[32] Essa insistência no agradável, no deleitante, procurava reagir aos comentários correntes em relação à localidade, pois

> [...] na época havia poucas casas, tendo sido bastante lento o crescimento do bairro. Isto porque, acostumada com locais mais altos e secos, como a Avenida Paulista e Higienópolis, a população mais abastada inicialmente reagiu contra o novo bairro, onde, segundo alguns, "havia excesso de umidade, um charco, ótimo para criar bolor nos armários".
>
> Outro fator que retardou o desenvolvimento das construções no bairro foi o fato de muitos proprietários terem adquirido terrenos para fins de especulação, à espera de uma garantida valorização. (Reale, 1982)

---

32 Para explicar a existência de laços tão estreitos entre homem e natureza, encontramos no livro de Keith Thomas um minucioso estudo sobre a sensibilidade humana, no qual ele afirma que sua origem em um mundo distante, o das florestas primitivas, é provedora de nossos instintos mais incivilizados, retidos ainda hoje na essência do ser humano e expressos na necessidade de interação com a representação da natureza selvagem. Assim sendo, essa evocação de um passado remoto nos conduziria, intuitivamente, à busca de um liame com a natureza exibida nos jardins, nas plantas ornamentais dentro das residências, nos parques das cidades e na arborização das ruas, nutrindo essa relação ainda viva na essência humana. Outra obra significativa nesse sentido é *Paisagem e memória*, de Simon Schama, que apresenta uma exposição envolvente e nos conduz pelos caminhos da Europa e da América do Norte, levando-nos a estreitar os laços com a Natureza e remetendo-nos ao passado e ao presente nosso e de nosso País, enquanto lemos sua visão acerca da natureza e da paisagem por ele visitada. A leitura dessa obra permite tal relação porque o autor, mediante uma viagem, descreve a natureza rural e urbana, ou a paisagem ocidental, a partir da sua condição natural até aquela exposta em um quadro no museu, além do resultado dessa interferência humana nas espacialidades. Inevitavelmente somos conduzidos à reflexão sobre nossa forma de entender a relação que estabelecemos com o meio e aquela que já estabelecemos, no passado, no nosso processo de intervenção pessoal e coletivo (Cf. Thomas, op. cit.; Schama, op. cit).

130 ZUELEIDE CASAGRANDE DE PAULA

Os contratempos que dificultavam a aceitação de um subúrbio nos arredores da urbe não se restringiam apenas a contrariar a determinação da City e de Parker em submeter a natureza, superando os obstáculos oferecidos pela área. A região do bairro era realmente úmida e cheia de mosquitos, mas isso os forçava a criar mecanismos para vencer a resistência às dificuldades decorrentes de sua localização, distante do triângulo central, dos bairros Higienópolis e Campos Elísios, onde moravam as famílias abastadas.[33]

O Jardim América possuía dois chamarizes importantes até aquele momento: o planejamento e a arquitetura inglesa – as residências projetadas por Parker e espalhadas no loteamento aberto como forma de chamar a atenção do comprador para a área. A visão propiciada pelo traçado e pelo projeto paisagístico com as árvores ornamentais, cercas vivas e jardins internos construía a imagem de um dos locais, num futuro próximo, mais aprazíveis para moradia.

A Companhia passou, então, a ser mais incisiva e a empregar maneiras diretas e objetivas de veicular as imagens do bairro e ressaltar suas qualidades. Seguindo a proposta de divulgação da área do Jardim América, nos conteúdos das propagandas difundidas nos jornais, principalmente até 1923, predominavam os apelos ao cliente. O destaque recaía sobre as formas de financiamento oferecidas pela própria City, no que se referia tanto à aquisição do terreno, quanto à construção das residências.

> JARDIM AMÉRICA
> Bairro Moderno de Residência
> Bonde 45
> Antes ou depois de visitá-lo procure planta e informações desse aprazível bairro. Todos os serviços públicos se acham instalados, podendo ser estendidos a qualquer ponto.
> Cia. City. (Jardim..., 1919, p.3)

Em 1922, quando o bairro alcançava configuração próxima àquela que a empresa loteadora reconheceria como consolidada, ainda havia anúncios com chamadas mais gerais, sem muitas especificações quanto aos meios de adquirir o terreno.

---

33 Em diferentes obras pode-se perceber o empenho do poder público, bem como das companhias empreendedoras em impor à cidade uma natureza disciplinada por oposição à que marcava sua espacialidade como uma extensão do rural. Homem, op. cit.; Sevecenko, op. cit..

A CIDADE E OS JARDINS 131

Para Vossa Residência

Escolhei o JARDIM AMÉRICA, bairro modelo superiormente provido de tudo quanto podem requerer o conforto e a distinção de uma construção moderna.(Para vossa..., 1922, p.3)

Em fevereiro de 1923, o jornal *O Estado de S. Paulo*, veículo para os anúncios da Companhia City, publicou um anúncio que detalhava as benfeitorias do Jardim América e informava quanto aos financiamentos:

Jardim América – Empréstimos pra construções

A Companhia City tem o prazer de comunicar aos seus distintos compradores de terrenos que se prontifica a auxiliar na construção de residências no Jardim América, nas melhores condições, o necessário capital, baseado no valor de cada construção, facilitando a compra do respectivo terreno em prestações mensais trimestrais e semestrais.

O Jardim América oferece todas as conveniências com o seu plano moderno de ruas e de divisões de lotes. Com os seus jardins e seus melhoramentos JÁ INSTALADOS e constantes de: bonde (Augusta 45), redes de água e esgotos, gás e iluminação elétrica de ruas. Companhia CITY. (Jardim..., 1923, s.p.)

Várias propagandas faziam referência a empréstimos para a construção de casas no bairro, conforme o desejo do contratante, com diferentes formas de pagamento. Enfatizavam as melhorias existentes no bairro, destacando com freqüência as linhas de ônibus à disposição dos moradores. Embora existissem inúmeros espaços vazios e casas isoladas na área do bairro, essas últimas apresentavam um estilo moderno característico das residências projetadas por Parker, com o uso das linhas retas nas fachadas e espaços internos, visando ao conforto do morador.

Outra fase da história do Jardim América teve início entre 1923 e 1930, marcada pela consolidação do projeto original e por apresentar o maior número de moradias construídas (Wolff, op. cit., p.278-89). Nesse período houve uma intensificação nas formas de promover o bairro; na verdade, "[...] a Companhia nunca se descuidou do setor promocional, sempre salientando o alto padrão dos imóveis postos à venda, bem como a segurança que envolvia os negócios oferecidos, visto que tinha por escopo firmar-se como a maior imobiliária de São Paulo" (Bacelli, op. cit., p.102).

O loteamento do bairro em questão era estritamente residencial. Isso o diferenciava dos demais bairros do perímetro urbano, visto que essa não era

132 ZUELEIDE CASAGRANDE DE PAULA

a tendência no País. Os edifícios comerciais e residências confundiam-se nas cidades brasileiras e não se estabeleciam fronteiras entre eles (Reis Filho, 2000, p.60).[34] De certo modo, a City contribuiu para disseminar essa tipologia, impedindo que a especulação imobiliária viesse a desqualificar sua principal marca – qual seja, a planificação realizada por Barry Parker – e a criar, dessa forma, uma situação crítica entre empresa e moradores, que haviam adquirido terrenos e construído com base no planejamento da área.

Nesse momento, os anúncios da empresa davam mais ênfase à questão do projeto urbano e sua relação com a modernidade. É o que fica explícito no artigo transcrito a seguir e no qual o moderno parece converter-se em um chamariz para atrair possíveis adquirentes.

> Ao pensar em adquirir o seu terreno, instintivamente lhe ocorrerá a seguinte pergunta:
>
> Estará o terreno que me oferecem em condições de receber a construção imediata de uma fina e confortável residência? E nós lhe respondemos:
>
> **Sim.**
>
> Porque os terrenos que lhes oferecemos são servidos de instalações públicas de água, esgoto, luz elétrica, gaz, linhas de bond e omnibus e estão situados nos melhores bairros de São Paulo.
>
> Além desses melhoramentos indiscutivelmente os nossos terrenos possuem um arruamento perfeito, espaços livres, e grandes áreas ajardinadas, tudo executado de accordo com os ensinamentos do "moderno Urbanismo".
>
> Jardim América - Companhia CITY. (Jardim..., 1930, s.p.)

Em 7 de setembro de 1929, *O Estado de S. Paulo* publicou um anúncio que sublinhava a harmonia entre campo e cidade expressa no planejamento do Jardim América. Tinha ao fundo e no alto a figura de uma paisagem na qual se encontrava uma residência cercada por jardins e espaços livres. O cenário incluía ainda uma criança brincando e, logo abaixo, o seguinte texto ressaltava as qualidades do local:

---

34 Sobre a convivência das funções residenciais e comerciais no mesmo edifício, o autor comenta que já nos primeiros anos do século, com a crescente separação entre os locais de residência e trabalho e com o aumento da concentração de população nas cidades maiores, os velhos sobrados comerciais de tipo português, com residências e lojas, começaram a ser substituídos por prédios de alguns andares, com destinação exclusivamente comercial.

A CIDADE E OS JARDINS **133**

Vida de campo tranqüila e sadia em plena Capital e com todo o conforto das grandes metrópoles – só no JARDIM AMÉRICA. Inconfundível bairro modelo, verdadeiro jardim de residências.

A propaganda dispunha pequenos trechos em letras menores que salientavam as oportunidades de bem-morar e as opções para os que ali adquirissem terrenos:

Uma opportunidade que começa a desaparecer.

De 580 lotes de terreno que formam o Jardim América, restam hoje 70 lotes disponíveis.

Construções regulamentadas, isto é, garantia de boa vizinhança. Praças avenidas e ruas asphaltadas e iluminadas, providas de installações publicas de agora, esgotos, gaz, telephone, luz elétrica e varias linhas de bondes.

Os parques internos do Jardim América ocupam uma área de 124.000 m. (mais de 5 alqueires), e proporcionam o maior bem para a formação sadia da nova geração paulista – espaços livres e ar puro às crianças, num ambiente de conforto e alegria.

Esse anúncio falava da importância dos jardins internos e da significativa qualidade de vida oferecida por um bairro com esses espaços, denominados parques e dotados de uma área total de 124.000 m², se somadas as extensões de todas as quadras. Assim, o interesse da Companhia City, expresso nos anúncios sobre o Jardim América, era atrair o adquirente pela integração ao todo do planejamento urbano que caracterizava o bairro, por sua beleza e pela novidade de um projeto nos moldes dos bairros europeus.

A partir de 1930, outra passou a ser a paisagem do loteamento, uma vez que muitas casas haviam sido construídas e o bairro habitável começava a se delinear com mais clareza. Ocorreu que outras empresas começaram a se apropriar de seu *slogan*, o que obrigou a Companhia City a deflagrar uma campanha na qual destacava a identidade do Jardim América, além de continuar a promover seus lotes restantes.

O texto, nesse caso, afirma a identidade e a origem do bairro, além de ser uma representação do americanismo, expresso nos nomes das ruas, que passavam a constituir termos de reconhecimento para quem desejasse adquirir seu terreno. Atentava, ainda, para os limites do loteamento, que terminava nas ruas que levavam os nomes dos países das Américas. Desse modo, o comprador de um terreno saberia identificar perfeitamente a aquisição.

Esse período encerrou uma etapa da empresa que atingiu a quase totalidade das vendas dos lotes e das construções, restando apenas os vazios deixados por terrenos distanciados e dispersos pelo loteamento, processo natural em qualquer bairro, ainda que a distribuição espacial das residências tenha sido considerada completa.

Figura 36 Panfleto de propaganda da Companhia City. Pasta s/n° de propagandas do Jardim América.

A partir de 1934, iniciou-se mais uma fase na trajetória da empresa britânica, marcada por conflitos com a Prefeitura e os moradores. No cerne da discórdia estavam os jardins internos das quadras. A propósito, essa crise exigiu uma análise mais detalhada dos documentos, à qual dedicamos parte do terceiro capítulo. Tais documentos apontam para a descaracterização do planejamento realizado pelo urbanista inglês e também para a resistência da empresa em lotear e extinguir esses bolsões verdes no interior das quadras. O choque entre a Companhia City, os proprietários e a Prefeitura resultou no loteamento dos espaços internos e, conseqüentemente, em outra estratégia promocional de vendas da área.

Figura 37 Panfleto de propaganda da Companhia City. Pasta s/n° sobre propagandas do Jardim América.

136 ZUELEIDE CASAGRANDE DE PAULA

Após a solução do conflito, a companhia, para vender os terrenos restantes de modo a não ter prejuízos, empreendeu uma ampla campanha publicitária, enfatizando a beleza do lugar, o saneamento de acordo com a legislação vigente, a "superioridade" de seus moradores e a localização. Entre muitas de suas propagandas, havia aquelas dirigidas aos pretensos compradores de origem inglesa. O panfleto (Figura 37) descrevia o bairro como um lugar aprazível, o melhor da América do Sul, dotado de clubes como o Paulistano e a Sociedade Harmônica de Tênis como opções de lazer. Embora se lembrasse ao leitor que a Sociedade Harmônica de Tênis ainda iniciava sua construção, prometia-se que o clube viria a ser um grande espaço de lazer, com piscinas e sede social.

Enfatizava-se, igualmente, que a preocupação da empresa era a de atender bem a seus clientes, daí ter posto à venda novas áreas. A empresa se colocava ainda à disposição para financiar a construção das residências. Oferecia aos primeiros 15 compradores descontos de 20, 15 e 10 %, mas somente aos que fossem os pioneiros em construir. Além disso, o panfleto astutamente questionava o leitor sobre sua condição de pagador de aluguel. Por fim, a empresa gabava-se, no texto, de ser a única do País a dar esse tipo de assistência ao comprador de seus lotes e, ainda, de estar à disposição para resolver qualquer dificuldade que os adquirentes viessem a ter.

Esse panfleto foi publicado no jornal *Anglo Brazilian Chronicle,* em março de 1934, sob o título, em latim, *Mens sana in corpore sano.* Por esse título podemos observar o compromisso da empresa com o discurso higienista da época. O anúncio também acentua a compreensão do leitor sobre a questão da higiene; a mensagem é dirigida ao comprador de poder aquisitivo entre o médio e o alto. As figuras também reforçam essa mensagem: pessoas passeando a cavalo, praticando tênis e outros esportes, todos em boa forma física e em movimento, transmitindo a idéia de liberdade e lazer. Aparece, ainda, no alto da página, a sede do Clube Athlético Paulistano e, na parte inferior, estampa a futura sede da Sociedade Harmônica de Tênis. A empresa manteve o preço dos lotes, embora tenha sofrido pressão para baixá-lo, em razão do descontentamento dos moradores quanto à solução encontrada para as áreas internas das quadras. O procedimento da City permaneceu inalterado, dando apenas prioridade de aquisição de lotes aos proprietários circunvizinhos.

Depois de loteadas as áreas internas, a propaganda empreendida pela Cia City voltava-se para pontos específicos, como os lotes e o número da quadra onde estavam localizados, assim como a pronta entrega de residências. Foram produzidas inúmeras mensagens, como a que aparece na Figura 38, enfatizando os lotes e casas prontas em novas ruas, bem como a quantidade posta à venda, pois variavam quanto ao tamanho do jardim interno e à quantidade de terrenos disponíveis, já que alguns haviam sido comprados por proprietários já residentes nas cercanias com intuito de aumentar sua área.

Os novos lotes postos à venda tinham uma área menor que aqueles oferecidos no loteamento inicial. Seu adquirente também poderia ser alguém com poder aquisitivo menor, pois a diminuição da área do lote reduziu o valor do imóvel. Ou seja, o perfil do comprador poderia ser igual a aquele a quem inicialmente se destinaram às vendas, em 1915.

Figura 38 Panfleto pertencente ao acervo da Companhia City. Pasta s/n° sobre propagandas do Jardim América.

O sonho da casa própria, então, passou a ser acalentado pelas módicas condições de pagamento, graças aos prazos longos, e pelas condições favoráveis oferecidas a quem desejasse adquirir um terreno ou casa já pronta nos bairros sob o controle da empresa.

Figura 39 Panfleto pertencente ao acervo da Companhia City. Pasta s/n° sobre propagandas do Jardim América.

O anúncio em questão (Figura 39) data de 1934, período em que os compradores de terrenos no Jardim América estavam adquirindo os imóveis resultantes do loteamento dos jardins internos, isto é, terrenos menores. Além disso, a exclusividade que antes caracterizava o Jardim América já não era tão destacada. A ênfase estava em outro ponto: o transporte, a água encanada e a iluminação, enfim, o saneamento básico. Equipava-se o bairro para atender aos seus moradores, mesmo que eles não possuíssem um veículo para se locomover, pois naquele momento ter um veículo era um luxo que nem todos os moradores do bairro podiam desfrutar, mesmo os mais antigos.

Quanto à estada de Barry Parker no Brasil, essa trouxe grandes contribuições, pois durante o período em que trabalhou na Companhia City com uma equipe de arquitetos brasileiros, sem dúvida, influenciou a muitos deles. Essa constatação fundamenta-se no resultado do processo de (re)ocupação no Norte do Paraná, o qual se caracterizou por uma ordenação de cidades semelhante à implicada pela concepção de cidade-jardim proposta no organograma de Ebenezer Howard. O exemplo mais característico está na cidade de Maringá, que exibe um projeto urbano inspirado nessa tendência, realizado pelo urbanista e arquiteto Jorge de Macedo Vieira.[35] Entre 1917 e 1919, Vieira estagiou na Companhia City, na mesma época em que Parker esteve no Brasil e era responsável pelos projetos idealizados pela empresa.

Vieira, em seu planejamento, inseriu ruas e praças amplas e vastamente arborizadas, além de jardins e parques urbanos com todos os elementos constitutivos da noção de cidade-jardim, inclusive o desenho da planta rigorosamente adequado ao terreno e o cinturão verde de chácaras que abasteceria o núcleo urbano e criaria empregos. São elementos característicos dessa região do País que demonstram a ressonância da cidade-jardim e do diálogo entre Parker e os brasileiros que com ele tiveram contato. Isso nos leva a inferir que o trabalho do inglês deixou muito mais que sua visão de bairro ou de residência no Jardim América: suas idéias marcaram a capital do estado de São Paulo, assim como outras cidades do Brasil.

---

35 Sobre a pouca importância dada ao processo de ocupação da região norte do Paraná pelos ingleses são importantes os trabalhos de Grieg (2000); Andrade, op. cit., p.357-394; Paula, op. cit., p.83-135.

3
UM BAIRRO-JARDIM À MODA BRASILEIRA

*A diferença que define todo lugar não é de ordem de uma
justaposição, mas tem a forma de estratos imbricados. São
inúmeros os elementos exibidos sobre a mesma superfície;
formam uma superfície tratável. Toda "renovação" urbana
dá preferência à tabula rasa em cima da qual vai escrever
em cimento a composição feita no laboratório à base de
"necessidades" distintas às quais quer dar respostas funcionais.*

Michel de Certeau, *A invenção do cotidiano: artes do fazer*

O subúrbio Jardim América, a princípio, herdou seu traçado do modelo inglês das cidades-jardins, por todos os antecedentes que marcaram seu nascimento e pela história de seu planejador, Barry Parker. Entretanto, depois de seu planejamento ter sido considerado concluído por Parker, a história do bairro indica uma expressiva intervenção em seu projeto original. Nesse período, de 1926 a 1934, já não é mais subúrbio, uma vez que estava se integrando à malha urbana da cidade de São Paulo. Desse modo, sua identidade inicial de subúrbio, criada pelo arquiteto inglês, estava ameaçada por outra configuração, que definiria seu aspecto final. Mais tarde, a pedido de seus moradores, foi tombado como "traçado urbano, vegetação, linha demarcatória do Bairro Jardins" (Rodrigues, 2000, p.179). No decorrer deste capítulo pretendemos apresentar a intervenção que acabou ocasionando uma ruptura com o desenho anterior que, na palavra de muitos urbanistas brasileiros, foi uma adequação às condições de moradia locais. Para nós, entretanto, foi o nascimento de um bairro-jardim à moda brasileira.

142 ZUELEIDE CASAGRANDE DE PAULA

No planejamento do subúrbio-jardim em São Paulo, Barry Parker extraiu de outros trabalhos já realizados informações e idéias que o ajudassem a compor o desenho do Jardim América. O padrão mais próximo parece ter sido o do já analisado Hampstead que, contudo, foi implantado de acordo com um planejamento muito diferente daquele do Jardim América.

À frente do subúrbio londrino estava Henrietta Octavia Barnett, uma mulher cuja experiência em atrair a atenção para seus objetivos ficou comprovada. Foi a primeira assistente social do lugar – *a woman of formidable energy and determination* (Farmer, 1996, p.135) – e seu trabalho foi considerado notável. Henrietta e o marido, Samuel Barnett, estiveram à frente dos trabalhos empreendidos para criar o Hampstead Borough Council, composto por ela mesma, *sir* Robert Hunter, Shaw-Lefrevre e Lord Eversley. O casal era reformista, pertencia à alta classe média e tinha a seu lado aliados igualmente defensores de reformulações.

De acordo com Standish Meacham, embora Henrietta Barnett procurasse ficar à sombra do marido – chegou a escrever uma obra semibiográfica sobre ele —, ainda assim poderia ser chamada de co-autora do projeto do subúrbio-jardim de Hampstead, tal sua influência nas decisões tomadas sobre o planejamento. Mesmo que se leve em consideração a total transformação que a Inglaterra sofria nesse momento – e que esse processo estava ligado a importantes personalidades inglesas —, Barnett avultava como figura ímpar.[1]

Em debates realizados em Londres a respeito da transformação urbana na Inglaterra, Ebenezer Howard e Henrietta Barnett se enfrentaram em defesa de suas idéias, pois as distâncias entre o que ambos propunham eram consideráveis.

Para Howard, o ponto fulcral era a transformação da sociedade (tanto que muitos de seus estudiosos afirmaram que suas idéias eram utópicas),[2] ou seja, era necessário propor uma nova forma de organização social. Para isso,

---

1 O livro que trata da história do Parque de Hampstead tem um pequeno histórico sobre a área em seu entorno, o subúrbio de Hampstead. Nessa passagem da obra, Barnett é descrita como incansável e de força admirável por ter liderado o Conselho que implantou o subúrbio. O autor a descreve como total responsável pelo subúrbio-jardim e, em nenhum momento, menciona-se a participação de Unwin ou qualquer outro planejador. (Farmer, op. cit).

2 Sobre essa utopia, o trabalho de Jane Jacobs (2000) é uma das mais elucidativas análises associadas a uma crítica ferrenha, pois considera Howard visionário e não vê aproveitamento prático em sua proposta. Considera-a autoritária, excludente e nada prática no que diz respeito às grandes cidades. Para a autora, Howard propunha a morte das cidades, vislumbrava uma sociedade política e economicamente paternalista. Suas idéias não se aplicariam a grandes cidades como as americanas.

A CIDADE E OS JARDINS 143

alinhava o campo e a cidade sob um mesmo conceito. Seu projeto, acusado de anarco-socialista, pretendia originar intensas transformações sociais no País. Provavelmente, tal foi o motivo pelo qual tantos impedimentos foram criados naquele momento, vindo a ressurgir a idéia de cidade-jardim pouco antes da Segunda Guerra Mundial.

O caso de Henrietta Barnett diferia profundamente de tudo isso. Ela propunha reformas urbanas que jamais trariam a Londres grandes alterações, a não ser melhorar a qualidade das moradias na cidade, mesmo as da classe média alta, à qual pertencia. Sua proposta apresentava um subúrbio-jardim onde habitariam todas as classes sociais. Seu argumento era que os mais ricos ajudariam os mais pobres e todos poderiam conviver em espaços públicos como parques, escolas, clubes, igrejas, praças e jardins. Almejava ainda juntar em torno da Nação todas as classes, o que também constituía uma utopia, pois seu objetivo era pôr o sentimento nacionalista acima das diferenças sociais, sem que existisse um fundamento concreto para isso. Apelava apenas para o sentimento assistencialista das classes abastadas e para a submissão das desfavorecidas. Em suma, Barnett desejava conformar uma "britanidade" pelo convívio, na esteira do assentimento mútuo das classes sociais. Entendia que a convivência entre abastados e necessitados despertaria nos primeiros a nobreza de espírito e a paciência frente ao sofrimento dos pobres, ao passo que os últimos aprenderiam o refinamento das classes burguesas.

Meacham lembra que graças a Barnett, Unwin foi contratado como urbanista responsável por Hampstead e não vacilou em deixar Letchworth, a primeira cidade-jardim, para mudar-se com a família para o subúrbio-jardim. Sua atitude foi muito criticada anos mais tarde. A viúva de Parker, em resposta a uma carta de F. J. Osborn, na qual ele questionava a atitude de Unwin, afirmava que não considerou uma deserção a atitude do sócio de seu marido ao mudar-se para Hampstead. Em sua opinião, assim como Parker continuou com seu planejamento para o subúrbio-jardim desde Letchworth onde residia, Unwin também planejou desde Hampstead para Letchworth, sem ter de morar na cidade, e sem prejudicar seu trabalho. Osborn concluiu que, na verdade, tanto Parker como seu sócio haviam compreendido o objetivo maior que teriam frente à Inglaterra, pois colocaram em prática métodos de planejamento que muito contribuíram para a melhoria das condições de vida naquele País. Ambos cooperaram com a Grã-Bretanha, independentemente dos locais onde moraram, pois souberam aplicar a arte do planejamento a serviço do País.

Porém, mesmo no nascedouro do projeto, as esperanças de uma inter-relação social favorável entre as classes no subúrbio se desvaneceram diante da realidade econômica. Os ricos, antes de empreenderem um arrendamento caro, precisavam da garantia de que os pobres seriam mantidos a uma certa distância (Meacham, 1999, p.160).

Esse era um dos problemas do projeto de Henrietta Barnett: nem todos os abastados compartilhavam suas idéias. E, para Unwin, era difícil lidar com esse tipo de mentalidade e desistir do entusiasmo em relação à democracia social – como exemplificado no projeto educacional igualitário que ele promulgou em Letchworth, apenas quatro anos antes. Certamente, configurou-se um dilema para esse planejador, visto que o espírito materialista, infundido na vida do subúrbio por Henrietta Barnett, representava um apelo distante do pioneirismo semi-utópico de Letchworth. No tocante ao caráter visionário que se atribuía a Letchworth, entretanto, o mesmo se poderia dizer de Hampstead, caso o suporte financeiro dos investidores da alta classe média não estivesse presente.

O *Architects' and Builders' Journal*, em 1912, segundo Meacham, comentou o assunto e afirmou que moradores de casas de um determinado padrão não desejavam a proximidade com pessoas que morassem em residências de padrão diferente ou mais baixo, pois isso desvalorizaria seus imóveis – algo que ninguém deseja após um investimento. Mas o periódico foi além, isto é, questionou se o problema não seria outro: se de fato a polêmica não estaria deixando transparecer que na prática, as classes sociais não desejam misturar-se (idem, p.161).

Muita controvérsia foi suscitada pelo tema "subúrbio-jardim". Uma delas foi a acusação de que Unwin teria traído os ideais de Letchworth: o subúrbio divergiria, no tocante a seus objetivos e preocupações, em relação à cidade-jardim. Todavia, o arquiteto havia caído nas graças da empreendedora Barnett, após a leitura de *The Art of Bulding a Home* (A arte de construir um lar), escrito por Unwin e que deu a Barnett a certeza de que havia encontrado o homem certo para realizar seus planos. A propaganda a respeito do trabalho desenvolvido em Letchworth também despertou o interesse de Barnett pelo arquiteto, a quem ela propôs assumir o cargo de planejador-chefe do projeto do subúrbio-jardim. Contudo, muitos outros vieram a planejar nesse espaço, inclusive Parker, com quem Unwin dividia as angústias e impasses vividos no dia-a-dia do trabalho, já que eram sócios, parentes e amigos.

As funções que couberam a Unwin compreendiam elaborar um projeto para a propriedade, negociar a aquisição de áreas para construção, aprovar planos habitacionais e monitorar os trabalhos dos empregados e a aplicação dos materiais (idem, p.156). Além dessas incumbências, seu projeto deveria ligar o subúrbio a uma área campestre e descampada, a charneca. Havia a necessidade de harmonizar essas espacialidades de forma que uma interagisse com a outra, tarefa difícil, visto que o terreno era como o descreveu Schama, ao se reportar ao episódio de 1929 que envolveu aquele local, árido e inóspito.

O projeto de Henrietta Barnett era profundamente autoritário e explicitamente assistencialista. O de Howard também apresentava indícios dessas características, porém tinha em sua base a transformação social – pode ter sido utópico, mas tencionava apresentar saídas para os problemas sociais de toda a Inglaterra e não implicava que uma classe devesse ajudar a outra, mas uma melhor distribuição de renda. Além disso, visava as classes operárias e médias. Talvez por essa diferença a posição de Unwin frente à alternativa de morar em Hampstead tenha posto em dúvida sua fidelidade aos ideais que sustentaram a concepção da cidade-jardim.

Hoje o bairro de Hampstead apresenta características diferentes: a aparência das casas mudou e seus moradores são de classe média e média alta, mas os edifícios propostos nos primórdios da existência do bairro para moradores de parcos recursos compõem a paisagem, assim como os jardins internos. É difícil identificar a origem social de seus moradores, mas o aspecto dos prédios levou-nos a deduzir que sejam de classe média. Não nos foi possível, contudo, comprovar tal observação com outras fontes, além das imagens anteriormente apresentadas sobre o bairro.

Porém, o mais relevante é o modo como foi planejado o subúrbio-jardim londrino, no qual Parker buscou elementos para planejar seu similar brasileiro, no que se refere ao traçado. Diferentemente de Hampstead, o bairro-jardim de São Paulo foi pensado com vistas a atender aos interesses de uma empresa, que via no Brasil um amplo espaço de expansão capitalista. Tais interesses eram, como se vê, bem diversos dos valores que moveram Henrietta Barnett, a ponto de, em seu projeto, discriminar um espaço para moradia a baixo preço, além da determinação de proporcionar lugares para homens e mulheres solteiros, idosos e adolescentes. Além disso, houve a vinda de Parker ao Brasil.[3] O tempo

---

3 A discussão a respeito da atuação de Parker no Brasil encontra-se no capítulo 2 desse trabalho.

dedicado a seus projetos aqui foi muito diferente daquele dedicado por Unwin e pelo próprio Parker a Hampstead. Contudo, ambos foram movidos pelo dinamismo das idéias e pelo montante pago pelo trabalho desenvolvido.

Parker ficou dois anos no Brasil, onde se dedicou a vários outros projetos, na cidade de São Paulo e fora dela. Tudo indica que o arquiteto via essas atividades apenas como um emprego, e não como uma ocupação conjugada a um propósito social e político, como foi o caso do subúrbio-jardim inglês ou da cidade de Letchworth. Obviamente, não fosse a expectativa de planejar conforme seus princípios, havia a possibilidade de Parker rejeitar o convite, mas não há documentos que indiquem qualquer dúvida do arquiteto quanto a aceitar ou não o trabalho na Companhia City. Além disso, era tempo de guerra e, diferentemente de Unwin, que ocupava um cargo no governo inglês, Parker continuou a trabalhar como arquiteto e a defender suas idéias em seus planejamentos. Porém, não se encontraram registros, nos documentos pesquisados no museu de Letchworth ou nos do arquivo da Companhia City, relativos ao motivo pelo qual o arquiteto veio ao Brasil, além daqueles já conhecidos, quais sejam, o trabalho bem remunerado e a fuga da guerra. O reconhecimento quanto ao aprendizado que se pode adquirir numa situação como essa foi expresso por ele: "Eu percebo agora que aqueles cuja experiência limitou-se às Ilhas Britânicas mal imaginam o grau de interesse que há em trabalhar em outros países" (Wolff, 2001, p.87).

Como afirmamos, o bairro-jardim brasileiro seguiu um esquema semelhante ao de Hampstead, no que diz respeito ao traçado, cuja intenção era alinhar casas cercadas por amplos jardins, ruas arborizadas em retas e curvas, praças e jardins insulares à paisagem verdejante que naquele momento havia na cidade de São Paulo. Era a junção dos elementos oferecidos pelo campo e pela cidade, tal como haviam sido pensados para Letchworth por Ebenezer Howard e, para Hampstead, por Henrietta Barnett, e postos em prática pelos sócios Unwin e Parker. No caso de Letchworth, após amplos debates com seus contratadores, ambos influenciaram muito, com suas idéias, a urbanização e o planejamento do lugar. No caso de Hampstead, Unwin cedeu à vontade do Conselho que, por sua vez, cedia aos argumentos de Barnett.

O diagrama original elaborado para o Jardim América trazia também uma configuração semelhante à de Hampstead, no que se referia ao comércio, porém a área em questão foi suprimida do loteamento paulistano, diferentemente do subúrbio inglês, onde ficou bem demarcada. Contudo, Meacham argumentou que o comércio dentro do bairro não era idéia de Unwin, mas de Henrietta

Barnett; o planejador apenas havia cedido à vontade da empregadora. No Brasil parece ter ocorrido o contrário: inicialmente a Companhia City pretendia dotar o bairro de comércio, dada sua condição de subúrbio naquele momento; o projeto final eliminou essa possibilidade, o que leva a crer que Parker teve acatada sua idéia da não-existência de uma área comercial.

Na seqüência deste raciocínio, propomos apresentar algumas ruas do bairro de Hampstead hoje, para que se possam observar as semelhanças entre ele e o Jardim América, a primeira área urbana efetivamente planejada por Parker no Brasil. Se Hampstead não é mais como aquele subúrbio inicialmente planejado, o Jardim América também não o é. As comparações não visam destacar as diferenças sociais, mas assinalar planejamentos cujo ideal primeiro foi pensado com relação a um determinado público, mas sucumbiu ante o poder de transformação das cidades e o poder econômico, que abocanhou os melhores lugares para residir, não importando a quem tivessem sido destinados. Cabe apontar os traçados e o *design* dos bairros em questão, ambos idealizados por um mesmo planejador, que respondeu pela totalidade da elaboração de um deles e teve parcial participação no outro, no que se refere ao planejamento de casas e debates com o sócio.

Considerando o já exposto, visto que a proposta apresenta semelhanças no que diz respeito à paisagem e seu conjunto, verifica-se que há também diferenças a ponderar, ainda que essas últimas se devessem à realidade à qual o projeto se aplicava. Em Hampstead, as cercas vivas estão presentes em todas as ruas, os jardins internos permanecem nas quadras e a arborização das ruas compõe um grande jardim, estendendo-se para além dos seus limites, integrando-se à paisagem de Hampstead Heath, à de outros bairros e, ao mesmo tempo, à paisagem da cidade de Londres com seus variados parques. É possível verificar a coesão paisagística, se for observada a composição representada. As ruas no bairro, divididas em retas e curvas, possuem essa característica.

A rua reproduzida na Figura 40 oferece circulação tranqüila aos passantes, diferentemente das ruas de acesso ao bairro, cujo traçado se destaca pela sinuosidade, a ponto de formar pequenos labirintos que levam os que desconhecem o lugar a se perderem. A arborização e a grama nas calçadas também merecem atenção, pois se fazem presentes na maioria das ruas. As casas ficam quase ocultas no meio da vegetação, e tanto a parte frontal como a segunda fachada estão envoltas por jardins que se alongam para a rua através das cercas vivas que se integram à arborização das ruas.

Figura 40 Acervo da autora. Rua localizada no interior do bairro. Todas as residências possuem cerca viva ao longo da rua. As sebes dos muros, as árvores e a grama nas calçadas, visíveis nesta imagem, permitem ao leitor ter uma idéia da composição espacial do bairro. As casas ficam quase ocultas no meio da vegetação existente na parte frontal e na parte do jardim interno, envolvendo-as. Hampstead, 2002.

Figura 41 Acervo da autora. Residência singular, lembra a arquitetura espanhola. Casa isolada no terreno com jardins ao redor e, ao fundo, uma área maior e de acesso ao jardim interno coletivo, como na proposta de residências para a cidade de Letchworth. Esta fotografia expõe uma das residências de uma rua em cujo campo de visão está em destaque a fachada principal. Não possui cerca viva. Hampstead, 2002.

Na Figura 41 vê-se uma das residências de uma rua em Hampstead. Observa-se a fachada principal e, com destaque, as muretas sem arbustos. Casas desprovidas desse tipo de cerca raramente são encontradas no bairro; os tipos de muros predominantes estão registrados nas Figuras 22 e 25. Seu estilo arquitetônico também é singular se comparado a outras residências das cercanias.

Figura 42 Acervo da autora. Via de trânsito rápido no interior do bairro. Hampstead, 2002.

Em oposição, as ruas internas, aquelas de trânsito mais rápido, caracterizam-se pela existência de atividades comerciais e serviços, sem negligenciar as necessidades do bairro. A imagem da Figura 42 registra o movimento em uma rua onde circulam ônibus urbanos, bem como veículos que trafegam em maior velocidade. Nela também está localizada a entrada principal de um pequeno cemitério.

Numa outra rua do bairro, o trânsito, formado basicamente por carros particulares, é pouco intenso. Esse bairro diferencia-se de outros, como Putney Bridge, Fulham e Earl´s Court, pela existência de garagens nas casas; isso não ocorre em outras regiões mais populares e antigas, onde os veículos ficam estacionados na rua. As filas intermináveis de automóveis nos finais de semana e à noite marcam a paisagem dos bairros.

Figura 43 Acervo da autora. Esta é uma rua interna do bairro. Também nela é possível verificar a vasta arborização e calçadas ecológicas. As residências ficam ocultas pela vegetação. Tem-se a impressão que é uma casa com um grande terreno ao fundo. Hampstead, 2002.

As fotografias mostram parte do bairro inglês: as ruas, a conjunção entre residências e ruas, jardins e arborização, bairro e cidade. No caso brasileiro, o Jardim América, não há uma arborização tão vasta e, hoje, as ruas, mesmo as mais arborizadas, têm sua vegetação separada da dos jardins e quintais por muros, embora em seus primórdios o bairro se assemelhasse a Hampstead.

Outra questão polêmica é a finalidade inicial do bairro no que se refere ao tipo de morador. Para alguns, o Jardim América deveria atender a um segmento social de alto padrão, como afirma Roney Bacelli,[4] um dos primeiros estudiosos da história do bairro:

> O alto padrão de loteamento que a Companhia City impõe-se quando da implantação do Jardim América não é extensivo a todos os bairros no momento do seu planejamento. Sua preocupação primeira concentra-se na estruturação dos bairros-modelo; *assim os bairros do Jardim América, Pacaembu e Anhangabaú são considerados de primeira classe, e dirigidos a uma parcela da população de alto poder aquisitivo.*(1982, p.35) (grifo meu)[5]

---

4 O trabalho de Roney Bacelli muito contribuiu para a pesquisa sobre esse bairro, pois indagou sobre sua história desde seu lançamento até a década de 1940. Nesse trabalho, o autor tratou da formação e da atuação da Companhia City – visto que essa empresa era quase desconhecida do meio acadêmico e sem trabalhos similares que a tivessem apresentado (e a seu arquivo) ao público pesquisador, a despeito de sua vasta documentação. Bacelli realizou uma investigação minuciosa sobre seus registros e ofereceu-nos subsídios para entendermos como se processou o loteamento inicial do Jardim América, assim como para localizarmos outros documentos. A apresentação de Bacelli orientou outros pesquisadores que vieram depois dele sobre o caminho a trilhar quanto à investigação documental do acervo existente nesse arquivo particular. Esse arcabouço informativo, esquadrinhado como foi, permitiu compreender a singularidade do bairro, não apenas no que tangia a sua proposta urbanística, mas também quanto ao contexto de seu planejamento, durante o qual a Companhia City possuía um volume expressivo das terras urbanas da cidade de São Paulo, além de estabelecer relações políticas e econômicas de relevância. O trabalho de Bacelli é merecedor de toda a atenção, pois apresenta um histórico detalhado do bairro, incluindo os modelos de cada jardim interno e cópias de documentos muito importantes na história da Companhia City e, conseqüentemente, de São Paulo (Bacelli, 1982). Porém, no que se refere ao tipo de moradia existente no loteamento, é superficial frente ao trabalho de Wolff, que tratou com esmero os vários tipos de residência ali construídos e alinhavou os vários estilos arquitetônicos, permitindo-nos uma localização segura quanto aos tipos de casa edificados no local. (Wolff, 2001).

5 Essa informação, segundo Bacelli, consta do Resumo Estatístico de Obras e Serviços Públicos feito pela Companhia City em 6 de abril de 1937, s/pasta; porém, no âmbito desta pesquisa, esse documento não foi localizado no arquivo.

A afirmação reproduzida acima se pauta, porém, em um resumo estatístico feito pela City em 1937, época em que o bairro começava a esboçar sinais de que sua clientela revelava um novo perfil, diferente daquele que, supunha-se, tinham os possíveis moradores de bangalôs e sobrados de três quartos sem dependências para empregados. O texto de Dácio Ottoni, outro estudioso do Jardim América, compartilha a posição de Bacelli:

> Os bairros dos abastados se transformam em modelo, pelo menos em nome, para inúmeros loteamentos da cidade: Jardim Miriam, Jardim Campo Limpo, Jardim Ideal, Jardim Fraternidade, Jardim Felicidade... Um incauto, ao ver o guia da cidade com seus 1.200 bairros-jardins, se deslumbraria com a sua possível e enorme área verde. Chegou-se ao máximo da corruptela de uma idéia.(1996, p.71)

Dessa visão igualmente participa Nestor Goulart Reis Filho, quando relata alguns resultados de pesquisas sobre o início da República :

> Suas diretrizes sofreram uma série de adaptações às condições específicas do mercado brasileiro mas terminaram por produzir o loteamento de mais alto padrão urbanístico para áreas residenciais, naquela época e nos anos subseqüentes. As maiores dificuldades decorreram do fato de que as diretrizes urbanísticas das *cidades-jardins tinham em vista um público de renda média, muito diverso do tipo de habitante que veio a se instalar no denominado Jardim América,* visto que este correspondia às faixas de mais alta renda da cidade. (Reis Filho, 2000, p.63) (grifo meu)

Em outro texto, Dácio Ottoni e Irene Szmrecsányi voltam a confirmar sua posição quanto ao tipo de público a que se destinava o Jardim América, quando apresentam o catálogo da 3ª Bienal de Arquitetura e Urbanismo, realizada em 1998, e informam o seguinte:

> Os mesmos arquitetos da primeira Cidade Jardim e de Hampstead Garden Suburb (1907), ambos juntos a Londres, este último longe da idéia de auto-suficiência da Cidade Jardim, e mais próximo ao primeiro bairro jardim a ser implantado em São Paulo, *destinado a compradores abastados.* (1997, p.25) (grifo meu)

Mas há outros pontos de vista que, se não apresentam compreensão diversa sobre o Jardim América, seu planejamento e forma de ocupação, não deixam muito claro como consideram o bairro em questão. Entre essas opiniões, está a de Campos, em *Os rumos da cidade*:

Para Parker, as características do sítio urbano paulistano se adequariam ao padrão de ocupação unifamiliar. Não se tratava apenas de inserir as residências no verde, rodeando-as com o encanto da vegetação exuberante, tão louvado pelos visitantes da Paulicéia; *isso já ocorria nos bairros de classe alta*. Aplicando princípios de valorização da paisagem urbana por desenhos curvilíneos e pitorescos, Parker propunha tirar partido da topografia acidentada, garantindo vistas e implantações diferenciadas para cada lote, e explorando, nos traçados curvos das ruas, o potencial estético das encostas. Em bairros planos, vias coleantes e jardins internos às quadras ofereceriam um quadro igualmente interessante. Individualidade e privacidade eram suas preocupações dominantes. (2002, p.241) (grifo meu)

Se o autor entende que a prática da construção de casas dispersas no terreno já ocorria em bairros de classe alta, supõe-se que o Jardim América era destinado a outro segmento social, embora o estilo de morar fosse similar aos dos bairros ricos. Encontramos nos escritos de Sevcenko uma visão diferente quando se refere ao trabalho de Barry Parker:

> Apesar de lhe "faltar totalmente a inspiração local", na expressão do cronista-viajante Ernesto Bertarelli, dada a sua condição de modelo importado e adaptado, o bairro do jardim América, com sua dinâmica inovadora e ótima resolução urbanística, transformou e deu conotações técnicas inusitadas às noções que se tinha de desenvolvimento urbano. Já a arquitetura introduzida pela Cia City *em alguns lotes a título de modelos de residências era bem menos expressiva*, na sua vaga inspiração nos bangalôs típicos dos administradores ingleses em terras coloniais. (1992, p.126-7) (grifo meu)

Com relação a esse mesmo modo de residir, Silvia Wolff também apresenta o bangalô como uma das características dos estilos iniciais do Jardim América e enfoca a distribuição espacial das casas desse bairro, cuja simplicidade foi característica a ser destacada por ela em seus estudos:

> No início do Jardim América os exemplos de casas térreas vincularam-se a este tema do bangalô, e assim eram denominadas nas pranchas de desenhos. Os esquemas distributivos pouco variaram, organizando os três setores em plantas regulares ou quadradas. *O padrão era o de casas relativamente modestas, cujo programa geralmente comportava no máximo três dormitórios.* O padrão de simplicidade podia implicar ainda a existência de uma grande sala que centralizava a construção e que cumpria o múltiplo papel de receber as visitas, reunir a família e organizar os fluxos

entre os três setores da casa, superpondo-se à função dos *halls*. A incidência desse tipo de casa térrea diminuiu progressivamente após a primeira fase de ocupação do bairro. (op. cit., p.190) (grifo meu)[6]

Observa-se, igualmente, a condição do morador do Jardim América graças à pesquisa desenvolvida por Wolff. Portanto, ao analisarmos o conjunto desse bairro no espaço urbano da época de sua configuração inicial, pareceu-nos que suas características indicam a predominância de residências de porte médio, ou seja, que o morador era de classe média. A condição de alto padrão do bairro passará a se configurar a partir da década de 1940, como procuraremos mostrar. No entanto, não foi possível deixar de fazer referência às distintas posições sobre essa questão no âmbito acadêmico, pois apontam o bairro, desde seu início, como destinado a uma classe alta, acusando Parker de total negação de seus ideais. Não se compartilha, como já dito, a idéia de que o arquiteto desenvolveu um trabalho que expressava sua compreensão de planejamento plenamente. Entretanto, não se considera que Parker tenha negado totalmente seus ideais; fato é que ele se adequou à situação, procurando impor suas idéias o máximo possível, e certamente encontrou maior flexibilidade que Unwin em Hampstead.

A justificativa dos arquitetos Parker e Unwin para a paisagem do bairro-jardim, como já amplamente destacamos no âmbito desta pesquisa, pautava-se na harmonia entre a casa, a rua, o bairro e a cidade, assim como havia sido proposto por ambos com relação a Hampstead (Wolff, op. cit., p.134). Esse foi, do mesmo modo, um dos eixos condutores dos trabalhos realizados por Barry Parker no Brasil e para o Jardim América (Andrade, 1998, p.225-62). A Companhia City concebia o bairro da mesma maneira. Mesmo que a empresa visasse, antes de tudo, a lucrativa venda da área em questão, ela também tinha como objetivo uma composição harmônica dos espaços sob sua intervenção.[7]

---

6 É preciso salientar que o trabalho de Wolff apresenta uma exaustiva pesquisa sobre o tipo de moradia que caracterizou e mantém-se ainda no Jardim América. Entre os pesquisadores citados, seu trabalho foi o que teve como objeto, especificamente, a casa do bairro. Assim, os resultados apresentados em sua investigação no que se refere ao tipo de casa foram tomados como referência, neste e em outros momentos de nossa pesquisa.

7 A Companhia City procurou consolidar o reconhecimento de sua competência e seriedade apontadas nas transações comerciais e no "olho clínico" de seus administradores, engenheiros e arquitetos em reconhecer a possibilidade de transformar áreas inóspitas, como o Jardim América, em bairros residenciais de qualidade. Nesse enfoque, Wolff afirma: "A questão é que, na história do lucro com a especulação imobiliária em São Paulo, acostumou-se a pensar em ganhos predató-

154 ZUELEIDE CASAGRANDE DE PAULA

O Jardim América se destacou dentro da área urbana – embora fosse considerado um subúrbio para o período, dada a sua localização – por apresentar esta característica distinta: seu planejamento oferecia, implicitamente, a casa unifamiliar, o que uniformizava suas residências, embora elas obedecessem a um padrão muito inferior ao das residências das famílias abastadas da época.[8] A casa isolada no centro do terreno era uma das similaridades com o subúrbio-jardim de Hampstead. Em São Paulo, naquele momento, as residências unifamiliares e cercadas por hortas e jardins eram aquelas pertencentes às famílias de grandes posses e moradoras de chácaras fora da cidade ou em seus arredores. Entretanto, também havia espaços para o imponente palacete com jardins.[9] Esse atributo foi explorado pela Companhia City no contexto da proposta urbanística, que as propagandas apresentavam sob o prisma da qualidade de vida, espelhada também nos anúncios que promoveram as vendas dos terrenos nas cidades-jardins inglesas, sinônimo de moradia ajardinada e saudável.

Tal estratégia, a despeito de seu cunho mercadológico (evidenciado na localização isolada das casas no terreno e na forma parcelada de venda), mostrou-se atraente, pois inegavelmente tornava o conforto, restrito às elites, acessível a uma população não tão abastada.

---

rios, em 'extrativismo' aleatório. A City não agiu desse modo, mas com planejamento estratégico de forma a obter ganhos duradouros". A lisura no trato com seus compradores ficou registrada nas atas das reuniões dos diretores; tudo era feito de acordo com a lei, mas isso não a isentou de enfrentar ações judiciais de pessoas que se julgaram lesadas em acordos comerciais realizados. Porém, as ações mencionadas nas atas deram ganho de causa à empresa. Também se observa nesses registros a preocupação em construir e manter um nome que abrisse portas nos mais variados tipos de negócios, visando atingir desde os pequenos proprietários carentes de empréstimos para a construção de suas casas até as transações realizadas com a Prefeitura sobre a canalização do rio Pacaembu, a construção da Avenida Pacaembu e construção do estádio Pacaembu, entre outras das muitas atuações dessa empresa por toda a cidade (Wolff, op. cit., p.263).

8 Sobre esse tema, Silvia Wolff afirma: "As primeiras casas do Jardim América destinaram-se a pessoas que já tinham como referência as casas unifamiliares, os palacetes ajardinados da elite de Higienópolis e da Avenida Paulista. O modelo era o da casa urbana própria, senhorial, claramente destacada na paisagem por sua arquitetura imponente, delimitada por muros e gradis trabalhados. Esse modelo era temperado por construções térreas de menor porte, os bangalôs, que vinham disseminando-se pelos novos subúrbios residenciais do século XX no panorama internacional, especialmente nos Estados Unidos (idem, p.115).

9 Nem todas as famílias ricas paulistanas entraram no século XX morando em residências localizadas em chácaras; havia palacetes que estavam localizados no centro da cidade, voltados para a rua, como o caso narrado por Maria Paes de Barros em suas memórias, nas quais relatou como moravam sua família e a de seu tio Francisco, ambas em palacetes voltados para a rua e de onde observavam a passagem dos desfiles religiosos e carnavalescos (1998, p.39-44). Outro exemplo, está na fotografia, da Figura 35 em que do lado direito da imagem está o sobrado do barão de Iguape.

Figura 44 Residência sem identificação no início da ocupação do bairro. Jardim América, Companhia City.

Oferecia-se, conjuntamente, o financiamento da construção, além do parcelamento do preço do terreno. No caso específico do Jardim América, convencer os compradores a adquirir uma área que havia sido desprezada por "excesso de umidade, um charco, ótimo para criar bolor nos armários" (Reale, 1982, p.157) apoiava-se mais na proposta de financiamento da empresa que em qualquer outro fator.

Figura 45 Vista área e parcial do bairro, em 1920, e no início do loteamento (s.d.). Jardim América, Companhia City.

Para os compradores de terrenos no Jardim América que não dispunham de recursos financeiros para adquirir seus lotes na Avenida Paulista, residir em sua proximidade com razoável conforto e com um estilo similar ao de residências cercadas por jardins acabou por despertar mais o desejo da compra, no referido bairro, do que o fato de ele ser um subúrbio-jardim com inovadora proposta urbanística.

Figura 46 À direita, base de concreto, mas sem asfalto (Rua Guadalupe, s/d). À esquerda, as ruas já estavam arborizadas, mas não tinham calçadas (rua sem identificação).

Figura 47 À esquerda, residência na Rua Guadalupe; à direita, terreno baldio, com residência ao fundo, na Rua Colômbia.

Na Paulista, de acordo com Ebe Reale, residiam figuras eminentes da sociedade local que se destacavam pela suntuosidade de suas residências, ajardinadas como "verdadeiros parques". Entre elas, sobressaíam "a propriedade de René Thiollier", conhecida como Vila Fortunata; a mansão de Sampaio Moreira; a casa do professor da Faculdade de Direito Azevedo Marques, um dos advogados conselheiros da Companhia City; a casa de Horácio Sabino, projetada pelo engenheiro Victor Dubugras e onde hoje está localizado o Conjunto Nacional. Além dessas, ressaltam ainda as residências das famílias Matarazzo (mais especificamente as de André e Luiz Matarazzo), as da família Morganti, a do conde De Crespi, a do conde Gamba, as das famílias Médici, Calfat e Andraus, bem como a residência de Numa de Oliveira, entre muitos outros não citados, mas muito conhecidos.[10] Afora as casas de muitos imigrantes enriquecidos que ali se instalaram e ajudaram a compor a verdejante paisagem da Avenida Paulista – uma imagem hoje guardada na memória de quem teve o privilégio de conhecê-la como "parque residencial" —, havia ainda muitas outras residências de igual ou maior destaque. Jorge Americano lembra, com saudade, o palacete de Antonio Prado, a reverenciada chácara do Carvalho, o conhecido palacete dos Penteado,[11] o do conde Prates, que ocupava um quarteirão inteiro, e o de Elias Chaves, entre outros. A memorável cidade enfeitada pelos palacetes – essa é a impressão que temos ao ler as memórias de Jorge Americano (op. cit., p.317).

A literatura sobre o período atesta que a elite vivia predominantemente em palacetes ou similares mais ou menos até a década de 1930, quando a industrialização começou a prevalecer na economia paulista e novas fortunas passaram a permitir às famílias em ascensão a convivência com aquelas que desfrutavam a opulência, assim como a aceitação por essas últimas.[12]

O estudo realizado por José Mario Martinez Ruiz (1999) sobre a sociabilidade da elite paulistana detalha essa passagem com exemplos de inserção de classe, antes mesmo da década de 1930. O autor narra, entre outros, o conhecido caso da família Matarazzo, que passou a fazer parte do seleto grupo da nata local – criada por meio do casamento – pelas mãos dos aristocráticos Penteado. Essa transição, não de fortuna, mas de reconhecimento social, dava-se

---

10 De acordo com Jorge Americano, vários desses eram estrangeiros, com fortunas de 20 mil contos de réis (2004, p.316-317).

11 O Palacete dos Penteado é a atual Faculdade de Arquitetura e Urbanismo (FAU) da Universidade de São Paulo (USP), situada à Rua Maranhão.

12 Joseph Love apresenta detalhadamente o período que precedeu a década de 1930 e a Depressão econômica referente à economia cafeeira. Comenta que somente uma colheita muito ruim salvaria o País da crise econômica, pois os estoques de café antes da safra 1929-30 já eram expressivos, visto que as colheitas de 1927-28, 1928-29 foram abundantes; no entanto, a de 1929-30 resultou em 21 milhões de sacas de café – ou seja, muito acima do consumo mundial, mesmo que o País tivesse o controle do mercado internacional. A crise era mundial; porém, para os cafeicultores do estado de São Paulo, ela chegou mais cedo: veio por meio de boatos sobre as restrições a adiantamentos costumeiramente realizados pelo Banco do Estado de São Paulo aos cafeicultores. Mesmo sem fundamentos, eles levaram ao alerta da crise, que se materializou de fato com a quebra da Bolsa de Valores de Nova Iorque em 24 de outubro de 1929. De acordo com Love, em 1930, "o primeiro da Grande Depressão, a embaixada inglesa calculou que, devido à diminuição nas vendas, o Brasil perdera o equivalente ao total de ganhos obteníveis em um ano com as vendas de café. Os salários rurais caíram drasticamente e muitas pessoas prósperas [...] perderam até o último tostão de sua fortuna" (1982, p.76).

pelo casamento, porque ter dinheiro não significava ser convidado aos saraus, bailes e outros tipos de eventos sociais. Importava que o convite fosse feito por alguém considerado respeitável.

Ao tratar das famílias da elite paulistana, Joseph Love afirma que a "tradição quatrocentona é mais parte de um mito que de realidade documentada" (op. cit., p.123). Ele também se refere aos casamentos arranjados entre famílias ricas para efetivar laços de parentesco que, sob a regência dos nomes, capitalizavam fortunas. Argumenta o autor que

> os Silva Prado, por exemplo, chegaram de Portugal no início do século XVIII. Mas muitas das principais famílias, como os Mesquita e os Rodrigues Alves, não têm raízes que se estendam para além do século 19. Em muitos casos, no entanto, laços de matrimônio contraídos dentro de grupos reduzidos, separados das massas por um abismo social, contribuíram para enobrecer árvores genealógicas pouco requintadas. Fortunas recentes, fundadas no café ou no açúcar, serviram para comprar "prestígio de família", bem ao estilo do personagem Calogero Sedàra em *O Leopardo*, de Giuseppi di Lampedusa: "sua família, segundo se comenta, é bem antiga ou logo o será". O mito, todavia, era importante: "um paulista de 400 anos jamais será confundido na multidão da Rua da Direita", escrevia o jornalista Joel Silveira, em 1945. (Love, op. cit., p.124).

Essa sociabilidade era, portanto, restrita a poucas famílias, ainda mais se considerarmos que, por volta do final da década de 1920, a cidade tinha em torno de trezentos palacetes reconhecidos pela elite (Homem, 1996).

A etiqueta, a sociabilidade e a moda eram parâmetros que ajudavam a estabelecer a identidade da elite paulistana entre 1895 e 1930. O modo de viver e de morar desse segmento social, a forma de receber, a suntuosidade de suas residências, sua distribuição espacial e de uso estavam distantes do cotidiano das casas planejadas para o Jardim América no início de sua existência. As elites residiam em amplos e confortáveis espaços e o corpo da casa possuía várias divisões que se diversificavam de uma para outra; porém, todas possuíam uma composição mais ou menos similar no que diz respeito às peças básicas, que compreendiam um pórtico ou *hall* de entrada, vestíbulo, *fumoir*, sala de estudos e gabinete ou escritório (muitas vezes ambos). Em algumas havia mais de uma sala de visitas, salão, sala de jantar, toalete, banho, W.C., sala da senhora, quarto de costura, copa, cozinha, despensa, toalete, banho, W.C. e quarto de criada. Essa divisão era alterada quanto a um ou outro cômodo no corpo da habitação.

A CIDADE E OS JARDINS 159

Tal distribuição é amplamente explorada por Homem (idem, passim) e Ruiz (op. cit., passim), que analisam a forma de morar da elite em São Paulo, bem como por Márcia Camargo (2001), que examina a história da Villa Kyrial. Carlos Lemos é outro estudioso desse tema, mas vai além e estabelece a diferença entre os palacetes e as residências menos luxuosas. Entretanto, esse último autor reúne a classe média e a elite num mesmo campo de estudos, provavelmente porque a moradia da classe média oscilava entre a dos operários e a dos novos-ricos que começavam a sobressair-se na economia da cidade com o comércio, a indústria e as atividades liberais, exercidas por médicos, engenheiros, arquitetos e advogados, entre outros profissionais. Muitos deles construíam residências de luxo.[13]

É difícil definir como era a moradia das pessoas pertencentes à classe média; assim, procuramos considerar a noção expressa por Homem, que define esse tipo de residência como a que possui "sala de visitas e quarto da criada. Na falta de ambos, chegava-se à casa operária" (op. cit., p.133). A classe média, em formação na primeira República, passou a residir em casas com essa divisão e, às vezes, um pouco mais complexa – como apontado anteriormente no loteamento inicial do Jardim América – ou até em casas de aluguel, comuns no período como opção de moradia, conforme registrou Boris Fausto em suas memórias (1997).[14]

Por meio dessa comparação entre a forma de residir no Jardim América no início de sua história e as residências abastadas[15] é possível deduzir que esse bairro começou como um "hábitat" de famílias em condições de financiar um imóvel e sua construção, mas que não eram ricas. Várias dessas famílias eram constituídas por estrangeiros que trabalhavam para empresas estrangeiras e imigrantes ligados ao comércio e à construção civil, assim como aqueles que já tinham acumulado um certo cabedal nas mais variadas atividades urbanas.

---

13 Sobre esse tipo de casa, mais à frente descrevemos a residência Matarazzo que, em se tratando de requinte, compete com os palacetes do início do século XX, como o da Vila Kyrial e o de Antonio Prado, na Chácara Carvalho.

14 Por toda a obra, encontramos descrições dos espaços nos quais habitou a família. Essas espacialidades são apresentadas, bem como o comportamento de seus ocupantes. A distribuição e a localização dentro dos espaços é narrada de acordo com a autoridade que os membros da família exerciam.

15 As descrições das residências abastadas ou ricas são balizadas pelas que são feitas nas obras dos seguintes autores: Ruiz (op. cit.); Homem (op. cit.); Camargos (op. cit.).

Esses dados constam das fichas de compra e venda dos terrenos da City.[16] Tais informações estão também nas correspondências escritas em inglês e enviadas aos proprietários pela City. No cadastro de compra e venda do terreno, no local onde se especificava a origem dos compradores, verificamos que eram espanhóis, franceses, ingleses, norte-americanos[17] e, predominantemente, brasileiros.[18] Porém, a existência dessas nacionalidades no Jardim América permite-nos supor que o local tenha sido um dos escolhidos para a residência de funcionários de empresas de capital estrangeiro atuantes no Brasil naquele momento, entre as quais algumas bastante expressivas, como a São Paulo Railway, a Light and Power, a London Bank, a River Plate Bank, a Casa Nathan (Americano, op. cit., p.300), a Brazilian Warrant Company (Love, op. cit., p.117) e a própria City.

Uma vez que esse fator não é concludente remetemos o leitor ao item As Propagandas, do capítulo 2 deste trabalho, no qual tratamos das várias formas de divulgação dos terrenos do Jardim América, em especial a publicidade referente aos financiamentos relativos a terrenos e residências em sua área. Além de nos apoiarmos no trabalho de Silvia Wolff, empreendemos uma investigação nos arquivos da empresa sobre as plantas das residências do Jardim América. No entanto, como esse não era o foco da pesquisa, foram verificadas as pastas indicadas por Wolff em seu trabalho, como as de moradores da primeira fase do bairro, que vai de 1915 a 1923. Tal procedimento permitiu certificar

---

16 As pastas consultadas apresentam mais de um proprietário por terreno. Quando era médico ou advogado, seu nome vem antecedido de um "dr". Num ou noutro local do contrato de compra e venda, menciona-se sua profissão, mas não é regra geral. Há terrenos cuja propriedade passou por 13 compradores. Não nos foi possível estabelecer um gráfico sobre a variação de proprietários, porque o responsável pelo arquivo da Companhia City informou que nem sempre, quando a venda de um terreno era feita, era-lhe encaminhada uma cópia do contrato. Às vezes, essa mudança era informada na hora de solicitar um financiamento para construção, no atraso de uma parcela da prestação ou, ainda, quando o novo proprietário pedia à City as restrições referentes à construção. Contudo, é possível identificar uma mudança considerável de proprietários nos terrenos e isso nos leva a duas possibilidades: os terrenos eram comprados para especulação imobiliária ou o comprador, por não conseguir pagar as despesas referentes às prestações, vendia o imóvel, repassando a dívida.

17 Arquivo da Companhia City: caixa 270, pasta: GA4456; caixa 250, pasta: GA 4022; caixa 249, pasta: GA 4021; caixa 248, pasta: GA 3985; caixa 254, pasta: GA 5115.

18 Na maioria dos cadastros, onde se indicava a nacionalidade, mesmo que fosse brasileira, o nome registrado era de origem estrangeira. Isso nos levou a concluir que muitos deles eram naturalizados ou filhos de imigrantes há muito tempo no Brasil. Um exemplo é o nome Cochrane.

A CIDADE E OS JARDINS **161**

a simplicidade de suas casas.[19] Isso confirma que a Companhia City visava, inicialmente, o morador da classe média.

Como a residência era geralmente financiada pela empresa, cumprindo-se a exigência de que logo se construísse no local, esse bairro não poderia ser destinado a famílias abastadas, pois essa classe social não necessitava de financiamentos para a construção de suas casas, tampouco se submeteria a qualquer tipo de contrato que não agradasse a seus interesses em primeiro lugar.

Há que se atentar para o fato que no mesmo período ou um pouco antes havia, em outros bairros da cidade, como Higienópolis e Campos Elíseos, construções residenciais de alto padrão executadas por urbanistas consagrados, isoladas no terreno e concebidas segundo um programa cuja complexidade era semelhante à das residências da elite cafeeira.[20] Também se encontrava esse mesmo padrão no alto da Avenida Paulista, ou em algumas residências espalhadas pela cidade. Dependendo de quem fosse o proprietário, eram esses casarões que constituíam marcos na orientação espacial citadina, como a Chácara do Carvalho, que foi ponto de referência para os moradores da cidade enquanto existiu.

As atas da diretoria da City são documentos expressivos das intenções e procedimentos da empresa, em cujas reuniões os membros registraram seus posicionamentos. É importante mencionar as dificuldades da empresa, em razão da quebra da Bolsa de Valores em Nova Iorque, que atingiu toda a economia mundial, em dar continuidade aos financiamentos das construções de residências, assim como registrar a queda das vendas até sua total paralisação. Esse quadro remete ao poder aquisitivo do morador do bairro: se a crise era geral, os contratempos eram significativos. As atas, restritas ao alto escalão brasileiro da Companhia City e ao membro inglês que representava seus pares acionistas britânicos, registraram, em 6 de fevereiro de 1929, a seguinte resolução:

> Tratou-se em seguida da questão da limitação de concessões de empréstimos para construções. Tendo o Gerente Geral informado os Srs. Directores das diver-

---

19 Sobre o tipo de residência desse período, ver Wolff, op. cit., p.159, 166, 170, 172, 178, 180, 183, 184, 189, 203, 215 e 218.

20 Procuramos mostrar, como exemplo, a complexidade da mansão Matarazzo, construída em 1955, no bairro Jardim América. Era diferente dos palacetes da elite do início do século XX no que tange à denominação de compartimentos, mas não no emaranhado de suas sessenta peças, distribuídas por muitos metros quadrados, tal qual as citadas residências de Antonio Prado e Veridiana Prado ou Freitas Valle.

sas suggestões que a respeito tem recebido do Sr. Presidente em Londres. Ainda a propposito do assumpto o Gerente Geral forneceu aos Srs. Directores copia da carta que a respeito do assumpto dirigiu em data de 14 de setembro do corrente ano ao Sr. Presidente Guedalla. Discutido esse assumpto tão importante e de grande influencia nos negócios de venda de terrenos, os Srs. Directores confirmaram a sua convicção já firmada de que o sucesso das vendas depende grandemente de [?] financeira de construções que a Companhia até aqui tem sido apta a fornecer aos seus compradores. Não obstante, reconhecem até um certo ponto a inteira procedência das considerações do Sr. Guedalla e nestas condições ficou resolvido que se limitem, dentro do possível e do razoável, esses empréstimos e que a concessão dos mesmos na base deve ser convenientemente e cuidadosamente estudada para ser adaptada gradativamente num futuro próximo. (City, 1929, ata 48)

A empresa procurou adaptar-se às novas regras impostas por Londres e não suspendeu os financiamentos das residências por completo, pois seus compradores não poderiam arcar com as prestações do terreno e com a construção imediata da casa. Assim, na reunião de 8 de novembro do mesmo ano, o gerente geral informava aos diretores as medidas tomadas com o objetivo de limitar os financiamentos:

De acordo com a resolução anterior, estava restringindo o mais possível a concessão de empréstimos para construções. Esses empréstimos são concedidos quase que exclusivamente para construções em terreno cuja compra seja feita <u>agora</u> eliminando-se empréstimos para terrenos que tenham sido adquiridos há já algum tempo. Isto quer dizer que estamos nos utilizando desses empréstimos para interessar os compradores em adquirir os nossos terrenos. (City, 1929, ata 57) (sublinhado no original)

Não tardou e novas instruções de Londres foram enviadas à diretoria brasileira, exigindo a completa e total suspensão dos financiamentos. Essa medida resultou em uma longa reunião e demorados debates sobre a questão, que contou até com a incisiva participação do novo membro inglês, John C. Belfrage, que veio para substituir seu antecessor, cujo mandato habitual de dois anos fora cumprido. Belfrage apresentou a posição da diretoria de Londres pessoalmente, para que tal disposição não fosse posta em dúvida e no Brasil não se cogitasse a possibilidade de não a acatar: a diretoria de Londres era definitivamente contrária à continuidade dos financiamentos. Foram debatidas as conseqüências dessa medida para a continuidade das vendas nos terrenos da Companhia City:

A CIDADE E OS JARDINS   163

Esse anúncio de que a Companhia suspenderá todos os empréstimos que já não estejam efectivamente contractados, paralysará imediatamente as vendas, pois, é preciso repetir, quando em São Paulo praticamente nenhuma outra companhia vendia terrenos, isso desde o começo do presente anno, esta Companhia vendia os seus terrenos numa media de mais de 1000 contos de reis por mês. E este sucesso devia-se ao facto de estar esta Companhia habilitada a fornecer emprestimos ao passo que as outras não estavam.(City, 1929, ata 58)

A reação da diretoria local foi negativa e ruins os prognósticos sobre as vendas para o período que se seguia, o que era agravado pela crise mundial e pela suspensão dos financiamentos que ofereciam os meios para se realizarem as construções nos terrenos vendidos. Enfim, tudo indicava paralisia nos negócios da companhia. Nosso interesse é salientar, mais uma vez, a importância do financiamento das construções e, naturalmente, do parcelamento dos terrenos. Sem o financiamento, o proprietário não conseguiria construir e povoar o bairro, como desejava a City. Não fosse a crise de 1929, não teria a companhia avaliado, com clareza, a repercussão de seus financiamentos sobre as vendas em seus terrenos, visto que seus argumentos sobre o bom resultado das vendas se fundamentavam, também, nos projetos urbanísticos inovadores para a época – argumentos esses igualmente defendidos por estudiosos que os consideram formas de justificativa para a prosperidade do bairro.

Tanto o projeto urbanístico para o Jardim América quanto o elaborado para o Pacaembu eram inovadores, porém se destinavam a áreas que haviam sido deixadas à margem da urbanização em virtude da difícil localização: o Pacaembu estava localizado na encosta de um morro e apresentava um terreno consideravelmente íngreme; o Jardim América era uma área de umidade excessiva. Nas explicações de Bacelli, encontram-se elementos para reafirmar que inicialmente o bairro teve grandes dificuldades para ser loteado e enfrentou problemas que hoje parecem inimagináveis:

Esta área era tida como inóspita pela opinião pública, dada a sua extrema umidade; certos locais se afiguravam como verdadeiros charcos. A própria Avenida Rebouças, então rua Itapirussu, era escassamente utilizada como via de passagem, preferindo-se o acesso ao bairro vizinho de Pinheiros pela rua Cardeal Arcoverde. As águas pluviais concentravam-se de tal forma no cruzamento da atual Avenida

164 ZUELEIDE CASAGRANDE DE PAULA

Brasil com a Avenida Rebouças que chegavam a esboçar um lago, o que tornava esse caminho evitado na época das chuvas. (op. cit., p.48-51)[21]

Diante de uma área inóspita, como afirma Bacelli, é difícil aceitar que a City, mesmo com um projeto inovador, tivesse conseguido o apoio das famílias abastadas da cidade, quando essas poderiam morar em lugares onde não houvesse enchentes e umidade. Tanto não era assim que, segundo Wolff, o morador para o qual se destinavam as vendas da City provinha da classe média. Para afirmar isso, a autora se baseou em memorandos trocados entre os membros da diretoria nos quais assim se analisa o comprador:

> [...] o homem de classe média (que é o maior consumidor) faz suas compras baseado no que pode produzir o seu trabalho; quando acontece de perder o seu emprego ou seus negócios falham, ele tem fatalmente de abandonar suas compras à prestação.
> O homem médio brasileiro, particularmente em São Paulo, prefere investir seu dinheiro em imóveis para sua residência, ao invés de fazê-lo em ações ou em quaisquer outros títulos. (op. cit., p.122)[22]

Esses elementos constitutivos da história desses bairros não podem ser deixados de lado quando se trata de analisar o processo de venda de seus terrenos e a que tipo de morador se destinavam. De acordo com os documentos e as fontes, o financiamento era peça-chave nas vendas. Frente a esse fator determinante, a proibição do sistema de parcelas não perdurou, mas o sistema adquiriu outras características: a seletividade e a natureza estudada do parcelamento. Na ata de 21 de agosto de 1930, encontramos o exame de um caso de empréstimo no Jardim América:

> O substituto do Sr. Gerente Geral comunicou á Diretoria o seguinte: que, por escriptura de 30 de setembro de 1929, pelo preço de Rs. 64:800$000, o Dr. Henrique Pegado contractou a compra de terreno 15 da Quadra 45 do Jardim América, á Rua Canadá; que nessa occasião, a Companhia lhe prometteu com toda

---

21 Sobre a área de localização do Jardim América, o autor diz o seguinte: "Portanto, a localidade escolhida para a realização de tal empreendimento revela, indubitavelmente, arrojo".

22 Essa citação consta em Wolff como arroladas por Bacelli nas páginas 66 e 67 de seu livro; porém, não conseguimos localizá-las na obra. Segundo Wolff, foram extraídas de memorandos ACC AR 180 de 4.7.1935; Memorandum de 7 e 13.9.1934; ACC Memorandum 31.5.1933.

A CIDADE E OS JARDINS 165

a segurança um emprestimo para construcção; que entretanto, esse emprestimo foi suspenso quando as plantas da casa já se achavam em estudos; que, deante disso, o Dr. Pegado suspendeu o pagamento das suas prestações; que como de costume, o serviço de cobrança foi feito com toda a regularidade, dando em resultado uma resposta daquelle cavalheiro, por carta de 16 do corrente na qual diz que, se obtiver o emprestimo que lhe foi formalmente prometido, reiniciará os seus pagamentos, do contrario desistirá da compra do terreno. Depois de estudado detidamente o caso pela Diretoria, esta autorisou a concessão do emprestimo a juros de 10%, ficando a cargo da gerencia a obtenção, se possivel, de juros á razão de 12%. Para essa resolução a Diretoria levou em consideração também a localisação da casa a ser construida, que é realmente interessante para a Companhia, dada a ausencia completa de casas naquella parte da Quadra 45. (City, 1930, ata 76)

Esse procedimento não foi o primeiro a ser adotado pela Companhia City após a crise de 1929. Em ata de 5 de agosto de 1930, ou seja, 16 dias antes da aprovação do financiamento no bairro Jardim América, encontramos o consentimento a empréstimos relativos a um caso no Pacaembu. Contudo, observa-se que foi estudado e se tratava, como no caso do Jardim América, de uma situação especial, em que o aval da empresa resultaria na construção de uma residência em um local ainda não habitado, ensejando, assim, a possibilidade de que outros proprietários também viessem a construir naquela área. Tal qual o caso do Jardim América, a situação exigia uma atitude da companhia, preferencialmente a favor do comprador; caso contrário, haveria perdas maiores para a empresa. Os financiamentos passaram, então, a ser estudados no âmbito das perdas gerais; eles não mais se estendiam a todo comprador que os desejasse, como ocorria antes da crise de 1929. Mas a Companhia City era uma empresa sólida e conseguiu atingir seus objetivos quanto às vendas e construções.

Após esse período, muitas fortunas sólidas desvaneceram-se com a crise do café e o desenvolvimento da indústria, panorama que reflete também na ocupação urbana.[23] Várias famílias que residiam em outras regiões da cidade e até em palacetes em bairros como Campos Elísios e Higienópolis optaram, ao longo das décadas de 1930 e 1940, por habitar áreas como o Jardim América, pois aí viram um lugar cuja condição urbana planejada, além da singularidade do planejamento, oferecia os pré-requisitos que buscavam naquele novo quadro que se configurava em São Paulo na década de 1930. Outro fator relevante foi o

---

23 Na introdução de seu livro, Caio Prado, op. cit., trata da forma como Maria Paes de Barros suportou o fato de a fortuna da família ter-se desvanecido.

166 ZUELEIDE CASAGRANDE DE PAULA

enriquecimento de famílias que habitavam o Jardim América. Consolidando-se no mercado, empresas cresceram e incorporaram a indústria e o comércio da cidade. Iniciou-se, naquele momento, lentamente, a construção da paisagem que o bairro viria a apresentar décadas depois. Um dos exemplos da construção dessa paisagem é representada pela residência de Delfina Toggia Ferrabino, cuja divisão interna expressa o grupo social a que pertencia.

Essa casa foi planejada por Rino Levi em 1932 e construída na Rua Estados Unidos. Para o andar térreo estavam previstos cozinha, copa, quarto de costura, sala para almoço, sala para jantar, sala de estar, sala de visita, *fumoir* e alpendre. Previam-se, ainda, um porão com adega e abrigo para automóvel, com exceção da área destinada à criadagem, que não aparece na planta. No primeiro andar situam-se um salão de bilhar, dois dormitórios, dois toucadores, sala de estar, dois banheiros, *hall* e dois terraços. Repetia-se, nesse exemplo, a divisão seguida pelas casas ricas (Wolff, op. cit., p.237).

Outro exemplo, de 1940, também apresentado por Wolff como exceção ao padrão geral, trazia um programa complexo. Era uma residência cercada por jardins, com várias entradas de luz dirigidas para o interior da casa. Seu aspecto era moderno e "[...] prenunciou a arquitetura residencial intimista, voltada para pátios internos, que mais tarde seria consagrada como uma vertente da arquitetura moderna paulistana" (idem, p.200). Cercada de muros altos, afigurava-se completamente contrária à proposta que qualificava o bairro até àquele momento. Sua planta remetia a uma residência rica, pois definia o lugar de cada membro da família, além do espaço para os empregados – uma divisão muito distante daquela que caracterizava as primeiras casas do bairro, mesmo aquelas planejadas por Barry Parker, ainda que contivessem edícula e garagem. A casa em questão possuía um espaço destinado à permanência dos empregados, ao lado da copa, e um jardim com a mesma finalidade, ao lado da área de banho de sol da família, o que denota a mudança dos hábitos sociais, não verificada antes na divisão de casas desse porte. Dividida em 29 compartimentos, a residência incluía áreas de jardins que se estendiam do interior para fora, integrando os espaços internos e externos. Suas paredes, segundo Wolff, eram em grande parte amplos painéis de vidro (idem, ibidem).[24]

---

24 A construção dessa residência cercada por altas muralhas foi aprovada pela Companhia City, rompendo com a proibição relativa a muros elevados, além de inserir elementos modernizantes na estrutura da habitação e também no mobiliário, os quais estavam muito ligados às residências conservadoras das décadas anteriores.

A CIDADE E OS JARDINS   167

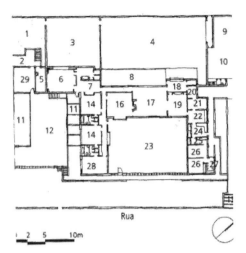

Figura 48 1. jardim de empregados, 2. terraço, 3. banho de sol, 4. sala de estar ao ar livre, 5. depósito, 6. quarto, 7. quarto de vestir, 8. terraço, 9. garagem, 10. pátio para autos, 11. terraço, 12. *playground*, 13. entrada para autos, 14. quarto do filho, 15. *w.c.* e banheiro, 16. biblioteca, 17. sala de estar, 18. *hall*, 19. jantar, 20. entrada, 21. estar da empregada, 22. copa, 23. sala de jantar ao ar livre, 24. cozinha, 25. despensa, 26. quarto da empregada, 27. lavanderia, 28. aposentos da governanta, 29. aquecimento e ar-condicionado. Desenho de Tereza Cristina R. Epitácio Pereira.

Essa residência apresenta uma divisão que permite destacar sua diferença em relação às casas já assinaladas e que foram construídas nas duas primeiras décadas do loteamento. Apesar de seu projeto datar da década de 1940 – vinte e cinco anos depois da primeira casa construída no bairro —, ainda assim se evidencia essa diferença. A distância temporal iria separar cada vez mais o bairro inicial de seu vir-a-ser.

Em 1955, o Jardim América já tinha como moradores as famílias abastadas cujo poder econômico e social se expressava em suas residências, em seus nomes e na forma como se relacionavam com a Companhia City. Encontramos a planta de uma residência planejada nesse ano cujo programa era de uma grande complexidade. A residência pertencia a Eduardo Andrea Maria Matarazzo, e foi construída em forma de círculo. Um dado relevante que permite ter uma idéia de suas dimensões está na metragem do salão principal, que media 61,50m^2 de área de piso. A residência tinha sete aposentos e um para um pajem ao lado da sala de brincar e de estudos, salas que se supõem fosse para uso das crianças. Além disso, havia quatro dormitórios para empregados fora da casa,

168 ZUELEIDE CASAGRANDE DE PAULA

em um total de sessenta compartimentos. Dentre eles 33 ficavam no térreo, 17 no segundo andar e oito no sótão, totalizando 1.129 m² de área construída. Tal opulência despertaria a ambição de muitos membros da aristocracia cafeeira dos séculos XIX e XX, com seus palacetes encomendados a arquitetos estrangeiros. Possivelmente esse tipo de residência não era regra geral no bairro, mas, os sinais enunciam que a partir da década de 1950, passou a ser. Se a família que a ocupava ali se estabeleceu é porque outras, de igual poder aquisitivo, também se mudaram para o local.[25]

A residência em questão contribui para que se compreenda o processo de transformação que o Jardim América sofreu no decorrer das décadas que se seguiram ao loteamento dos jardins internos, por circunstâncias que contribuíram para a deturpação de seu planejamento inicial, corroborando a mudança na condição social do morador. Outro documento que confirma esse fato é uma carta da Companhia City enviada à viúva do conde João P. Gamba, em 3 de agosto de 1933, sobre o provável interesse dessa senhora em adquirir uma parte do jardim interno da quadra 9, visto que essa área poderia ser agregada ao terreno de sua propriedade situada na Rua Guadalupe n° 29.[26] Observa-se, por essa oferta, que a viúva Gamba, residente na Avenida Paulista, poderia ter mudado para o bairro. Afinal, possuía ali um terreno, o que permite assegurar que investia no local para a moradia de um dos seus familiares, visto que nesse período o bairro encontrava-se em fase de conclusão das vendas dos lotes restantes, e não há indícios de que tenham sido construídas residências, nesse bairro, para aluguel.

O passar dos anos obliterou as referências à casa de classe média que distinguia o bairro nas duas primeiras décadas do século XX, para instituir-se em seu lugar a residência caracterizada pelo requinte e a sofisticação dos abastados, tipo de residência que sobressaiu de meados do século passado em diante. Contudo, ainda hoje não há homogeneidade no bairro; resistiram, como já destacou Wolff, alguns bangalôs, que contrastam, ora aqui, ora ali, com as residências que predominam, trazendo à memória dos mais velhos a paisagem de tempos decorridos, mas não totalmente suplantados.

---

25 Jorge Americano (op. cit.) comenta que os Matarazzo encomendaram na Itália um estudo nobiliárquico com a intenção de descobrir suas raízes na nobreza, o que parece confirmar que esse membro da família não se mudaria para um bairro em cuja vizinhança não se encontrassem pessoas à altura de sua suposta origem elevada.

26 Correspondência entre a City e os proprietários do Jardim América, 3 ago. 1933.

A legitimidade dessa transformação se verifica quando se comparam as residências destacadas neste capítulo àquelas que corporificaram o palacete do final do século XIX e início do século XX, às implantadas no Jardim América nas primeiras décadas de seu loteamento e com as que passaram a se fixar ali, lentamente, de meados da década de 30 em diante, até se atingir a configuração apresentada pelo bairro hoje. A ênfase no tipo de moradia inicial no bairro e sua variação posterior diz respeito a sua história: foi um loteamento projetado para atender uma camada intermediária da sociedade. Nesse aspecto, de acordo com Gunn e o Movimento Fabiano, Parker não estava totalmente desvinculado de seus princípios, mesmo em sua atuação em São Paulo. O que o bairro se tornou, após a volta de Parker à Inglaterra, deveu-se a um arranjo de interesses econômicos da Companhia City e de seus moradores, resultante do processo acelerado de crescimento que marcou a cidade de São Paulo. O Jardim América foi tragado pela cidade e, juntamente com outras áreas próximas, passou de subúrbio a área de maior interesse para as classes privilegiadas, que viam naquela região a possibilidade de usufruir os benefícios da cidade e, ao mesmo tempo, do sossego trazido pelo planejamento controlado das áreas. Assim, definir o tipo inicial de morador do bairro ajudará a compreender o porquê da "indiferença" quanto à extinção dos jardins internos na década de 1930.

Constatou-se que os moradores do bairro, até a referida data, estavam mais preocupados em estabelecer-se como habitantes com condições de moradia e sociabilidade que estivessem de acordo com a situação na qual se encontravam ou à qual aspiravam do que em defender uma área cuja responsabilidade não se sabia a quem atribuir. Em síntese, uma área que não lhes pertencia oficialmente, pois isso não constava no contrato de compra e venda e, ainda, que lhes custaria a manutenção, embora dela usufruíssem. A preocupação maior parecia estar em quitar o contrato acertado com a empresa, obter financiamento para construir, criar espaço externo para garagens e aposentos de empregados, cuidar da residência, ampliá-la e tratar seus jardins.[27]

---

27 Jorge Americano relata em suas memórias a coincidência do fato de duas senhoras dividirem o mesmo jardineiro. Uma se interessou pelo jardineiro da outra durante uma visita. As condições de pagamento incluíam a alimentação. O mesmo jardineiro incumbia-se de levar e trazer mudas de plantas ornamentais de uma residência para outra. Isso era próprio de famílias de classe média; nenhum de seus membros se dispunha a realizá-lo, por ser esse tipo de trabalho executado pela criadagem. A classe média procurava identificação com as famílias mais abastadas da cidade. As próprias memórias de Jorge Americano revelam essa busca de identificação.

No contrato de compra e venda, a Companhia City estabelecia que as casas fossem cercadas de jardins e sua manutenção fosse freqüente, para não descaracterizar o bairro. Embora não houvesse opulência, como nas residências abastadas, havia custos, pois a existência de um jardim bem cuidado exigia, no Brasil, os serviços de um jardineiro, visto que nossa compreensão de trabalho era diferente da dos ingleses, para quem a manutenção dos jardins era uma forma de elevar o espírito realizada pelos proprietários da residência.[28] Para nós, herdeiros de uma sociedade escravagista, o serviço de jardinagem, por ser um trabalho braçal, envilecia quem o executasse.[29] Dessa forma teve início o processo que culminou com o loteamento dessas áreas, sem que houvesse oposição a seu desencadeamento.

O loteamento dos jardins internos

A responsabilidade sobre as áreas insulares do Jardim América ameaçou o caráter de bairro-jardim nos moldes ingleses, conforme o traçado impresso pelo urbanista Barry Parker. Não exatamente como tinha sido proposto o bairro-jardim inglês de Hampstead, mas de acordo com o que compreendia o planejador inglês, tratava-se de um bairro-jardim para uma cidade como São Paulo no início do século XX.

---

28 Sobre a relação que o inglês estabeleceu com a jardinagem, Thomas (1988) apresenta uma extensa discussão que abrange o período compreendido entre o século XIV e o fim do século XIX. Por seus escritos, podemos avaliar a transformação nos hábitos e costumes dos ingleses e neles o cultivo dos jardins como forma de elevação do espírito. Não havia distinção social no exercício da jardinagem, de tal forma que encontramos um trecho que diz o seguinte: "A jardinagem, concordava um vendedor de sementes no ano seguinte [1780], era agora 'uma atividade de pessoas de todos os níveis de vida'" (p.274). E, em outra passagem: "O jardim tornou-se, assim, o lugar apropriado para a reflexão espiritual não só na literatura como na vida. A idéia do santo hortelão não era simples afetação literária: 'As pessoas de carne e osso', dizia-se acertadamente, 'realmente meditavam em jardins de verdade'. Quando estava em meu jardim terreno, cavando com minha pá, dizia o místico Roger Crab, eu enxergava o Paraíso de Deus, do qual fora expulso meu pai Adão" (p.282). Para finalizar, é importante a passagem em que Thomas diz: "Essa liberdade que a jardinagem proporcionava à auto-expressão individual explica por que ela se converteu numa total obsessão inglesa. [...] Em inícios do século XIX, não havia nenhum outro País em que a jardinagem atraísse classes sociais tão variadas quanto na Inglaterra." (p.285). A prática da jardinagem é exercida até hoje. Em visita a Hampstead, tive a oportunidade de constatar que muitos proprietários cuidavam de seus jardins em suas horas de descanso como forma de aliviar o estresse causado pela rotina da grande cidade.
29 Maria Izilda Santos Matos descreve os criados de servir no século XX e inclui, entre eles, o jardineiro: o que prestava serviços temporários e aquele que, morador de uma casa abastada, cuidava permanentemente dos jardins, pomares, terreiros, hortas e animais. (2002, p.123).

A leitura geral das atas da Companhia City nos levou à constatação de que a empresa, desde o lançamento do bairro, desejava passar a responsabilidade dos jardins internos aos proprietários que deles usufruíam (Bacelli, op. cit.). Essa decisão já estava definida no projeto inicial do bairro. Percebe-se também que havia motivos importantes para que a empresa se incumbisse de tal tarefa. Um deles dizia respeito ao uso dessas áreas internas às quadras em propagandas da empresa para chamar a atenção sobre o loteamento, que se destacava no espaço urbano da cidade em virtude de suas qualidades de planejamento, mas tinha como ponto desfavorável a localização. Assim, os jardins internos apareciam, no plano geral do Jardim América, como algo totalmente inovador na urbanização paulistana, algo que o ligava à idéia de moderno, pois essa concepção era oriunda de uma das maiores metrópoles do mundo, num momento em que o Brasil estava economicamente atrelado à Inglaterra e, culturalmente, era um contumaz consumidor das novidades estrangeiras.[30]

As áreas insulares do bairro tinham o papel de despertar a atenção dos empreendedores que estivessem em busca do moderno e do inovador no que dizia respeito à moradia, em oposição ao estilo de habitar das famílias abastadas, cujas residências remetiam aos casarões da oligarquia cafeeira. Embora essa oposição não fosse premeditada, pelo contrário, o Jardim América era o bairro, naquele momento, que mais permitia, a uma classe de condição muito inferior à das famílias de fortunas consolidadas, morar como se fosse socialmente privilegiada. Por um lado, essa condição ambígua expressava o moderno, importado e culturalmente aceito no âmbito do consumo; por outro, aproximava o morador do estilo de residir característico dos grandes casarões construídos em áreas pertencentes somente aos muitos ricos. Tratava-se de um empreendimento infalível, na opinião de Bacelli. Essa condição também demonstrava o apego à tradição das oligarquias, muitas delas originárias das

---

30 O atrelamento brasileiro à Inglaterra aparece de modo sintético, mas esclarecedor, na obra *Os Sucessores do Barão*, na qual Mello Barreto Filho informa que aquele País, embora tenha perdido espaço para os Estados Unidos quanto à influência comercial no Brasil, mantinha-se atuante no que dizia respeito a financiamentos. "O governo brasileiro continuou a recorrer a empréstimos britânicos, para manter o preço do café com a compra de estoques para obras como ferrovias, portos, serviços de bonde e eletricidade, ou simplesmente para pagar empréstimos anteriores. Entre 1915 e 1921, o Brasil recebeu empréstimos no valor de 40 milhões de libras esterlinas e, no mesmo período, pagou 70 milhões de libras esterlinas a título de serviços da dívida" (2001, p.31). Enfocou, ainda, as Missões Britânicas enviadas ao País para fiscalizar a economia brasileira e destacou as missões Montagu em 1924 e D'Abernon em 1929.

relações políticas estabelecidas ainda no Império. Dessa forma, os jardins internos ocupavam, no plano geral do bairro, um lugar muito significativo. Ao mesmo tempo, convertiam o loteamento em arauto do crescimento econômico e do desenvolvimento que ocorriam na cidade e aos quais os ingleses estavam muito atentos.

Figura 49 Um dos jardins internos. É visível o muro alto, mas antes, a qualidade da área e a disposição dos moradores. Esses jardins eram chamarizes para os compradores em potencial dos lotes que ainda se encontravam a venda no bairro. Autor desconhecido.

Figura 50 Fotografia sem título. Uma das áreas insulares do bairro Jardim América. Por meio dessa imagem é possível comprovar que os jardins internos serviam de área de lazer para seus moradores. Companhia City.

Por essa razão, os planejadores não puderam atribuir a responsabilidade relativa às áreas insulares aos moradores desde o início das vendas, pois os jardins necessitavam estar limpos e gramados para atrair o comprador na hora da visita ao terreno desejado. Era interessante que se instigasse a imaginação do provável residente sobre o futuro, exatamente como faziam as propagandas, inclusive quando se expunha ao comprador a planta do bairro.

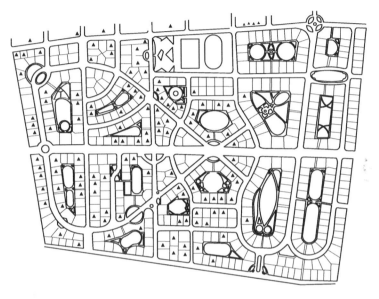

Figura 51 Desenho da planta do bairro. A demarcação em preto nos terrenos representa as casas construídas e as em construção. Wolff, p.131. Desenho da planta do bairro feita por Rafael R. Ferreira a partir de Wolff, p.131.

Observando a planta acima, pode-se ver, por um lado, que as vendas não se deram com o objetivo de negociar os terrenos de uma quadra para iniciar o de outra. Por outro lado, mesmo que a empresa desejasse pôr à disposição dos compradores as áreas internas, não poderia fazê-lo antes de a quadra estar toda vendida ou pelo menos perto de alcançar esse objetivo. As áreas em questão foram distribuídas ao longo do conjunto e propositalmente espalhadas por toda a extensão do loteamento com o objetivo exato de ocupar simultaneamente as quadras, com casas esparsas, para que outros compradores viessem juntar-se aos anteriores.

Esse sistema garantia ao visitante da área que a ocupação não tardaria a se completar. Percebe-se que os vendedores eram instruídos a fazer uso desse estratagema no ato da venda e a oferecer os terrenos com descontos aos interessados em construir rapidamente. O objetivo era distribuir as casas pela extensão do loteamento. A condição de financiar os imóveis e o prazo para construir, mais os descontos para quem construísse primeiro, levavam o comprador, salvo algum problema financeiro ou especulativo, a edificar sua residência rapidamente. Feito isso, o bairro, por si, passaria a chamar a atenção dos compradores e seria mais uma forma de divulgação do loteamento, em médio prazo, como de fato ocorreu.

Esse princípio usado na ocupação não permitiu, de imediato, que uma quadra fechasse todos os lotes em torno da área insular. Quando isso ocorreu, anos depois, a empresa não mais necessitava das áreas para chamar a atenção dos compradores e tinha um grupo de moradores suficientemente coeso em torno da quadra aos quais era possível transmitir a responsabilidade pelos jardins internos que, para serem mantidos, traziam ônus à empresa.

A lógica dos ingleses na condução de seus negócios diferia da forma como os brasileiros conduziam os seus. Percebe-se que, para os ingleses, havia medidas de resultado imediato, como as propagandas em jornais, panfletos e rádio, mas havia as medidas de médio prazo, como a exposta anteriormente com relação ao Jardim América. Também existiam as de longo prazo, como as que sustentam até hoje o nome Companhia City em empreendimentos realizados por ela e que foram incorporados pela diretoria brasileira. Nota-se, por esse procedimento, que a empresa pretendia permanecer no Brasil por um longo tempo.

Atingidos os propósitos e considerados os problemas internos e externos do País sobre a condição cambial a que estava submetida, pois mensalmente enviava remessas em libras à Inglaterra (quantia veementemente cobrada pela diretoria inglesa)[31], a Companhia City tratou de passar aos proprietários as áreas insulares do Jardim América. No entanto, elas ocupariam muito mais tempo das reuniões do que supunha a diretoria da empresa e exigiriam um exercício vigoroso de seus membros nas relações de poder para que finalmente uma solução fosse alcançada, embora não totalmente satisfatória para a companhia.

Iniciava-se, desse modo, a tentativa de transferir aos proprietários as áreas insulares, 11 anos após ser lançado o loteamento. Prevendo dificuldades com relação aos moradores, a transmissão foi amplamente debatida em reuniões realizadas entre dezembro de 1927 e 2 de janeiro de 1928,[32] reuniões nas quais todas as possibilidades foram consideradas, desde a cobrança de taxa para a

---

31 O tema das remessas era tratado em todas as atas, geralmente como o primeiro ponto de pauta.

32 A ata em cujo texto aparece essa discussão é uma minuta de várias reuniões, o que é mencionado da seguinte forma: *Minutes of a Series of Special Board Meetings held on December 23 rd, 26th, 27th, 28th, and 31th 1927 and January 2nd 1928 to confer uith Sir Arthur Du Gros.*

própria empresa manter as áreas até a última instância, a de lotear esses jardins, caso não houvesse saída para o episódio.

A City julgava dispendiosa demais a manutenção das ruas, jardins e praças. Decidiu, portanto, em reunião, propor o seguinte: "Deixar limpos somente os jardins e as ruas próximas aos terrenos a serem vendidos" (City, 1927, ata 23). A empresa via a condição de bairro-jardim para o Jardim América como consolidada, por isso considerou que poderia ser formada uma cooperativa para cuidar das áreas internas. Entretanto, se esse propósito não fosse alcançado, outros expedientes poderiam ser postos em prática; dessa forma, votou-se pelas possíveis soluções:

1) Outra vez levar a proposta referente à manutenção dos jardins no sentido de que a mesma seja efetuada numa base cooperativa (entre os moradores circunvizinhos) na qual a Companhia concordaria em pagar a sua parcela na manutenção dos mesmos a respeito de quaisquer lotes não vendidos, fronteiriços aos espaços abertos em questão. (idem, ibidem)

2) Colocar a situação ante a Municipalidade, convidando as autoridades a tomarem os referidos jardins. O governo poderia fixar taxas se assim for decidido.

3) Se a Municipalidade for contrária a essa proposta, os esforços deveriam dirigir-se à obtenção da necessária sanção autorizando a Companhia a reduzir a área dos jardins, por um razoável esquema de desenvolvimento, embora se pressinta a dificuldade em obter a sanção legal para esse "esquema" da parte das autoridades locais. (City, 1928, ata 38)

4) Lotear uma parte desses espaços abertos para os moradores da redondeza, para serem acrescidos aos seus jardins privados, mediante pagamento, reduzindo assim a área dos jardins e a responsabilidade da manutenção dos mesmos.

Entrou-se em contato com a comunidade por meio de carta na qual se explicavam as intenções da empresa. Não obstante, a companhia não conseguiu a adesão a sua proposta. Observou-se que essa não era a primeira vez que os moradores do bairro eram chamados pela empresa a ter um diálogo sobre esse fim, de tal modo que muito poucos foram os que responderam à carta e alguns deles até reclamaram da atitude da companhia. Entre os motivos dessa recusa estava o acesso externo às referidas áreas, o que revelava seu caráter semipúblico. O traçado originário do planejamento do bairro permitia a cada terreno voltado para o jardim interno servir-se de um portão com ingresso à área. Porém, algumas residências, por questões de divisão dos terrenos, não tinham esse acesso direto. Teve lugar, então, a abertura de caminhos que levavam ao interior do jardim para que todos os moradores daquele quarteirão pudessem dele usufruir.

No entanto, não havia como impedir a entrada de pessoas que não habitavam o bairro; assim, os jardins perderiam a característica de privados e se tornariam espaços semipúblicos. A situação era inusitada; as áreas não eram restritas aos moradores, nem a responsabilidade sobre elas. É a esse ponto que se apegavam os moradores para justificar a negativa de ocuparem-se de sua manutenção. Argumentavam que o problema era da companhia.

No dia 17 de fevereiro de 1928, 15 dias após a última das mencionadas reuniões, o assunto voltou à pauta: o gerente geral informou que ele e o engenheiro-chefe, Dodd, haviam visitado o prefeito, José Pires do Rio, para expor o problema dos jardins internos do Jardim América. O gerente geral relatou o teor da conversa, na qual o prefeito deixou clara sua posição:

> A principio o Prefeito manifestou-se francamente contrario á idéia insistindo em que a Prefeitura não pode e não quer assumir mais responsabilidades de despezas, visto estar excessivamente sobrecarregada com as que se referem ao calçamento da cidade, etc., etc. Foi necessária uma prolongada discussão do assumpto, na qual foi feito sentir ao Sr° Prefeito que a idéia da Companhia não era absolutamente transferir um ônus à prefeitura, visto como na nossa opinião, parecia mais viável a creação de uma lei para o effeito de ser lançado aos proprietários do Jardim América, um imposto annual destinado com servidão desses jardins, o que redundaria na applicação official das medidas que particularmente, a companhia tentou sem resultado adaptar com os seus clientes. Foi declarado ainda ao Sr° Prefeito, que a Companhia está decididamente resolvida a não continuar por sua conta, a conservação desses jardins que de há longos annos vem custeando e que o seu abandono será uma pena, não só para o Jardim América, mas para a propria cidade. Finalmente o Sr° Prefeito modificou um pouco a sua primitiva opinião, e declarou à Câmara Municipal a representação que a Companhia fizesse neste sentido, e que ficaria o assumpto, por tanto, dependente do legislativo municipal. O Sr° Gerente informou mais à Directoria que essa representação está sendo por elle preparada, a fim de ser enviada ao Prefeito, e que, na sua opinião, esta questão poderá levar uns 3 mezes mais ou menos a ser resolvida. (City, 1928, ata 12)

A visita ao prefeito foi estéril diante da resistência da Prefeitura em entender os argumentos dos visitantes. Mesmo que por fim tenha compreendido, a empresa não deixou de transferir ao Legislativo a responsabilidade da decisão de os cofres da Prefeitura arcarem ou não com mais uma despesa. Segundo

A CIDADE E OS JARDINS **177**

opinião compartilhada por muitos, o Executivo municipal tinha bastante a fazer além de assumir mais um dispêndio.

Por parte da empresa, a carta foi providenciada e dirigida ao prefeito José Pires do Rio, mesmo após ele haver transferido o encargo ao Legislativo. Na carta, explicavam-se as dificuldades que a empresa enfrentava diante da recusa dos proprietários em colaborar. Também se sugeria que o prefeito criasse uma taxa para cobrir as despesas decorrentes da manutenção das áreas insulares.

Foi sempre intenção da Suplicante, quando iniciou a construção desse bairro, entregar futuramente esses jardins inteiros aos proprietários circunjacentes, ou, então à Prefeitura. Até aqui a Suplicante ajardinou essas áreas e as tem conservado à sua custa exclusiva, mas, chegando agora o momento de transferir o domínio dessas áreas aos proprietários ou à prefeitura, a Suplicante tentou em primeiro lugar fazer a cessão aos proprietários e para isso dirigiu-se a estes, expondo o assunto e propondo-se a continuar, como até aqui, a conservação desses jardins, mediante uma contribuição mensal de cada proprietário, a qual variava entre 10$000 a 15$000 por mês. Infelizmente, porém, apenas uma sensível minoria dos proprietários atendeu o convite da Suplicante, tendo a maioria se abstido de responder ou então declarado não concordar com a proposta da Suplicante.

Nestas condições, vem a Suplicante propor a V. E. a doação dessas áreas internas ajardinadas à municipalidade de São Paulo, para serem administradas e conservadas por esta. É de 18 o número desses jardins internos, completamente formados e arborizados, que requerem somente conservação e cuja área total é de 124.500 metros quadrados mais ou menos conforme planta em 3 vias e relação detalhada respeitosamente anexas ao presente.

Fazendo a presente proposta à Municipalidade de São Paulo a Suplicante toma a liberdade de lembrar a criação de uma lei pela qual os proprietarios de casas ou de terrenos cujos fundos dêm para um desses jardins sejam taxados com um imposto anual na base da proposta feita pela Suplicante aos proprietários, ou nas consições que V.E. julgar mais convenientes, pois, esse imposto, assaz moderado, compreenderá a Prefeitura das despezas de conservação dos ditos jardins internos, os quais se compõe apenas de gramados e de árvores, o que torna o seu custeio simples e barato.

A conservação desses jardins internos do bairro do Jardim América, custava até aqui a Suplicante cerca de Rs.2:500$000 por mês, ou Rs.30:000$000 por ano. O número total de proprietários de terrenos ou de casas ao redor desses jardins é de 317, o que dá uma média mensal de 8$000 mais ou menos para cada proprietário, estando a dificuldade apenas no fato da Suplicante não poder impor essa contribuição, o que certamente não acontece com a Municipalidade. (idem, ibidem)

178 ZUELEIDE CASAGRANDE DE PAULA

Ainda que a Companhia City apontasse soluções para o Poder Executivo, não foi aceita a criação da lei sugerida pela empresa a fim de permitir a cobrança de taxas para manter as áreas insulares. Tratava-se de medidas impopulares e arbitrárias, por serem os jardins semipúblicos e áreas que interessavam apenas aos moradores, mesmo em sua condição singular. Além disso, não havia "relações cordiais" entre a empresa e o Executivo que pudessem expressar maior empenho desse poder em resolver a questão, como ocorrera no período em que Victor Freire era chefe de obras. O pedido foi indeferido em 4 de maio de 1928, sob o nº de processo 26.838. Diante desse resultado, a empresa teve de enfrentar o problema, o que só fez em dezembro de 1930, quase dois anos depois, quando à frente da municipalidade já havia outro prefeito.

Em reunião da diretoria em 19 de dezembro de 1930, o gerente geral propôs que fosse feita nova visita ao chefe do Executivo municipal. O ocupante do cargo era, então, Anhaia de Mello, colega de profissão de Arnaldo Dumont Villares,[33] um dos diretores da Companhia City – o que poderia facilitar as relações entre as duas instâncias.

Dumont Villares, além de integrar o grupo de diretores da Companhia City, era sócio de Ricardo Severo[34] na empresa Severo & Villares, que proporcionava o suporte técnico necessário para fiscalizar as atividades de construção exercidas pela City.

Tanto Severo quanto Villares tinham posições consolidadas no meio econômico e social, pois ambos haviam desenvolvido atividades como arquitetos e tinham sido auxiliares de Ramos de Azevedo em seu escritório técnico, F. P. Ramos de Azevedo e Cia. que, após a morte de Ramos, em 1928, passou a chamar-se F. P. Ramos de Azevedo, Severo e Villares e, mais tarde, apenas Severo & Villares. As relações familiares também eram fortes: Dumont Villares havia casado com a filha de Ramos de Azevedo; Severo, por sua vez, contraiu matrimônio com Virginia Dumont, tia de Arnaldo Villares.

A empresa Severo & Villares respondeu pela garantia do melhor serviço prestado a São Paulo, no ramo de construções, durante um longo período do século XX (Marcovitch, 2003, p.146). Portanto, em atenção a Villares, as questões pendentes da Companhia City poderiam receber um tratamento

---

33 A vida e formação acadêmica de Arnaldo Dumont Villares estão nas notas biográficas.
34 A vida e obra de Ricardo Severo estão nas notas biográficas.

diferente do dispensado por José Pires do Rio na gestão anterior. Convenceu-se a diretoria de que esse realmente era o momento para pôr fim ao caso, e a visita foi realizada. Seu resultado foi registrado na ata nº 82, do dia 2 de fevereiro de 1931:

> Infelismente [sic], apesar da boa vontade deste em attender a petição da companhia, acha que não poderá crear um imposto de conservação e policiamento dos jardins internos pois que esse imposto poderia ser julgado inconstitucional pelos proprietários do Jardim América, nestas condições, não pode a Prefeitura receber os referidos jardins para conserval-os à sua custa.
>
> Ficou então resolvido que a Companhia consultará novamente os proprietários do Jardim América sobre se estarão de accordo com o imposto de conservação a ser creado pela prefeitura, pois em caso affirmativo, esta receberá os jardins e official-os à, não fazendo porem, se todos os proprietários não derem o seu apoio. Ficou também combinado que o Prefeito fará em companhia dos directores, dentro dos próximos dias, uma visita ao Jardim América e noutros bairro da Companhia.

Percebe-se, pelo relato da reunião, que nem mesmo Pires do Rio agira com má vontade com relação à empresa, mas que a medida solicitada era mesmo inconstitucional e, se posta em prática, comprometeria o Poder Executivo pelo protecionismo ofertado à Companhia City, além de proporcionar elementos concretos aos moradores do bairro para processar o poder municipal por ilegalidade.

Em decorrência dos resultados, a empresa passou a estudar uma forma de convencer os proprietários da relevância dos jardins internos para a manutenção das características do bairro que, segundo julgavam, estavam entre as razões que levaram seus proprietários a optar pelo investimento. Porém, como não era a primeira vez que essa consulta ocorria, os argumentos da empresa deveriam ser muito convincentes para que houvesse êxito. Foi elaborada, então, uma carta com as informações já conhecidas e outras como a posição favorável da Prefeitura quanto ao imposto, desde que aceitassem a proposta. Esse estratagema da unanimidade tinha sido muito bem utilizado pela City até aquele momento. Sempre que se via pressionada a alterar as regras estabelecidas no contrato de compra e venda sobre as condições nas quais deveria ser feita a construção no bairro, a empresa se valia desse recurso. Fazia-se necessário obter o consentimento de todos os moradores adjacentes para que fosse possível a mudança. Como isso nunca ocorria, a companhia muitas vezes isentava-se de enfrentar

180 ZUELEIDE CASAGRANDE DE PAULA

o proprietário discordante. Sabia de antemão que dificilmente conseguiria o aval de todos os moradores, mas mesmo assim insistiu uma carta, enviada em abril de 1931, a todos os proprietários:

> Prezado Snr.
> Esta Companhia vem, de há muito, tratando de solucionar a questão dos jardins internos do jardim América. Como V.S. de certo não ignora, esses jardins foram por nós nivelados e preparados em 1917/1918, pois ao delinear o plano daquele bairro, era nossa intenção fazer futuramente entrega desses jardins aos proprietários dessas casas e terrenos que os circundam, ou então à Prefeitura, mas de preferência aos proprietários, a quem mais de perto interessam. Durante des annos mantivemos tentamos entrar em um acordo com os referidos proprietários, a fim de obter dos mesmos uma contribuição que variava de dez a quinze mil reis, por mês, para obter o custeio dessa conservação, visto como não nos era possível mantel-a indefinidamente à nossa custa. Julgamos, então, como, aliás, ainda agora julgamos, que a nossa missão estava terminada depois de sacrificarmos essas áreas enormes, de preparal-as e de conserval-as durante longos annos, transformando-as em parques internos inegualaveis por qualquer outro bairro de S. Paulo. (City, 1931, ata 82)

Nas reuniões de 1928, antevendo a possibilidade de os moradores não aceitarem a proposta de adesão, como já se expôs, foram encontradas diferentes saídas para o problema. Propôs-se, por exemplo, que o morador assumisse a responsabilidade pela manutenção dos jardins e, em caso de recusa, recorrer-se-ia à Prefeitura como encarregada da preservação dessas áreas insulares e, ainda, para apresentar-lhe a possibilidade da criação de uma taxa. Uma vez que a Prefeitura poderia assumir essa responsabilidade, desde que todos os moradores concordassem em pagar a taxa por ela criada, nova tentativa foi feita entre os proprietários. Novamente, porém, por mais "nobre" que tenha parecido ser, a proposta não foi aceita por todos os proprietários. A Companhia City viu-se, assim, frente a um problema sem solução.

O passo seguinte foi colocar em prática a idéia, já esboçada em 1928, de lotear as áreas insulares e assumir a imputabilidade dessa ação.

É possível que, naquele momento, nem mesmo a Companhia City percebesse o alcance da iniciativa de eliminar parte dos jardins, ou seja, que isso poderia levar à extinção total dessas áreas e, conseqüentemente, à desconfiguração do projeto realizado por Barry Parker. Essa ação descaracterizava completamente o planejamento, conferindo-lhe outro traçado, distante daquele finalizado por Barry Parker, visto que a interseção foi realizada sem sua presença e, talvez, sem seu conhecimento, pois não há indícios que confirmem que tenha sido consultado.

Os documentos assinalam uma insistência por parte da diretoria de Londres em esgotar todas as possibilidades de resolver o problema antes de lotear as áreas. Não se menciona, porém, a participação de Parker nessa decisão, já que o planejador/arquiteto não tinha mais ligações com a empresa. Ainda não se conhecia a posição da opinião pública relativamente aos subúrbios-jardins no Brasil. O Jardim América era o primeiro bairro com essas características, portanto cabia aos paulistanos julgá-lo apropriado ou não. No entanto, as reações sobre a responsabilidade de cuidar dos jardins internos demonstra que não havia, até aquele momento, uma compreensão clara de seu uso e de sua contribuição para uma boa qualidade de vida. Como não mais desejava manter essas áreas e a tentativa de passar adiante a responsabilidade sobre elas não obteve êxito, a City recorreu a sua sede em Londres e apresentou o quadro no qual se desenrolaram as negociações. Assim, a empresa obrigou-se a arcar com a última alternativa discutida nas reuniões de julho de 1928 a fevereiro de 1929, desrespeitando o planejamento inicial.

No entanto, essa medida não foi aplicada de imediato, pois exigiu um amplo e exaustivo processo investigativo por parte da companhia, já que esbarrava na argumentação dos proprietários de que as áreas possuíam uma condição ambígua, uma vez que a própria empresa quis atribuir-lhes a propriedade, repassando-lhes os cuidados.

A City e o respaldo jurídico

A consulta à empresa em Londres sobre o loteamento das áreas teve como resposta o consentimento, já que tinham sido esgotados todos os artifícios que pudessem poupá-las da extinção. A Companhia City no Brasil decidiu realizar o loteamento e não aceitou a proposta de que a Prefeitura empreendesse a venda dos lotes – sugerida pelo Executivo —, visto que era visível a lucratividade. Assim teve início o processo de investigação sobre a propriedade das áreas internas para, enfim, dar início ao loteamento. Essa questão também é tratada por Roney Bacelli:

Em breves considerações acerca dessas questões, observamos que os desentendimentos devem-se, em grande parte, a uma certa identificação quanto à propriedade dos jardins internos, ou ao menos, de como as partes envolvidas se posicionam ante o problema. Assim, os proprietários dos terrenos em volta desses espaços julgam ter sobre eles "direitos de uso adquirido", mas quanto à manutenção desses jardins, recusam-se a arcar com total ônus, alegando não serem seus legítimos proprietários. Igualmente a Prefeitura os trata não como jardins públicos, mas como terrenos pertencentes à Companhia City. (op. cit., p.67)

Vê-se, pela síntese de Bacelli, que a imprecisão sobre a quem pertenciam as áreas transparece nos documentos. Fez-se necessária, assim, uma investigação que não deixasse dúvidas quanto à propriedade das áreas. Frente a esse quadro, a Companhia City iniciou o processo de consulta a seus advogados para ter argumentos convincentes se e quando fosse inquirida pelos proprietários. O objetivo era convencê-los dos direitos da companhia e evitar perda de tempo e desgaste diante de um processo instaurado por algum morador. A primeira consulta, solicitada em 21 de janeiro de 1932,[35] foi ao escritório Spencer Vampré[36] e Danton Vampré. O primeiro já prestava serviços independentes desse escritório à City. A resposta a essa consulta foi dada em 3 de março de 1932 e tem o seguinte teor:

> Respondendo á consulta de VV. SS. a respeito da propriedade dos terrenos que foram destinados a jardins internos, no Jardim América, tenho a ponderar o seguinte: esses terrenos nunca foram transferidos aos proprietários de lotes, nem sobre elles se constituio a seu favor qualquer servidão de utilisação, ou de goso, embora pessoal. As escripturas são inteiramente omissas a respeito, e como não há transmissão de bens, por inferencia, mas deve ser expressa em escriptura publica e está transcripta no registro de immoveis, dahi se segue que continuaram até hoje na propriedade de Cia., que pode dispor desses terrenos como melhor lhe parecer.
>
> Em vista da resposta supra, nada podem os adquirentes de lotes contíguos ou confinantes, reclamar, da Cia., mesmo a titulo de indenisação, pois o uso e goso desses jardins não foi incluído nas acquisições que fizeram. É o que me parece.
>
> Spencer Vampré[37]

---

35 Essa solicitação foi discutida em reunião da diretoria, em 21 de janeiro de 1932. Ata 106.

36 A biografia de Spencer Vampré está nas notas biográficas ao final do livro.

37 Spencer Vampré era advogado permanente da Companhia City. No entanto, a resposta à consulta aparece em papel timbrado com o nome da Casa de Advocacia Spencer e Danton Vampré. Carta-consulta enviada pelo advogado senhor Spencer Vampré, em 1932, à empresa. Consta em anexo ao relatório referente ao loteamento dos jardins internos do Jardim América. Guardado na caixa GG 021. Arquivos da Companhia City de Desenvolvimento. Pituba.

A CIDADE E OS JARDINS 183

Vê-se que o parecer tinha um conteúdo objetivo e direto, pois Spencer Vampré era consultor da companhia, que não fez uso do mesmo procedimento dispensado aos outros advogados, posteriormente consultados, pois Vampré foi chamado a dar seu parecer em reunião da diretoria e tinha ciência dos problemas enfrentados pela empresa com relação a essas áreas. Em 7 de março de 1933, o advogado Juarex Lopes também encaminhou à Companhia City seu parecer sobre o caso, exatamente um ano após a consulta feita à Casa de Advocacia Vampré. Isso nos leva a indagar se o parecer dos advogados da companhia não teria sido suficiente para enfrentar as cobranças dos residentes no bairro e forçou a empresa a recorrer a pareceres de advogados de escritórios renomados para dar sustentação a sua defesa, de modo a que os moradores não recorressem à Justiça.

Indispor-se com proprietários no bairro seria extremamente prejudicial à Companhia City, se considerados os investimentos de longo prazo. Se houvesse recurso por parte dos donos dos imóveis diante da perda dos jardins internos, a meticulosa e garantida forma de investir, com vistas ao amanhã, estaria ameaçada, pois as proporções dos acontecimentos afetariam os negócios não só no Jardim América, mas em todos os seus investimentos imobiliários. Se a companhia detinha o controle de 37% da área urbana naquele momento, qualquer deslize poderia custar muito mais que uma simples área interna em uma quadra do bairro em questão. Assim, o respaldo de pareceres concedido por outro advogado que não tivesse vínculo empregatício com a empresa viria a resolver o problema ou, pelo menos, levaria o proprietário, quando procurasse a companhia na tentativa de negociar, a pensar melhor sobre a disputa, antes de entrar com o recurso relativo a seus direitos.

O parecer de Juarex Lopes apresentava o problema e tentava justificar a atitude da Companhia City frente à forma como havia tratado a questão até aquele momento. Os argumentos foram respaldados no Código Civil artigos 527, 676 e 696. Afinal, a conclusão foi favorável à empresa.

Observa-se que o propósito da Companhia City era resguardar-se de todas as formas para evitar o confronto com o proprietário, seu cliente e investidor. A última coisa que poderia acontecer era o proprietário sentir-se lesado pela empresa, pois tais procedimentos repercutiriam na competência de suas ações desenvolvidas na cidade.

Em 21 de fevereiro de 1933, um ano depois de Spencer Vampré ter emitido seu parecer, o gerente geral da City, Nelson Gama, encaminhou

184 ZUELEIDE CASAGRANDE DE PAULA

à Casa de Advocacia Plínio Barreto[38] e Antonio Mendonça outra consulta sobre a questão.

O conteúdo da correspondência enviada a Barreto apontava as tentativas infrutíferas feitas pela companhia de solucionar o caso, além de externar sua preocupação quanto à atitude dos proprietários frente ao loteamento das áreas internas de todas as quadras.

> Resulta do exposto, que taes areas, seriam transformadas em jardins, constituem hoje maior problema naquelle bairro, dada a incomprehensão que os referidos proprietários têm do alcance de nossa intenção ao reservar aquellas areas para fins tão uteis. Ora, não querendo a Prefeitura e nem os proprietários tomar a seu cargo a manutenção dessas areas, para serem transformadas em jardins entendemos que a única solução para esse assunto, será o retalhamento dessas areas e subseqüente venda das mesmas, em pequenos lotes e a um preço mínimo, de preferência aos actuaes proprietários confinantes, como V. S. verá de outra planta que, para seu governo e como exemplo, juntamos a presente.
>
> É bem possível que muitos proprietários venham a não concordar com essa ultima solução que vamos prôpor [...] e é na previsão dessa hypothese que vimos fazer a V. S. a seguinte consulta:
>
> – Póde esta Companhia dispôr dessas areas como bem lhe approuvér?
>
> b) Uma vês retalhadas e vendidas a terceiros as referidas áreas, terão os actuaes proprietários confinantes direito a qualquer reclamação ou indenização?
>
> Como V. S. será das duas minutas de escripturas annexas, nellas não se faz qualquer referencia às alludidas areas internas, que havíamos reservado para jardins. Mesmo nas escripturas definitivas, quando são mencionados os confinantes, dizemos sempre: - "confina nos fundos com a Companhia City".
>
> Devemos, entretanto, chamar a sua atenção para este facto: - como acima dito, foi sempre nossa intenção fazer das referidas areas parques internos para uso e goso dos moradores confinantes, e, por este motivo, jamais objectamos a que os mesmos abrissem, nos fundos dos seus quintais, portões de acesso aos referidos parques. Cada casa actualmente existente no Jardim America tem esses portões.[39]

Em seu primeiro parecer, datado de 6 de março de 1933, no alto da página lê-se : "Os Parques do 'Jardim América'", termo usado outras vezes pelos

---

38 A vida e obra de Plínio Barreto constam nas notas biográficas.

39 A carta-consulta enviada ao advogado Plínio Barreto, em 1933, solicitando parecer, consta em anexo ao relatório referente ao loteamento dos jardins internos do Jardim América. Guardada na caixa GG 021. Arquivos da Companhia City de Desenvolvimento. Pirituba.

diretores e pessoas ligadas à Companhia City; em seguida, há um resumo dos argumentos apresentados pela empresa em sua carta e, por fim, as duas perguntas enviadas ao demais advogados consultados, cujo teor consistia em interrogar sobre o uso das áreas pela City e se algum proprietário poderia recorrer e exigir indenização pelo retalhamento desses terrenos.

Há que se observar que todos os terrenos contíguos aos jardins internos tinham acesso a eles. A divisão entre os jardins da residência e as áreas insulares era feita apenas por meio de uma cerca viva com um portão de madeira. Essa disposição confundia os moradores quanto a quem pertenciam essas áreas. Sabiam, entretanto, que não eram de um único proprietário, mas delas faziam uso para seu próprio lazer ou de suas crianças, e isso de forma segura e vigiada, como se fossem apêndices de seus jardins. Desse modo, a Companhia City chamou a atenção do consultor sobre esse aspecto, que permitia o uso das áreas pelos moradores, argumento que bem poderia ser usado contra a empresa em uma ação judicial.

A resposta à consulta foi mais elaborada e mais longa do que as anteriores e veio junto a um discurso em que a City aparecia como a legítima proprietária, cabendo somente a ela resolver sobre o destino das áreas, pois não constava, nas escrituras dos moradores das quadras, cláusula alguma que mencionasse a obrigação da empresa de construir jardins no fundo dos terrenos vendidos. Também não há cláusula no contrato de compra e venda em que a City tenha "concedido aos proprietários dos terrenos marginaes o direito de abrirem portões para essas areas e de transitarem nellas, livremente". Observa-se que, até esse momento, nenhum outro parecer acusava o proprietário de infrator por abrir o portão aos fundos de seu quintal.

Na seqüência expõe-se a dificuldade da empresa em conseguir que os proprietários, assim como a Prefeitura, assumissem as áreas. Também recorre ao artigo 524, cujo teor é garantir ao proprietário o direito a seu bem: "todos os seus direitos elementares se acham reunidos no proprietário; limitada quando tem ônus real ou é resolúvel". Essa frase foi grifada pelo autor para dar destaque ao artigo do Código Civil.

Finalmente, o parecer apela ao artigo 527, que estipula: "O domínio presume-se exclusivo e illimitado até prova em contrario". Do mesmo modo, questionam-se os argumentos dos donos das residências para dizer que eles devem provar a propriedade sobre as áreas para então reivindicá-las. O encadeamento das idéias visa deixar claro que a companhia estava sendo vitimada por interesses sem fundamentos, uma vez que o direito sobre as áreas por servidão ou por uso não era pertinente. Com base nos artigos 718 e 742, era possível dizer que as famílias não faziam uso direto da área, apenas passavam por ela.

Pode-se observar uma hipótese de que se lançou mão para admitir que a empresa autorizou o uso das áreas dos jardins internos no trecho abaixo:

> Admitamos que a City haja concedido aos proprietarios dos terrenos esse direito real sobre as areas que destinou a jardins. Por outras palavras: admittamos que os proprietarios dos terrenos marginaes dos jardins tem o direito de uso desses logradouros particulares. Esse direito poderá, porém, impedir a City de vender aquellas areas? Não. E não poderá porque não entrou, definitivamente, para o patrimonio dos titulares. Estes nem chegaram a adquiril-o, pois que "os direitos reaes sobre immoveis, constituídos ou transmittidos por actos entre vivos, *só se adquirem depois de transcripção ou da inscripção no registro de immoveis dos referidos títulos* (art. 530, n. I e 856) salvo os casos expressos neste código (art. 666)". (grifo do original)

A insistência da documentação em afirmar que a propriedade da City é legítima está enfaticamente reiterada ao longo de toda a petição, que tem quatro páginas e meia. Os grifos são usados quatro vezes, em passagens diferentes, para salientar o mesmo assunto: o registro de um termo de propriedade. Sobre se o uso das áreas caracteriza servidão para que o usuário possa recorrer, Plínio Barreto lembra que somente depois de trinta anos é que se pode apelar à Justiça com base no termo de servidão:

> [...] se antes de decorridos trinta annos de posse continua e pacifica, as servidões apparentes não podem ser adquiridas sem título transcripto, que as institua; se nenhum titulo possuem os proprietários dos terrenos, reconhecendo, em favor delles, servidão de transito pelas areas que a City reservou para jardins, *nenhum direito real de servidão tem esses proprietários sobre taes areas.* (grifo do original)

Os pareceres expressavam o desmascaramento do discurso da Companhia City; ao buscar transferir aos proprietários de quadras os ônus sobre as áreas internas, a empresa ofereceu-lhes elementos para um recurso judicial, uma vez que empregou o dispositivo da responsabilidade para tentar imputar-lhes os encargos sobre as tais áreas. Desmistificaram-se todos os subterfúgios criados pela companhia por meio de sua reivindicação. Isso exigiu um exercício quase elucubrativo dos advogados com base na lei, para que não se começasse a instaurar ações e a comprometer o nome da empresa no meio imobiliário.

Expressavam-se, nos nomes em consulta sobre a questão, as relações da Companhia City, assim como a relevância dada ao tema, visto que os juristas consultados eram pessoas proeminentes na sociedade local e nacional e tinham credibilidade, o que arrogava à empresa resguardar os direitos sobre as áreas em ação, como um efeito inquestionável. Restavam, desse modo, poucas possibilidades de questionamento por parte dos proprietários. Todavia , a distinção dos pareceristas e a veracidade de seus pareceres não impediu que alguns proprietários, mesmo aqueles a quem a empresa já havia deixado claro seu respaldo na lei, pusessem em dúvida tais argumentos e recorressem à Justiça a fim de reivindicar as áreas insulares da quadra.

Na reunião de 22 de junho de 1934, a diretoria tomou conhecimento, por meio do gerente geral, da ação judicial que pesava sobre a empresa:

> a propósito do mesmo assumpto de jardins internos do Jardim América – problema antigo que tantos dissabores tem causado à Companhia – o snr. Gerente Geral informa o Comitê que, infelizmente, ainda não cessaram de vez os inconvenientes creados com esses jardins, pois ainda ha pouco dias fomos notificados de um protesto judicial dos Snrs. Belli & Cia, proprietários do terreno n° 12 da Quadra 41 do Jardim América, contra o retalhamento e venda dessa quadra, que vimos fazendo aos proprietários circunjacentes da mesma quadra. O interessante é que os proprietários Snrs. Belli & Cia, por mais de uma vez, se mostraram interessados na compra de uma parte dessa área, e so não realizaram a compra por pretenderem que a Companhia lhes vendesse o terreno por preço inferior ao que está estabelecido, isto é, 20$000 por metro quadrado.
>
> O assumpto está entregue ao Departamento Legal, que promptamente apresentou em juízo um incisivo contra – proptesto dessa Companhia, e tudo indica que ficará ahi encerrada a questão, pois já são decorridos des dias, sem que os Snrs. Belli & Cia. tenham dado proseguimento ao feito, cujo desfecho não poderá trazer maiores consequencias para esta Companhia, pois os direitos desta são absolutamente líquidos e incontestes, segundo opinam não só os nossos advogados, como outros jurisconsultos dos quaes já tivemos pareceres há mais de dois annos, isto é, desde que se começou a tratar da questão de vender as areas dos jardins internos do Jardim América.(City, 1934, ata 152)

Essa era a primeira vez que se aventava o assunto em reunião da diretoria, o que indica a gravidade de que se revestiu a questão. Por mais garantias que os advogados consultados tivessem dado à City, a empresa teria de responder ao processo movido pelos proprietários. A companhia não se sentia segura com os pareceres dados pelos advogados já consultados, portanto recorreu, novamente, a um dos mais destacados juristas do momento: José Manoel de Azevedo Marques,[40] ex-parlamentar e ex-ministro do Exterior do Brasil e professor da Faculdade de Direito do Largo de São Francisco, o que o colocava numa posição confortável de autoridade nas questões do Direito.

As dúvidas da Companhia City permaneciam as mesmas, porém a formulação das perguntas tomou outro aspecto. A primeira interrogação expressava-se no seguinte texto: "Os compradores de lotes de terrenos adquiriram qualquer direito ao uso e gozo permanente das áreas reservadas aos projectados jardins?" Ao que Azevedo Marques respondeu taxativamente: "Não". De seu ponto de vista e pautado na lei, era improcedente a ação contra a Companhia City. Quanto à segunda questão apresentada pela empresa – "Pode a Cia. City vender, livre e impunemente, as areas que ella pretendia transformar em jardins, cujo gozo provisório ella permittio aos confrontantes?" – Azevedo Marques afirmava que a resposta a essa questão se encontrava implícita na resposta à pergunta anterior: se apenas à Companhia City cabia a propriedade das áreas insulares, então competia-lhe, também, fazer uso desses terrenos como melhor lhe aprouvesse.

O ponto que a Companhia City julgava nevrálgico foi amplamente explorado, de modo a apontar, com base na lei, os direitos da empresa sobre aquelas áreas. Procurava-se deixar claro que o uso dos jardins internos havia sido permitido; isso, porém, não implicava repassar o direito de propriedade aos moradores da quadra – direito esse que a City retomava agora, com o objetivo de dar uma finalidade a tais áreas, independentemente da opinião dos moradores.

O assunto é retomado na reunião de 27 de julho de 1934, na qual o gerente geral notificou aos diretores da Companhia que

> Segundo informações prestadas confidencialmente ao Sr. Gerente Geral por um dos tabeliões desta Capital outros clientes da Companhia pretendem agir brevemente contra esta Companhia no intuito de impedir a venda dos jardins internos situados nos fundos das suas respectivas propriedades, por também entenderem ter

---

40 Informações acerca de José Manoel de Azevedo Marques constam nas notas biográficas.

sobre elles direitos de uso adquiridos. Embora até este momento a Companhia não tivesse recebido notificação judicial alguma da propositura de qualquer acção por parte desses clientes, estamos desde já preparados para essa emergência, que, afinal, não poderá ter maiores conseqüências, como não teve o protesto com o qual os Srs. Belli & Cia. pretenderam atemorizar-nos, com o fim único e exclusivo de obter esses terrenos a preços mais baratos ou talvez de graça... (City, 1934, ata 156)

Paralelamente a esse processo, a empresa foi loteando e vendendo as áreas internas dos jardins, que eram de tamanho menor. Muitas delas foram adquiridas por proprietários de lotes vizinhos, que ampliaram seus jardins privados. Isso ocorreu substancialmente com os jardins pertencentes às quadras 41 e 40. Essa última teve parte de sua área reloteada, em razão da abertura da Rua Porto Rico. Na quadra 8, abriu-se a Rua Yucatan; na quadra 31, a Guayaquil, e na quadra 36, a Nova Terra. Essas ruas tornaram-se os *cul-de-sac* no interior do bairro, uma saída para liberar o acesso aos novos terrenos loteados.

À nova configuração do loteamento pode se dar a denominação de bairro-jardim à moda brasileira. Ao ser adaptado, por meio da eliminação de seus jardins internos, de acordo com interesses do capital e dos moradores, o bairro passou a ter uma feição diferente daquela dada por seu planejador. O projeto foi, assim, descaracterizado pela adaptação à nova configuração proposta para a área do Jardim América.

Havia os descontentes, mas esses reivindicaram o direito aos jardins com a intenção de anexá-los a seus próprios jardins, sem a intenção de preservá-los, como era esperado pela Companhia City. Essa possibilidade só foi debatida pela empresa em suas reuniões; a concepção de bairro-jardim implantada por Barry Parker não foi defendida pelos moradores do bairro, pois os argumentos que os vinculavam ao local estavam pautados na propriedade. O valor urbano e paisagístico, se foi mencionado nas ações judiciais, não chegou a ser referido e registrado nos documentos da City. As reclamações relativas a tais áreas coletivas, nesses documentos, fundamentavam-se no direito ao uso das áreas e no direito à propriedade.

O projeto de Barry Parker só viria a ser considerado relevante na década de 1980, quando os moradores do Jardim América solicitaram o tombamento desse bairro. Nesse momento, a concepção de bairro-jardim, originária de um determinado momento histórico, passou a compor o discurso do primeiro documento formal, que enumerava os motivos para o tombamento do bairro, dos quais o mais relevante seria sua condição de bairro-jardim planejado por Barry Parker.

Não se coloca em dúvida o planejamento do bairro por Barry Parker – não é isso, mas a condição de bairro-jardim segundo o planejado pelo urbanista, visto que sua obra foi totalmente descaracterizada depois de ele ter deixado o Brasil. Sua proposta era harmonizar cidade, bairro, ruas, jardins e residências. Desejava ele que o bairro fosse um lugar aprazível para aqueles que por ele circulassem com o intuito de admirar sua beleza, suas formas e sua harmonia.

4
JARDIM AMÉRICA:
A PLANTA NOBRE DOS JARDINS

Encorajavam-se alguns a sentirem-se mais iguais do que outros, o
que podia ser feito igualando-se as elites a grupos dominantes ou
autoridades pré-burguesas, seja no modelo militarista/burocrático
característico da Alemanha (caso dos grêmios estudantis rivais), seja
em modelos militarizados, tipo "aristocracia moralizada", como
vigente nas escolas secundárias particulares britânicas. Por outro lado,
talvez, o espírito de equipe, a auto-confiança e a liderança das elites
podiam ser desenvolvidos por meio de "tradições" mais esotéricas, que
manifestassem a coesão de um mandarinato superior oficial (como
ocorreu na França ou nas comunidades brancas nas colônias).

Eric Hobsbawn, *A invenção da tradições*

Ora, o bairro é, quase por definição, um domínio do ambiente
social, pois ele constitui para o usuário uma parcela conhecida
do espaço urbano na qual, positiva ou negativamente, ele se sente
reconhecido. Pode-se portanto apreender o bairro como esta porção
do espaço público em geral (anônimo, de todo o mundo) em que se
insinua pouco a pouco um espaço privado particularizado pelo fato
do uso quase cotidiano desse espaço.

Pierre Mayol

Ao longo desse trabalho vimos apresentando a história do bairro Jardim
América; no entanto, doravante entra em cena outro bairro, o Jardim Europa, contíguo ao Jardim América. Ele foi projetado em 1921 por Hipólito

192 ZUELEIDE CASAGRANDE DE PAULA

Pujol Júnior,[1] e sua configuração é similar ao de seu vizinho de origem inglesa. Ao planejá-lo seu arquiteto buscou aplicar-lhe um traçado dentro da mesma concepção usada por Parker no Jardim América, inclusive, tendo esse como modelo. Não o mencionaríamos não fosse o fato de esse bairro ter participado do movimento reivindicador pela preservação de sua área e a do Jardim América. O movimento teve início por volta de 1973 e resultou em uma ação popular e mais tarde no processo de tombamento das áreas em questão.

Objetivamos analisar, portanto, os documentos que compõem a ação popular nº 277/80 instaurada por Geraldo Prado Guimarães, presidente da Sociedade dos Amigos dos Jardins Europa e Paulistano (Sajep), e outros contra a Municipalidade.[2] Também vamos estudar o processo de tombamento nº 23.372/85, que tramitou no Conselho de Defesa do Patrimônio Histórico, Arqueológico, Artístico e Turístico do Estado de São Paulo (Condephaat).[3]

Inicialmente, ao ter acesso ao processo nº 23.372/85, não foi possível entendê-lo, pois havia muitos documentos soltos, sem que se soubesse de onde vinham e a que se referiam. Somente com a localização da ação popular é que foi possível compreendê-lo. Não me restringi ao processo de tombamento, pois esse na verdade foi uma conseqüência da ação popular. O tombamento finalizou, em 1986, um processo de luta da comunidade que vinha desenrolando-se desde 1973.

Esses dois documentos processuais, portanto, serão os suportes para a exposição de como a história e o planejamento do Jardim América culminaram no tombamento não apenas de sua área, mas de uma extensão que

---

1 Informações sobre a vida e obra de Hipólito Gustavo Pujol Júnior constam nas notas biográficas.

2 Compunha a ação popular: um abaixo-assinado (1.044 assinaturas), várias reportagens e artigos de diferentes periódicos nacionais, documentos dos impetrantes, pareceres técnicos, depoimentos de pareceristas e técnicos de ambas as partes, e os recursos e ações apelatórias das partes – num total de 1.007 páginas agrupadas em cinco pastas.

3 O processo de tombamento nº 23.372/85 é composto de vários documentos. Inicialmente, à solicitação de tombamento dos Jardins América e Europa foi anexado o abaixo-assinado que consta da ação popular, os pareceres técnicos dos arquitetos José Carlos Ribeiro de Almeida e Victor C. Del Mazo Suàrez, cartas e telegramas de apoio, bilhetes trocados entre os membros da Sajep e da comunidade, atas de reunião do Conselho do Condephaat, pareceres de membros do Conselho e de técnicos, o relatório conclusivo do tombamento, num total de 497 páginas. Um ponto relevante a destacar é o fato de uma parte da documentação da ação popular ter sido incorporada ao processo de tombamento, como artigos de jornais, pareceres e depoimentos, além da lista dos postulantes da ação no abaixo-assinado.

compreendia os bairros de suas cercanias. O conjunto desses bairros criou o que a imprensa, e mais tarde todos aqueles que se referem à região, convencionaram chamar "Jardins".

É possível perceber que tanto a ação popular quanto o processo de tombamento apresentaram discursos e criaram documentos nos quais a singularidade do Jardim América é estendida a toda a área denominada Jardins. Essa área está representada no mapa abaixo, de acordo com a definição de área de atuação da Sajep.

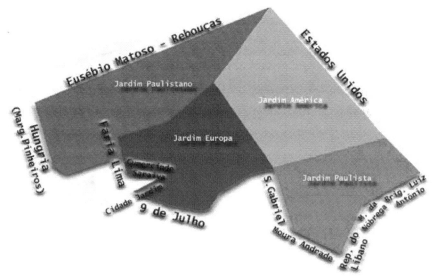

Figura 53 Mapa extraído do *site* da Sajep. Acervo: Arquiteto Malta Campos

A região dos Jardins herdou a tradição que caracterizava apenas a área do Jardim América, construída com base na originalidade do bairro. Porém, até mesmo isso era uma construção, visto que seu planejamento havia sido alterado ainda na década de 1930. Então, cabe perguntar: qual tradição o caracterizava? Como foi arquitetada e corroborada uma história celebradora, expressa desde o lançamento de sua área para venda dos terrenos por meio das propagandas? E ainda: como a originalidade de seu traçado e a tradição do Jardim América foi compartilhada com seu vizinho mais "nobre", o Jardim Europa, e os contíguos Jardins Paulista e Paulistano?

Essa trama histórica é constituída por muitos atos e, em sua base, está o coroamento do Jardim América como célula de identidade de uma área que fundiu sua história e traçado aos demais bairros, tornados bairros-jardins, sem que todos apresentassem as mesmas características.

194 ZUELEIDE CASAGRANDE DE PAULA

Embora este trabalho trate da história do Jardim América, de seu traçado urbano ao processo de tombamento, esse último acontecimento vincula-se ao nascimento da região dos Jardins, um "novo bairro", uma ilha verde protegida dentro de uma grande área urbana cujas características são totalmente opostas.

Objetiva-se, portanto, acompanhar a constituição da trama de relações que conduziram primeiro à ação popular e, posteriormente, ao processo de tombamento, cuja efetivação reafirmou a tradição do Jardim América,[4] que foi herdada por outras áreas. Afinal, que tipo de história e qual a memória que forjaram e, o mais importante, qual patrimônio se preservou para o Jardim América? Sua identidade foi tragada pela identidade do bairro Jardins ou, ao contrário, dele proveio a identidade dos demais? Outra questão a ser tratada refere-se ao mote do movimento dos moradores dos bairros-jardins, ainda mais que o último, além de residencial, passou, no final da década de 1970, a ser área de preservação ambiental.

A participação e o papel desempenhado pela comunidade do Jardim América ao longo do processo serão priorizadas, pois embora o Jardim Europa tenha liderado a ação pela salvaguarda das áreas, o papel do loteamento planejado pelo arquiteto inglês ocupou um lugar especial na história de preservação da região conhecida como Jardins.

A oposição público/privado: interesses e conflitos

Os moradores se organizaram sob a liderança da Sajep que, desde 1967, representava os Jardins América, Europa e Paulistano: "Sociedade dos Amigos dos Jardins América, Europa e Paulistano, foi fundada em 14 de dezembro de 1967. Sociedade sem fins lucrativos e apartidária, tem por objetivo estabelecer ação comum entre seus membros, visando a defesa e a promoção dos interesses do bairro" (Sajep, 1986, s.p.).

---

4 Essa tradição inventada se pauta nos escritos de Hobsbawn e na idéia celebrativa que caracterizou o Jardim América desde seu nascimento, com respeito a seu planejamento e em relação à autoria de Barry Parker. Na idéia de tradição, foram ignoradas as alterações realizadas na planta original, como exposto no capítulo anterior, embora tenha sido celebrado, durante toda a vida do bairro, o fato de ser ele o bairro-jardim que Parker planejou (Hobsbawn & Ranger,1997).

A CIDADE E OS JARDINS **195**

Tratava-se de uma comunidade fundada em pleno Regime Militar e com funções e interesses claramente definidos. A alta taxa de escolaridade do grupo permite mensurar seu grau de familiaridade no exercício de seus direitos e em fazê-los cumprir. A sociedade de amigos de bairro é um dos caminhos pelos quais a comunidade optou no exercício desses direitos civis. O texto que define o que é uma Sociedade Amigos de Bairros (SAB), para a comunidade, é uma cópia do manual da Empresa Metropolitana de Planejamento da Grande São Paulo S.A. (Emplasa).

As Sociedades Amigos de Bairros nasceram a partir dos anos 50, estruturadas por "seu caráter amplo, não religioso e apartidário". Podiam "se tornar eixo unificador das lutas de bairros, congregando o conjunto da população" (São Paulo (estado), 1985, p.79). Por essa definição podemos apontar uma diferença estrutural entre Comunidades Eclesiais de Bases (CEBs)[5] e as SABs. Enquanto as primeiras exerciam um inegável poder político dentro da sociedade brasileira, as segundas desempenhavam um papel de auxiliar na estrutura organizacional urbana, e seu caráter apartidário agradava os olhos vigilantes da repressão. Essas entidades ofereciam elementos para que as comunidades se organizassem a partir de sua realidade concreta e buscassem a solução de problemas imediatos e cotidianos mais ligados às necessidades básicas. De acordo com Luiz Eduardo Wanderley, foi o crescimento das cidades que "origin[ou] os *movimentos de bairros*, que almejam obter os serviços urbanos e melhorar a qualidade de vida do povo" (op. cit., p.118-9). Esse tipo de movimento manifestou-se de diversas maneiras: em grupos, instituições, associações e comunidades que, quase sempre, funcionavam em condições precárias, ancoradas no voluntariado.

---

5 Essas organizações tinham um cunho religioso e organizacional das camadas populares. Passaram a aparecer no seio da sociedade a partir de 1964, em razão do fechamento político do período, sendo a Comunidade o único caminho concreto de expressão e reivindicação. Para Francisco C. Rolim, as CEBs exprimiam a existência da Igreja no seio do povo simples e pobre, a vinculação entre ela e a sociedade era real. A ação dessas comunidades tinha uma implicação política, embora suas bases fossem religiosas, pois era o braço da Igreja antes autoritária e distante do povo, mas agora atuando em seu meio e propondo a participação. Além disso, eram organizações urbanas quase sempre periféricas ou de condições econômicas parcas. As massas populares, como denomina Rolim, ao se referir às classes pobres, conquistaram seu lugar na vida nacional nos campos econômico, social, religioso e político, pois as CEBs "ensinavam" seus membros a se organizarem, a reivindicar e expressar sua forma de ver a Comunidade em todas as suas esferas de atuação. As CEBs floresceram durante as décadas de 1970 e 1980, período marcado pela Ditadura Militar, bem como por profundas restrições políticas e controle social explícito. Dessa forma, as CEBs tinham o papel político de aglutinar grupos, interesses e reivindicações nas espacialidades urbanas desorganizadas (Rolim, 1980, p.89-114).

As CEBs datavam dos anos 30, mas foram sufocadas pelo governo getulista. Ressurgiram nos anos 60 e reestruturam-se nas décadas seguintes. Para Wanderley, que escrevia justamente nesse momento, a SAB seria um tipo de organização superada pelas CEBs, que respondiam às necessidades das comunidades carentes e dos movimentos de minorias, como os de mulheres e negros, oferecendo-lhes um espaço de atuação social, não disponível na sociedade de modo geral.[6]

O Guia de Apoio das Sociedades Amigos de Bairros, produzido em 1985 pela Emplasa e a Secretaria de Estado dos Negócios Metropolitanos do Governo do Estado de São Paulo traz informações detalhadas sobre como organizar uma SAB. Tal guia nos permite afirmar que o governo estadual procurava ressuscitar a SAB como forma de apoio aos governos municipais das cidades paulistas na organização dessas espacialidades. No manual explica-se toda a estrutura jurídica requerida e até o valor das mensalidades. Nas CEBs, o compromisso jurídico e financeiro era substituído pelos laços fraternos, religiosos e políticos, cabendo à Igreja o papel aglutinador e a representação jurídica, quando necessária.

Infere-se, pelo manual, que a SAB exigia organização prévia e certo grau de escolarização dos organizadores, além de excluir manifestações políticas e religiosas. Enquanto nas CEBs a Igreja, por meio dos seus dirigentes leigos, oferecia o suporte necessário para seu funcionamento, na SAB era preciso atender aos ditames legais. Diante desse quadro, podemos ver que a Sajep era uma Sociedade Amigos de Bairros, representava o interesse do grupo de moradores dos bairros congregados e tinha acesso, até mesmo, ao poder, ainda que ao de um Governo Militar.

Essa comunidade exerceu um papel político fundamental no exercício reivindicador da preservação da área conhecida como Jardins. Sua atuação foi pautada no direito civil, de acordo com o que preconizava o manual da

---

6 Nesse período, os dois movimentos foram adquirindo características próprias e seus problemas passaram a ser marcados por uma discussão maior: o gênero e, conseqüentemente, o combate à discriminação sexual; a reivindicação dos direitos de igualdade salarial, jurídicos e civis resultantes das alterações da Constituição de 1988, como a condição da família nuclear na sociedade do século XXI, envolvendo a responsabilidade pela guarda de filhos e o encargo de fornecer pensão ao cônjuge independentemente do sexo, além da aceitação da união estável após certo período de convivência sob o mesmo teto. Esses direitos também engajaram toda a sociedade no debate acerca da discriminação étnica e na polêmica sobre cotas para descendentes africanos nas universidades.

A CIDADE E OS JARDINS **197**

SAB, e no jogo de forças políticas que caracterizavam as elites. Essa atuação mostrou que a Sajep estava sustentada por instrumentos legais que somente uma comunidade letrada e ciente de sua condição social, de seu papel político e econômico, nas várias instâncias decisórias do País, teria para empreender tal reivindicação.

O papel da Sajep na organização e no encaminhamento da ação popular e, posteriormente, do processo de tombamento dos Jardins América e Europa foi decisivo para a preservação de suas áreas, dada a iniciativa dessa sociedade de amigos na composição de forças que encetaram a ação popular propriamente dita. Muito antes de 1980, ano em que foi impetrada a ação, a comunidade dos dois bairros foi incentivada a defender seu local de moradia, fato perceptível em reportagens e artigos veiculados pela imprensa desde 1973, quando a primeira ameaça concreta da abertura da área ao comércio se delineou. Tal quadro perdurou até o tombamento da área (1986), incluindo-se aí dois bairros que não participaram do processo reivindicatório.

A imprensa foi um fator decisivo para a organização e a ação dos moradores dos jardins América e Europa. O movimento foi organizado em um período de repressão política e tinha caráter popular, mas nem todas as sociedades de amigos ou CEBs tinham acesso à imprensa como demonstrou ter a Sajep. O caráter dessa sociedade elitista, no que se referia a seu propósito e à condição de seus membros, proporcionou esse acesso.

Não por acaso boa parte da documentação que compõe a ação popular e o tombamento é composta de material da grande imprensa. Um primeiro registro data de 18 de fevereiro de 1973, oportunidade em que o jornal *Folha de S. Paulo* publicou matéria na qual denunciava a invasão do Jardim Europa pelo comércio. Segundo a reportagem, as mais de trezentas famílias moradoras pretendiam entrar na justiça contra a Municipalidade em razão da mudança da Lei de Zoneamento, que transformava a Avenida Europa em corredor comercial, o que alterava sua condição de Z-1 (estritamente residencial) para Z-2 (propícia ao comércio)[7] e dividia o bairro em duas zonas distintas. Ainda se acusava a Prefeitura de estar cometendo uma ilegalidade ambiental. De acordo com a reportagem,

---

7 Na nova Lei de Zoneamento, a Z-2 poderia instalar qualquer tipo de comércio, desde o de carnes e acessórios até o de flores e tecidos.

desde o dia 19 de dezembro, quando alguns moradores – apesar de às voltas com a festa do Natal – viram, lá pelas 23 horas, alguns caminhões da Prefeitura com chapas frias e alguns de seus funcionários entrarem na antiga residência da Sra. Luba Klabin – na esquina da avenida Europa com a rua Alemanha – e iniciarem ali um processo de devastação das 85 árvores existentes naquele terreno de sete mil metros quadrados. Pinheiros e aléias foram cortadas no espaço de cinco dias. Em seu lugar, plantou-se grama, mas ainda é possível observar muitos buracos no chão por causa das árvores arrancadas. (Agora..., 1973, p.11)[8]

Os protestos iniciaram quando se soube da venda de terreno para comerciantes, que construiriam ali um supermercado no Jardim América, no cruzamento das ruas Colômbia e Groelândia, num terreno de 830 metros em frente à casa do industrial Bahij Gattás. Em 31 de março de 1973, outra matéria, intitulada "Ferraz suspende aprovação de construção nos Jardins",[9] informava ao leitor que diante da organização da comunidade, a Prefeitura havia recuado. A possibilidade da construção impeliu os moradores a fazer um abaixo-assinado para impedir o início das obras.

No caso do Jardim Europa, o bairro era ameaçado por um futuro *shopping center* no cruzamento da Avenida Europa com a Rua Alemanha, o mesmo lugar onde a comunidade acusava a Prefeitura de ter destruído o meio ambiente em surdina e a altas horas da noite, em frente à casa da sra. Madalena Manso e do sr. Marius Rathsam.[10] O alvará também foi suspenso. Os moradores exigiam que a Lei de Zoneamento fosse revista e que a área fosse, como há mais de cinqüenta anos, estritamente residencial.[11]

O prefeito da época, Figueiredo Ferraz, suspendeu "a aprovação de plantas e projetos de construção previstos para os chamados 'corredores de comércio diversificado'".[12] Porém, no caso do Jardim América, a reportagem da *Folha*

---

8 No processo de tombamento nº 23.372/85, p.357. Este agrega muitos documentos da Ação Popular, pois apresenta o movimento reivindicador desde o início da organização da comunidade para defender o bairro. O resultado final da Ação levou a Sajep a solicitar, junto ao Condephaat, o início do processo de tombamento.

9 No processo de tombamento nº 23.372/85, p.358. Esse artigo de jornal foi recortado e datado de sábado, 31 de março de 1973. Não há informação sobre a origem do jornal e a reportagem não foi encontrada nos jornais verificados no arquivo do Estado de São Paulo.

10 Marius Rathsam foi presidente da Sajep e morador do Jardim América desde 1930 (cf. Alto da Lapa era..., 2002, s.p.).

11 Processo de tombamento nº 23.372/85 p. 357; (cf. Alto da Lapa era..., 2002, p.11).

12 Processo de tombamento nº 23.372/85 p. 358, artigo de jornal recortado e datado de sábado, 31 de março de 1973. Não há informação sobre a origem do jornal e a reportagem não foi encontrada nos jornais verificados no arquivo do Estado de São Paulo.

informava que "o prolongamento das ruas é considerado como Z-2, o que permite a edificação e a instalação de casas comerciais", e que a proposta da Prefeitura era permitir a instalação de lojas selecionadas, destinadas ao público específico do bairro, com o que os moradores não concordaram. O jornal tentou, dessa forma, defender a posição da Prefeitura por ter aplicado ao bairro Jardim América a nova Lei de Zoneamento, alterando sua condição, mas diante dos protestos o prefeito reconheceu que não agiu de maneira correta e suspendeu os alvarás que autorizavam as construções.

O prefeito recebeu telegrama de Faria Lima "lembrando-lhe" que a inserção do comércio na região não era adequada, pois a medida viria "desfigurar as características daquele bairro, sendo necessário preservar a *área mais nobre de São Paulo, que serve de exemplo urbanístico para todo o mundo*'" (grifo nosso).[13] A publicação do telegrama espelha os enfrentamentos entre os que defendiam a inserção do comércio e os que queriam o bairro como permanentemente residencial, contenda também enfrentada pela Sociedade dos Amigos dos jardins Europa e Paulistano.

O Jardim Paulistano era contra a invasão do comércio em áreas próximas, uma vez que em seu próprio território isso já havia acontecido. As ações da Sociedade de Amigos eram integradas às dos grupos locais e defendiam suas preocupações, necessidades e benefícios, principalmente a idéia de manter a identidade dos bairros como residenciais e, no caso do Jardim Paulistano, de mantê-lo como estava, sem a inserção de novos edifícios.

Nas reportagens citadas, percebe-se que ainda não se consolidara a idéia de um único bairro – Jardins. Cada um é citado de forma independente e nominal, o que mudará com o decorrer da luta pela preservação.

Ainda na matéria de 31 de março de 1973 do jornal *O Estado de S. Paulo* (idem, *ibidem*), os jardins América, Europa e Paulistano eram tratados em suas unicidades e a identidade de cada bairro era mantida, como transparece no trecho relativo à suspensão dos alvarás: "A medida tomada pelo prefeito ontem atendeu aos interesses dos 25 mil habitantes dos jardins América, Europa e Paulistano, que recentemente iniciaram seu protesto contra a invasão comercial que ocorre atualmente naquela área". Sempre que os bairros eram citados, mantinham-se suas identidades, ainda que todos estivessem sob a liderança da Sajep: "Com o problema do supermercado no Jardim América e

---

13 Processo de tombamento n° 23.372/85, p.358; *O Estado de S. Paulo*, São Paulo, 31 mar. 1973.

o do *shopping center*, no Jardim Europa, parcialmente resolvido, os moradores dos 'Jardins' querem agora uma revisão na Lei de Zoneamento nos itens referentes àquela área" (idem, ibidem).

A construção da idéia dos "Jardins" como um novo lugar, que substituía cada bairro, tragava a singularidade de cada bairro-jardim, agregando todos como se fossem originários da mesma proposta urbanística. A partir dos indícios fornecidos pelos documentos, pode-se aventar que os Jardins, como área que designava uma região unificada na cidade, possivelmente se firmaram durante o período em que transcorreu a ação popular. Isso significa que, durante uma década, vez ou outra, essa área era citada nos meios de comunicação como Jardins e que de Jardim América e Jardim Europa passou a ser distinguida como "área dos Jardins", com sentido de somatória. No entanto, essa atribuição lentamente foi adquirindo características próprias, agregando os bairros em bloco que perfazia um único lugar.

Os paulistanos aderiram à denominação "Jardins" e unificaram a área que, de fato, possuía ruas arborizadas, sem comércio, moradias de padrão médio alto e predominância de residências ricas. Tudo isso ofereceu elementos para demarcar o território e atribuir-lhe outra identidade. Aos Jardins América e Europa foram agregadas as áreas dos jardins Paulista e Paulistano, já no final do processo de tombamento, concluído 13 anos após o início do movimento reivindicador. Para o momento, interessam-nos os Jardins Europa e América, estritamente residenciais e com uma arquitetura térrea e configurações espaciais aproximadas.

A menção aos jardins Europa e América, na imprensa, naquele momento, era perpassada por um jogo político que entremeava a construção da idéia de "Jardins", mas ia além dela. Pautamo-nos, para tal assertiva, na trama que envolveu a ação popular e conduziu ao tombamento, percebida nos documentos arrolados nesses dois processos jurídicos. Analisamos em um desses documentos, cuja característica era a denúncia, como se pronunciava a construção dos Jardins.

O jornal *Tribuna da Imprensa* (RJ), em 18 de abril de 1973, noticiou um conluio entre o prefeito Figueiredo Ferraz e o ex-governador Abreu Sodré[14] para mudar o zoneamento da cidade, de modo que o comércio fosse permitido no bairro Jardim Europa, o que era de interesse de empresários, entre eles o

---

14 A vida de Roberto Costa de Abreu Sodré está nas notas autobiográficas.

A CIDADE E OS JARDINS 201

próprio Sodré, ligado ao empresário Alexandre Kliot.[15] Tais forças econômicas e políticas estariam por trás da idéia de "plantar" um *shopping center* na área. O jornal destacava até o silêncio da imprensa, visto que não eram de conhecimento público os nomes dos responsáveis pelo negócio, que teria retorno certo. Um intertítulo da reportagem, "Novas investidas", descrevia as iniciativas de Sodré e Kliot na derrubada das 56 árvores que se encontravam há muitos anos no terreno em questão.

O jornal *Folha de S. Paulo* também noticiou a derrubada, porém informou que eram 85 árvores seculares – e não 56 —, às quais chamou de centenárias. Não foi possível precisar o número exato, mas a repercussão foi significativa para um período em que a preocupação ambiental ainda era pequena, para não dizer nula. O mais curioso é que não importava a derrubada das árvores e a natureza em si, mas a quem pertencia essa natureza, o quê ela proporcionava e a quem. A medida possibilitava um discurso alarmista, projeção do futuro do bairro. Se não houvesse uma mobilização da comunidade, toda a área verde dos dois bairros poderia desaparecer. A natureza aparece muito mais como um apoio para um dos lados do que como objeto de preocupação ambiental urbana, voltada para os benefícios coletivos e irrestritos de uma cidade profundamente caótica e cinzenta (Carneiro, 1999). A disputa pela inserção do comércio na área prosseguiu e a existência de uma denúncia e o pagamento de uma multa de 26 mil cruzeiros ao Serviço de Fiscalização Florestal não deteve os empresários. O passo seguinte foi definido por uma medida do prefeito Figueiredo Ferraz, que determinou o gabarito de construção, tendo como referência o "castelinho" da família Lafer, com 15 metros de altura, o que permitia a construção de um *shopping* com três andares, negociação que envolvia bilhões de cruzeiros, pois as luvas de cada loja montavam a quatrocentos milhões de cruzeiros e a mensalidade, a cinco mil cruzeiros para um conjunto de sessenta lojas.

As medidas de Ferraz favoreciam a dupla Sodré-Kliot, o que corrobora a proximidade insinuada pela *Tribuna da Imprensa*. O governador Laudo Natel, por sua vez, convocou a comunidade envolvida a enviar representantes para discutir o caso, atitude imitada pela Câmara de Vereadores, que discutiu amplamente as denúncias do matutino carioca sobre irregularidades na Lei de Zoneamento e benefícios à dupla de comerciantes. Os vereadores Carlos Ergas

---

15 Alexandre Kliot era empresário na cidade de São Paulo. Mudou-se para o bairro quando pretendeu nele investir construindo o *shopping center*, na esquina da Rua Alemanha e Av. Europa.

e Celso Matsuda solicitaram que os debates fossem sintetizados e enviados ao governo, ao Serviço Nacional de Informação (SNI) e à imprensa.

A polêmica continuou a ocupar as páginas dos diários. Em 11 de maio, *O Estado de S. Paulo* publicava novas críticas ao prefeito, alegando falta de esclarecimentos em relação às irregularidades denunciadas. No dia seguinte, outra nota no mesmo periódico informava que os moradores dos dois bairros entrariam com um mandado de segurança para impedir que a Rua Colômbia e a Avenida Europa se tornassem corredores comerciais. Em 25 de maio de 1973, a *Folha de S. Paulo* publicou a notícia sobre o recuo do prefeito e a revisão dos corredores comerciais no interior dos dois bairros.

Em 15 de outubro de 1975, a seção livre do jornal *O Estado de S. Paulo* publicou telegrama do presidente da Sajep, Geraldo Prado Guimarães, dirigido ao presidente da República, general Ernesto Geisel, que participaria da inauguração da Casa Manchete, no Jardim Europa:

> Quando aqui corre a notícia de que V. Excia. virá a São Paulo inaugurar Casa Manchete, permitimo-nos, respeitosamente, em defesa da comunidade local, ponderar que: 1° - A obra, edificada em bairro estritamente residencial, destina-se, na realidade, a abrigar escritórios e outras atividades comerciais. 2° - Apesar de intimada, pela municipalidade, a apresentar novas plantas da edificação, dado que as anteriores pouco têm a ver com a construção efetivada, persiste a manifesta má fé e burla da empresa ao implantar, em zona residencial, casa de negócios, mesmo sob o disfarce de edifício residencial, o que se positiva, entre outras evidências, pela ligação de 200 CV de força. Estas as razões, principais, para comprovar desrespeito às posturas municipais e causarem revolta à população ali residente, nos compeliram a levar ao alto conhecimento de V. Excia. Pesa-nos pensar que a visita de V. Excia. sempre tão honrosa para nós, possa vir a ser explorada como cobertura para uma iniciativa ilegal e enganosa. (Ao presidente..., 1975, s.p.)[16]

O presidente não veio a São Paulo, episódio que atesta a força política da Sajep. A atitude resguardou a postura do deputado Faria Lima e dos vereadores Ergas e Matsuda, políticos filiados à Arena, partido político do presidente, e que haviam se manifestado a favor do movimento de defesa do bairro. Pela imprensa, eles cobraram uma posição de Figueiredo Ferraz, e a vinda do Presidente da República só acirraria os ânimos (Almeida & Weis, 1998, p.334-7).

---

16 Na ação popular n° 277/80, p.258.

A CIDADE E OS JARDINS **203**

O Jardim Europa voltou à imprensa em 1977, no artigo do arquiteto Carlos Lemos "O MIS e os Ricos",[17] mas o Jardim América não, a não ser quando o autor trouxe à tona a área dos Jardins, que incluía o América. O referido texto está arrolado no processo de tombamento, datado de 28 de julho de 1977 e publicado pelo jornal *Folha de S. Paulo*, na seção Tendências/Debates.[18]

Nesse artigo, Lemos fez uma breve narrativa histórica do processo de alteração urbana na cidade de São Paulo, em virtude do crescimento e do progresso. Em seus argumentos, disse:

> "Os ricos sempre moraram bem, dentro dos padrões de conforto das várias épocas" (idem, p.203), e que suas residências eram sobrados espalhados pela cidade, mas em torno da Praça da Sé e do Pátio do Colégio. Argumentou que a classe média está "sempre sonhando com ascensões, envolvendo no espaço urbano os terreiros dos ricos. O povo das casas humildes se esparramando ao longo das saídas da cidade vivendo um pouco do campo, um pouco dos ofícios urbanos". (idem, ibidem)

Destacou, ainda, o crescimento que conduziu à "cidade nova" e enfatizou a existência das chácaras do Arouche, Glete, Northmann, Bouchard e os bairros Campos Elísios, Higienópolis e as chácaras Dona Angélica e Dona Veridiana, todas loteadas.

---

17 "O Museu da Imagem e do Som é um órgão da Secretaria de Estado da Cultura, foi criado em 29 de maio de 1970, através do decreto-lei 247. Sua finalidade é coletar, registrar e preservar o som e a imagem da vida brasileira, em seus aspectos humanos, sociais e culturais, constituindo-se em importante núcleo de difusão artística e educativa. Para sua criação foi formada, em 1967, uma comissão organizadora integrada por Ricardo Cravo Albin (ex-presidente do Instituto Nacional de Cinema e diretor do MIS do Rio de Janeiro), Francisco Luiz de Almeida Salles (assessor do governador Abreu Sodré), Paulo Emílio Sales Gomes (conservador da Cinemateca Brasileira), Avelino Ginjo (chefe dos repórteres fotográficos do Palácio do Governo), Maurício Loureiro Gama (jornalista) e Rudá de Andrade (professor de Cinema da Escola de Comunicações da Universidade de São Paulo). Após sua criação oficial, foi o Museu instalado a título precário na Rua Antonio de Godoy, 88, sede, à época, do Conselho Estadual de Cultura. Em seguida foi transferido sucessivamente para o Palácio dos Campos Elísios, para dependências na alameda Nothman, na Avenida Paulista e, em 1973, para uma casa alugada na Rua Oscar Pereira da Silva. A sede atual do museu, na Avenida Europa, foi adquirida por meio de processo de desapropriação da família Giaffone. O projeto de reforma do edifício, construído para servir de moradia, foi assinado por Roberto Fasano e Dan Juan Antonio. A sede do MIS foi aberta ao público a 27 de fevereiro de 1975, com a exposição 'Memória Paulistana'" (MIS: Museu da Imagem e do Som, s.d, s.p.). Em sua breve história, o Museu dedicou-se à criação de uma estrutura administrativa e à formação de um acervo representativo em sua especialidade.

18 Processo de tombamento n° 23.372/85, p.203-204; *Folha de S. Paulo*, São Paulo, 28 jul. 1977.

Ao longo de seu texto, Carlos Lemos ressaltou o fato de os ricos sempre defenderem seus direitos e exemplificou com o fato de o Código de Obras haver atendido às exigências da Companhia City. O arquiteto discorreu acerca das ruas, hoje corredores comerciais, que um dia foram locais tranqüilos de residências, como o caso da Nove de Julho. Porém, o crescimento da cidade culminou no deslocamento dos moradores para outros lugares, principalmente os ricos, visto que "não há cortinas e veludos que resistam à fumaça grudenta dos carros e ônibus que tudo enegrece. Há o barulho enlouquecedor" (idem, p.203-4). Mencionou o caso da Avenida Europa, no Jardim Europa, cujo fim, provavelmente, seria o mesmo da Rua Augusta e da Avenida Nove de Julho, pois

> Há o desconforto e esse é o destino da Avenida Europa. Rico não mora mal e ele aos poucos vai sendo expelido dali. Reclama, mas sai e vai procurar novos bolsões de silêncio e disso sabem muito bem os Gomes de Almeida Fernandes da vida. (idem, ibidem)

Em síntese, os ricos sempre morariam bem, fosse nos bairros-jardins ou em outro lugar por eles escolhido, mas aquela área verde, uma vez destruída, faria falta à cidade de São Paulo, o que justificava sua preservação. Se, por um lado, a defesa da área trazia implícita a garantia de regalias a uma elite profundamente privilegiada, por outro lado não defendê-la também trazia conseqüências, pois atingia a metrópole como um todo. Lemos advertia sobre a possível destruição da grande área verde. Destacava, sobretudo, seu valor ambiental e histórico, não somente pela sua condição exclusivamente residencial. É certo que preservar residências daqueles bairros significava preservar a história e a memória de uma elite que, embora tivesse um gosto duvidoso a respeito de arquitetura, legaria à posteridade sua forma de conceber moradias. Portanto, os enfoques ambiental e histórico eram realçados, mais que quaisquer outros:

> O zoneamento paulistano constatou esse grande "pulmão verde" que é toda essa baixada constituída pelos Jardins, que vai desde o Ibirapuera até a Rebouças e da rua Estados Unidos até a Faria Lima. Toda essa imensa zona residencial densamente arborizada constitui inegavelmente um patrimônio ambiental urbano que necessita proteção urgente e, disso, toda a população deve estar consciente. [...] Na verdade, é secundária a função residencial, a natureza e qualidade de quem habita a região. E mesmo a arquitetura local é sem interesse maior, pois é posterior ao ecletismo histórico, continuando, no entanto, a mostrar aquela natural variedade de soluções típicas dos anos vinte, onde predominavam os estilos "missões" especialmente as mexicanas, o neocolonial, o *art-deco* e outras soluções estilísticas exóticas.

A CIDADE E OS JARDINS   205

É certo que essa miscelânea de gostos e soluções arquitetônicas também representa um estágio cultural de nossa classe conservadora que habita o local e, portanto deve ser considerada como documento alusivo a uma época e a uma sociedade. E há, também de permeio, obras importantes de arquitetos de renome. Alguns exemplares podem mesmo ser considerados verdadeiros bens culturais.

Mas a grande massa de edificações é vulgar. Seria interessante a preservação de exemplares mais representativos, de conjuntos residenciais dignos de preservação com fins documentais. *O que deverá ser conservado a todo custo, porém, é o verde, o verdadeiro patrimônio, e, também, a escala, a taxa de ocupação dos lotes. Deverá, ali, ser mantido a todo custo o uso do solo estruturado em relação às características dessa região de exceção descoberta pelo "zoneamento"* (idem, ibidem) (grifo nosso)

Lemos tratou dos motivos que levaram certos moradores a abandonar um bairro por outro e trabalhou a idéia de preservação da área por motivos ambientais e históricos. Apontou razões diferentes das daqueles que, no fundo, queriam proteger sua ilha de silêncio, tema também abordado por ele, mas claramente posto em plano inferior em favor dos motivos relevantes: a preservação ambiental e histórica. Ele enfatizou o fato de os corredores comerciais serem instalados contra a vontade dos moradores, pois a fiscalização municipal fazia vistas grossas à invasão do comércio na área. Mesmo que não houvesse a oficialização do corredor comercial, na prática ele já existia, pelo fato de a Avenida Europa e a Rua Colômbia terem tornado-se ruas de maior circulação de veículos.

Observa-se, na ênfase dada por Lemos aos Jardins, que se deve considerar o meio ambiente e a arquitetura de importância histórica como motivadores de sua preservação, pois favoreceriam a qualidade de vida da cidade, a história do planejamento e dos moradores, razões bem diferentes daquela que, percebe o arquiteto, estava embutida na reivindicação dos habitantes dos bairros.

O outro problema é uso do bairro apenas para moradia, o cerne da organização dos moradores. Para ele, o uso não-residencial nos bairros poderia ocorrer, desde que fosse compatível com as áreas arborizadas, como galerias e lojas de arte, antiquários e outros estabelecimentos afins, o que voltaria a região para as artes. Chegou a sugerir até a existência de estacionamentos em áreas estratégicas – pois a grande circulação de veículos já comprometia o bairro —, onde igualmente poderiam ser construídos edifícios baixos racionalmente projetados.

Chegamos a um ponto crucial: observamos na postura de Lemos frente à imprensa uma posição contraria àquela defendida pelos moradores, pois ele, mesmo que não se pronunciasse enfaticamente, ainda assim defendia a abertura do Jardim Europa a outras funções, além da residencial. Identificamos, assim, mais um problema no decorrer desse polêmico processo que culminou com o tombamento dos Jardins, qual seja: a idéia da inserção do comércio nos bairros era contraditória. Carlos Lemos não se opunha radicalmente à entrada de atividades de caráter cultural nos dois bairros; os moradores tinham a seu favor a organização da comunidade, mas "seu sossego" era ameaçado pelas autoridades e por especialistas como Lemos. E há que se considerar o profundo conhecimento desse arquiteto ao tratar da questão. Seu posicionamento deixava evidente a relevância dessa área para a cidade de São Paulo, nos âmbitos urbanístico e ambiental, como demonstram suas convicções:

> Tudo isso será mesmo um sonho enquanto não houver conscientização popular do valor desse patrimônio ambiental. Todos, sem exceção, desde o proprietário hoje aparentemente atingido no Jardim Europa, até o operário, morador em casa autoconstruída na periferia, que transita por ali, todos deverão estar cônscios da importância dessa zona privilegiada e estar prontos a lutar, no futuro, contra os especuladores que surgirão subliminarmente tentando mudar as regras do jogo. Tudo não passará de um problema de educação, de um posicionamento cultural. Aqueles que defendem a permanência do MIS na Avenida Europa podem dizer que hoje não estão exorbitando porque garantem para aquele local um uso digno. (idem, ibidem)

Porém, a permanência do Museu da Imagem e do Som (MIS) na área do Jardim Europa trazia implícita a entrada das atividades culturais – de certa forma, uma solução para o impasse dos corredores que ameaçavam a "ilha de sossego". Isso não atendia às reivindicações plenas das autoridades, tampouco às dos moradores que defendiam o bairro. Observa-se, também, que o artigo enfatizava o Jardim Europa.

A defesa do valor da área urbana como patrimônio ambiental era, para o período, uma idéia inovadora vinculada a um processo educacional necessário para que se pudesse ter dimensão do mérito de sua preservação. Se, para Lemos, estava clara a necessidade de vincular preservação à educação – meio pelo qual se formaria uma consciência ambiental urbana nos citadinos —, é porque naquele momento essa consciência não existia, o que revela o quão impreciso seria afirmar que havia uma consciência preservacionista na população paulistana que sustentasse posteriormente o embasamento teórico-jurídico da ação popular.

Portanto, o tema ambiental urbano estava no cerne da preservação dos jardins Europa e América, do ponto de vista do arquiteto, pois sua lógica profissional o conduzia a esse raciocínio, ao passo que as duas comunidades, provavelmente, não estavam muito preocupadas com essa questão. Poderiam não dimensionar o significado de uma ação efetivamente ambientalista ou não querer dimensionar, já que a defesa das áreas pautada no mote preservacionista atendia aos objetivos mesmo que não se conhecessem a fundo as idéias propostas pelas concepções ambientais.

Tudo indica que a comunidade organizada na Sajep tinha claro que, a seu dispor, havia esses dispositivos como instrumento para atingir o fim primeiro que era preservar sua "ilha de silêncio", com a qualidade de vida usufruída desde o nascimento do bairro, mesmo os que para lá foram em busca de sua exuberância, quietude e bem-estar. Preservar fazia parte do cotidiano dessa comunidade; a própria paisagem era um dos mais contundentes exemplos dessa preservação. Entretanto, faziam-no pelo seu bem-estar, pela relação próxima com a natureza, cujo aconchego é notório nos registros de imagens fotográficas feitas para destacar os pássaros que habitam o lugar e que foram compor a documentação da ação popular. Há registros de aves como sabiás, beija-flores, bem-te-vis e outros não-identificados. Foram fotografados nos jardins das residências, em gramados, arbustos e arvoredos como símbolos de preservação da natureza e da destruição de um nicho ambiental urbano ameaçado pela liberação dos bairros à entrada do comércio.

Em oposição àqueles que defendiam a manutenção do bairro como estava, havia os que tinham interesse em implantar o corredor comercial, e também a esses eram dirigidos os apelos de Lemos, quanto à preservação da área do modo como se encontrava. Sem dúvida, o gorjeio dos pássaros é ouvido nos finais de semana por nós passantes, quando as ruas ficam sem tráfego intenso de veículos, tornando a paisagem um deleite para olhos e ouvidos. Seus moradores devem perceber essa natureza em comunhão bem mais próxima em seus amplos e floridos jardins.

É possível considerar que o movimento de defesa dessas áreas fundamentava-se na necessidade de manter esse lugar aprazível como estava, ou na própria condição do morador do lugar, que não desejava vê-lo invadido pelo tráfego de veículos que os corredores atrairiam. Cabe indagar: até que ponto os habitantes estavam conscientes do significado ambiental urbano da preservação das áreas verdes para o todo da cidade? Há que se questionar

208 ZUELEIDE CASAGRANDE DE PAULA

essa conscientização, ainda mais que essas comunidades deveriam estar familiarizadas com o despertar preservacionista.

Esses defensores do lugar sabiam fazer uso das informações a sua disposição e buscar na lei meios para resguardar seus interesses. O discurso ambiental serviu de instrumento para alcançar esse fim. Parece que a necessidade de proteger a área da invasão do comércio estaria somente vinculada à idéia de preservar a ilha de conforto, garantindo a qualidade de vida das duas comunidades, independentemente do valor ambiental real que a área urbana pudesse ter. O quadro dos movimentos e idéias ambientalistas no Brasil, durante as décadas de 1970 e 1980, permite-nos enunciar que esse debate ambientalista era restrito, quando trata da sociedade em termos gerais.

O ambientalismo no Brasil tem uma longa história, aponta a historiadora Zélia Lopes da Silva. Sua difusão ocorreu a partir da década de 1980, mas só atingiria de fato toda a população brasileira nos anos 1990.[19] Portanto, quando as comunidades dos jardins América e Europa chamaram a atenção para as suas áreas em protesto realizado contra a Prefeitura, tornaram-se pioneiras nesse tipo de reivindicação frente ao quadro que se desenhava no País sobre o assunto. Tratava-se de um tema relevante nos países europeus e norte-americanos, mas no Brasil era parca a reflexão acerca da temática. No âmbito da educação, debatia-se a forma de propagar tais idéias por meio de grades curriculares nas escolas públicas.

Em razão dos debates internacionais sobre a Amazônia, foco de constantes denúncias de organizações internacionais, a questão entrou, ainda que

---

19 A esse respeito o trabalho de Zélia Lopes da Silva, *As percepções das elites brasileiras dos anos de 1930 sobre a Natureza: das projeções simbólicas às normas para o seu uso*, apresenta um debate que envolve a natureza e meio ambiente. A autora diz que "embora já houvesse uma infra-estrutura no País para cuidar das questões ambientais, ainda era muito precária e estava aquém das necessidades efetivas" (p.207). O texto apresenta um quadro a respeito da legislação e do espaço ocupado pelas preocupações com a natureza e o meio ambiente, expresso na legislação em vigor entre 1930 e 1937, e os debates desse período destacam as seções jornalísticas voltadas para a natureza e sua proteção. O debate encontrava-se na esfera da legislação e entre intelectuais e ativistas. Contudo, é possível constatar que mesmo que o País tenha tratado desse tema com atenção e destaque durante períodos anteriores, a massificação das questões ambientais só ocorreria nas décadas de 1980 e 1990. Neste momento a consolidação das Organizações Não Governamentais (ONGs), a fiscalização das leis ambientalistas e até mesmo a disputa de políticos por temas ambientais em suas plataformas eleitorais denota o quanto tornou-se um tema socialmente amplo. Os jornais televisivos passaram a apresentar denúncias de toda ordem em suas reportagens, as novelas e toda a mídia elegeram o meio ambiente, tornando-o tema de alcance nacional e na pauta de toda a sociedade.

A CIDADE E OS JARDINS 209

timidamente, na agenda local,[20] mas os trabalhos acadêmicos voltados para o setor ambiental eram poucos. Para que se possa avaliar esse quadro, lembre-se que, em 1973, a problemática ambiental aparecia nos jornais brasileiros como assunto secundário, em espaços pouco expressivos. Somente em 1979, cogitou-se a proposta de criação do Ministério do Meio Ambiente. Em setembro desse mesmo ano, o ecologista Ignacy Sachs participou do Seminário de Altos Estudos com respeito ao Ecodesenvolvimento, oportunidade em que apresentou sua proposta sobre o tema, noticiado em matutinos de todo o Brasil.

Em 1987,[21] portanto oito anos depois, realizou-se o I Seminário Nacional a respeito da Universidade e Meio Ambiente, a fim de iniciar o processo de integração entre as ações do Sistema Nacional do Meio Ambiente e do Sistema Universitário. Nas universidades esse debate estava começando; para a população em geral, era algo ainda muito distante do cotidiano. Isso não quer dizer que a universidade tenha sido sempre vanguarda de debates relevantes para a sociedade: tanto não era que, na segunda metade da década de 1980, o movimento promovido por Chico Mendes no estado do Acre, em defesa das florestas, obteve apoio das imprensas nacional e estrangeira, e seu assassinato, em 22 de dezembro de 1988, repercutiu em todo o mundo, obrigando aqueles que desconheciam o tema a inteirar-se a respeito. A morte do líder acreano levou à televisão brasileira, pela primeira vez, em horário nobre, a questão ambiental como tema de importância política, inclusive internacional, o que de certa forma influenciou até internamente, pois a preocupação com o meio ambiente tomou força (Paula, 1988, p.157). Nesse momento, as publicações relativas aos problemas ambientais no Brasil eram escassas e as existentes restringiam-se às áreas de Biologia e Direito.[22]

---

20 O livro-reportagem de Edilson Martins, lançado em 1981 e apresentado por Darcy Ribeiro, foi uma denúncia da entrada das multinacionais e da exploração desenfreada da Amazônia como a última fronteira de floresta natural, em processo de destruição, sem que o governo brasileiro adotasse uma posição a respeito e se tomassem medidas de ocupação com vistas ao aproveitamento das potencialidades da região, de forma a se promover uma ocupação sustentável da floresta. Enfim, constituía um grito de socorro pela Amazônia em chamas (Martins, 1981, passim).

21 Os bairros que compõem os Jardins foram tombados em 1986.

22 Fora das áreas do Direito e da Biologia, raros eram os trabalhos existentes. O mais conhecido foi o de Gilberto S. de Almeida: *Batendo na tecla de meio ambiente*, publicado, em 1984, pela revista *Universidade e Sociedade*. Na área de Sociologia, há *Questões Agrárias e ecologia: crítica da moderna agricultura* (1981), de Francisco Graziano Neto, voltado para as questões dos movimentos sociais; uma síntese dos movimentos ambientais no Brasil intitulada *O movimento ecológico no Brasil (1974-1986)*, de Eduardo J. A. Viola; na área de História, o pioneiro é *Os Guerreiros do Arco-Íris*, de Jozimar Paes de Almeida, publicado em 1987 pela editora Papirus.

210 ZUELEIDE CASAGRANDE DE PAULA

O movimento em defesa dos Jardins América e Europa pode ser apontado como a vanguarda de uma proposta preservacionista de traçado urbano, visto que, além de ser inovadora, ao tomar como eixo discursivo o meio ambiente, ainda tratava da preservação de áreas verdes urbanas e da preservação do traçado, algo totalmente inusitado para a época.[23] O singular estava em preservar ruas e praças urbanas em razão da vasta arborização que apresentavam e em garantir a imutabilidade de seu desenho.[24]

A formação intelectual, o poder econômico e social dos integrantes da Sajep afiançou o discurso ambiental que pautou a primeira atitude concreta desse grupo, materializada na ação popular. O uso desse suporte demonstra que somente as camadas ricas da sociedade conheciam o peso político do discurso ambiental, a ponto de usá-lo a seu favor. Ressaltar o nível educacional e informacional dessa comunidade se faz necessário, com o propósito de apontar o quanto sua qualidade de vida estava diretamente ligada à consciência de sua condição social e ao nível de informação que tinha a seu dispor, além dos instrumentos que possuía para atingir seus objetivos.

A organização das comunidades dos jardins América e Europa aconteceu de dentro para fora, ou seja, nasceu em seu bojo, em virtude da defesa de seus interesses. Mesmo se considerarmos que os argumentos ambientalistas tenham se pautado nas características urbanísticas, com respaldo no Direito e na Constituição Brasileira, sob a orientação dos advogados da Sajep, ainda assim não podemos negar o pioneirismo desse movimento.

Retomando a difusão nos jornais do movimento liderado pela Sajep, em 12 de outubro de 1979, *O Estado de S. Paulo* publicou a matéria "Cogep examina a lei que muda o zoneamento". Proporcionava-se à sociedade paulistana outra

---

23 O Condephaat havia tombado nove áreas de núcleo e áreas urbanas. Entre 1967 e 1970, tombou o núcleo urbano de Cananéia e São Sebastião; entre 1972 e 1975, Iguape e Aldeia de Carapicuíba; entre 1979 e 1980, aglomerados humanos de Picinguaba e o núcleo urbano de Iporanga. Todos esses núcleos se localizam no estado de São Paulo, mas nenhum em sua capital. Quanto às áreas naturais e paisagem, de 1967 a 1980, haviam sido tombados o Bosque de Jequitibás, em Campinas; o Parque das Monções, em Porto Feliz; Pedreira e Varvitos, em Itu; o Bosque Universitário, em Campinas; o Horto Florestal e o Museu E. N. Andrade, em Rio Claro; o Jardim da Luz e o Jardim do antigo Palácio Pio XII, em São Paulo. Somente entre 1980 e 1982, o Parque Siqueira Campos, no alto da Avenida Paulista, foi tombado. A preocupação de tombar priorizava as áreas verdes de bosques e parques. (Rodrigues, 2000, p.168-179)

24 Foi exatamente como "traçado urbano, vegetação e linha demarcatória" que os jardins América e Europa foram tombados e registrados, como destacou Marly Rodrigues ao relacionar os bens tombados pelo Condephaat entre 1969 e 1987. (Rodrigues, 2000, p.179)

A CIDADE E OS JARDINS 211

sugestão de zoneamento procedente de Aureliano de Andrade. O projeto de lei 132/79, proposto pelo vereador, voltava a pôr em risco a condição residencial dos jardins América e Europa. O projeto de lei tinha em vista modificações no zoneamento em diversos pontos da cidade e novamente tratava da área pertencente aos dois bairros.

O periódico noticiava, ainda, que o vereador parecia favorecer, no conjunto da lei, a ocorrência de negociações escusas, que envolviam um terreno de um milhão de metros quadrados em Heliópolis, cuja área era destinada à reserva verde. Isso também beneficiaria os proprietários das áreas atingidas, no caso dos corredores dos dois bairros, os moradores da Avenida Europa e Rua Colômbia. O vereador Benedito Cintra, por sua vez, informou ao jornal que o projeto havia sido votado com simples leitura por parte dos vereadores. Muitos deles não sabiam no que votavam, caso de Francisco Gimenez. Diante do novo fato, no dia 21 do mesmo mês, a Sajep protestou nos jornais. *O Estado* informou que os moradores tratavam o assunto com, o agora prefeito, Reynaldo de Barros, visto que já haviam tentado audiência com o prefeito Olavo Setúbal, sem sucesso. Geraldo Prado Guimarães dizia que a região era protegida por seus moradores, porém existiam aqueles que defendiam seus imóveis. Os que eram pela permanência do bairro como residencial tinham medo de se manifestar, para evitar desagravos. Foi além e explicou os temores dos residentes:

[eles] têm medo de assumir publicamente suas posições. O motivo são as represálias contra alguns moradores, em épocas passadas, com casas apedrejadas e muros pichados. Eles defendem uma causa diferente daquela que une os proprietários na rua Colômbia e avenida Europa. "O lucro que reivindicam para seus imóveis, como o comércio, representará a perda da nossa tranqüilidade de bairro residencial", afirma o presidente da Sajep, Geraldo Prado Guimarães. (Moradores denunciam..., 1980, s.p.)[25]

Entre os moradores que se intimidavam estava Thelbas José de Vasconcelos Relin (idem, ibidem),[26] que se dispôs a tratar da situação dos bairros, desde que não publicassem seu local de moradia e, embora tivesse a ousadia de

---

25 Na ação popular nº 277/80, p.274.
26 Thelbas José de Vasconcelos Relin era médico neurologista, naturalista, nacionalista e defensor da saúde pública. Além disso, foi parecerista técnico do prefeito Olavo Setúbal.

falar, confessava: "Tenho medo". Todos estavam dispostos a lutar contra a iniciativa de Reynaldo de Barros, mas isso não os isentava da perseguição dos outros moradores a favor da aprovação da nova lei. O jornal informa que

> Foi um documento seu, contudo, que "contribuiu para que o prefeito Olavo Setúbal decidisse pela manutenção do uso residencial dos 'Jardins'".
> As denúncias que fez naquela época ainda são válidas, afirma Thelbas José: "A área verde existente nos Jardins proporciona melhoria de vida não só aos moradores, mas também a toda comunidade de São Paulo, preservando-lhes a saúde física e mental, não podendo, por isso, ser destruída com o dinheiro ou as vantagens dos comerciantes ambiciosos e inescrupulosos".
> Como os demais moradores, Thelbas José não encontra justificativa para a reportagem sobre o prefeito, na "Manchete". "Não sei o que o dr. Reynaldo fez de tão bom, para a revista ou para a cidade, que mereça tantos elogios". (idem, ibidem)

Observa-se que os moradores estavam intranqüilos, pois a qualquer hora suas residências poderiam ser atacadas. Thelbas Relin, por exemplo, negou-se a dizer em que bairro morava, mas retomou o tema Casa Manchete, que ameaçava os bairros desde 1975. Explicavam-se, então, as razões da matéria elogiosa que a revista *Manchete* fizera a respeito do prefeito Barros. A Casa Manchete visava ter o prefeito a seu lado, visto que pretendia garantir seu lugar no bairro-jardim. No entanto, Guimarães avisou que lutaria contra esse projeto de lei até mesmo depois que estivesse aprovado. A força que o grupo contrário à defesa do bairro encontrara na imprensa e no apoio político obtido, a ponto de ameaçar vizinhos defensores do bairro, era um ponto polêmico.

Entretanto, não tardaria a acontecer a aprovação da nova Lei de Zoneamento. Reportagens em diversos jornais traziam informações sobre esse possível acontecimento. A *Folha de S. Paulo*, na seção Noticiário Geral, publicava a matéria "CULTURAS: Av. Europa: moradores são contra 'corredor'" (Avenida..., 1979, s.p.),[27] que tratava da Comissão pela Preservação do Verde nos Jardins,[28] organizada por Marilisa Rathsam e da oposição de proprietários da Avenida Europa em relação à preservação da rua.

---

27 Na ação popular n° 277/80, p.260.
28 A Comissão pela Preservação do Verde nos Jardins era composta por membros da Sajep e originária do movimento que defendia os jardins América e Europa.

A CIDADE E OS JARDINS 213

Essa é a primeira matéria que apresenta a contestação ao tema preservar. Com exceção do artigo de Carlos Lemos em 1977, que tecia comentários a respeito daqueles que não compreendiam o valor ambiental e histórico da área verde dos Jardins, as reportagens anteriores nada mencionavam; eram todas de apoio ao movimento.[29] A notícia apontava o descontentamento de moradores que já conviviam com o corredor comercial na prática, sem que houvesse sido regularizado pela lei. Sem a legalização, esses moradores não conseguiam se desfazer do imóvel, pois não podiam vendê-lo para o comércio, mas a rua já era barulhenta demais para moradia. Esses proprietários ficaram desarmados e, diante da situação, resolveram se manifestar. O jornal informa que existiam residências na Avenida Europa com faixas favoráveis ao corredor. Numa delas, lia-se o seguinte: "Senhor prefeito, somos favoráveis à flor, amor e corredor"; em outra: "Corredor já é de fato, queremos o ato". O periódico calculava em cinqüenta o número de proprietários insatisfeitos com a onda de preservação.

De fato, as residências exibiam faixas com protestos. Um recorte de jornal que compõem a documentação da ação popular apresenta uma imagem frontal de uma residência na qual há uma faixa cujos dizeres ("Defesa do verde, abaixo os corredores") levaram o jornal a publicar acima da imagem o destaque: "'Corredor' agita jardim Europa". Observa-se, no entanto, que o jornal não dispensava o mesmo espaço àqueles que defendiam a entrada do corredor, visto que a notícia, com imagem, referia-se à defesa da área. À posição de defesa do corredor comercial era dado o direito de expressão, mas não havia imagens, não se retratavam as faixas contrárias, apenas o conteúdo de duas delas.

Por um lado, a julgar pela quantidade de reportagens sobre a defesa da área, tem-se a idéia de que a imprensa também defendia a salvaguarda do bairro e ocultou, ou não destacou, a reação dos contrários.[30] Por outro lado,

---

29 É importante assinalar que os jornais *Folha de S. Paulo* e *O Estado de S. Paulo* foram pesquisados durante o período em questão e não foram localizadas outras reportagens senão aquelas que a ação popular e o processo de tombamento têm anexadas às suas documentações. Tudo indica que foi realizado um levantamento minucioso durante a ação judicial, tanto por parte dos que defendiam a área verde, quanto daqueles que desejavam os corredores comerciais, pois as matérias foram todas juntadas como documentos ao corpo das peças processuais.

30 Não foi possível constatar se houve veto à imprensa a respeito dos opositores. Porém, é sabido que a imprensa foi censurada durante toda a década de 1970. Se os opositores se organizaram a partir de 1979 e somente nesse momento começaram a aparecer, também não foi possível constatar, pois não há na ação popular ou no processo de tombamento nada que informe a esse respeito. A entrevista poderia desfazer a dúvida, mas optamos por não entrevistar os envolvidos, pois esse procedimento metodológico exigiria um tempo indisponível dentro dos prazos institucionais para a pesquisa.

a imprensa acabou por noticiar a condição dos opositores, especialmente a partir do momento em que os corredores contaram com o apoio das forças políticas da Câmara Municipal da época e do próprio prefeito.[31]

A reportagem mencionada é significativa, pois trata do abaixo-assinado que reivindicava a não-implantação do corredor comercial e destacava a liderança de Marilisa Rathsam:

> Nosso protesto – disse Marilisa – é fundamentado no artigo 28 da Lei Municipal nº 7.805, que afirma que um projeto de alteração das zonas residenciais da Capital deve contar com a anuência expressa dos proprietários cujos lotes representem, no mínimo 75% da área total das quadras atingidas pela alteração; a instalação do "corredor" comercial é desejo de não mais que 50 proprietários de casas na avenida Europa (que teriam seus imóveis supervalorizados), enquanto mais de mil donos de lotes da região são contra o projeto.

A entrevistada ancorava-se na lei, mas confirmava a reação à idéia de preservação do bairro. O movimento era mais forte no Jardim Europa, pois não apareceram, em nenhum momento, manifestações de moradores do Jardim América contrários à transformação da Rua Colômbia em corredor comercial. Um excerto da reportagem diz:

> a iniciativa de colocar faixas sobre o problema dos corredores comerciais nos muros das residências tem como objetivo principal "sensibilizar as autoridades e a própria população sobre o perigo da implantação de mais um corredor comercial na área dos Jardins, que viria a poluir o bairro, atualmente a única área verde entre a avenida Paulista e o Morumbi".

A área mencionada como Jardins trazia em si a unicidade de um bairro, embora se referisse a uma região. Iniciava-se a morte dos bairros para manifestar-se a singularidade de um lugar, cuja completude era dada pelo movimento de defesa da área. Além desse fator, o conteúdo do fragmento confirma a desinformação da população e mostra como havia mudado o teor dos argumentos

---

31 1979 foi um ano singular naqueles anos de ditadura, pois o Congresso aprovou a Lei de Anistia, e os brasileiros exilados iniciaram sua volta ao País. Também aconteceram a extinção do bipartidarismo e a reforma partidária, além de ser o ano da generalização das greves em várias categorias, com a intervenção do Ministério do Trabalho no Sindicato dos Metalúrgicos, que culminou com a prisão de Lula. Também nesse ano, o último dos generais, João Batista Figueiredo, tomou posse na presidência da República (Skidmore, 1988, passim).

expressos pela imprensa e pelos moradores que, nesse momento, valiam-se com mais freqüência da questão ambiental, diferentemente das reportagens dos anos 1973 e 1975. Naquela época, a comunidade e a Sajep tinham organizado seus fundamentos de defesa a partir da característica predominantemente residencial dos dois bairros. Em 1979, o discurso ambiental era mais presente e aparecia até mesmo nas faixas colocadas em frente às residências: "Defesa do verde, abaixo os corredores" e "Do governador e do prefeito depende o verde dos jardins".

O Estado de S. Paulo anunciava: "Confirmada a transformação nos Jardins". A informação dizia que a Lei de Zoneamento havia sido aprovada e que a Rua Colômbia e a Avenida Europa integrariam os corredores comerciais, mas havia ressalvas. As restrições foram transmitidas pelo coordenador da Cogep e secretário-executivo da Comissão Especial para Questões de Zoneamento, Cândido Malta Campos. Seu teor confirmava a declaração dada pelo secretário da Secretaria Municipal da Habitação (Sehab) segundo a qual a Prefeitura não atenderia os moradores.

A mesma reportagem trazia um subtítulo, "moradores protestam", que esclarecia acerca do descontentamento da comunidade. Cogitava-se em recorrer a uma ação popular, para o que havia sido contratado um novo advogado, Modesto Carvalhosa. Sobre o tratamento dispensado aos reclamantes, lia-se:

> Fazem questão, por exemplo, de desmentir a afirmação de Cândido Malta, que alegou não tê-los recebido porque faltaram ao encontro marcado. A acusação de que este é um movimento de "grã-finos" também não é aceito. Um dos membros do grupo afirmou que "este é um problema que vai além do simples fator financeiro, pois está em jogo a preservação de uma das últimas regiões da Capital onde o verde é respeitado". (Confirmada..., 1980, s.p.)[32]

Há tempo o grupo que compunha a Comissão pela Preservação do Verde nos Jardins organizara-se e conscientizara os moradores dos bairros a respeito de salvaguardar a condição de áreas verdes urbanas que os caracterizava. A idéia de preservação ambiental vinha sendo defendida pela comissão desde o final de 1978, portanto era natural que se sentissem agredidos e retrucassem a fala de Malta Campos.

---

32 Na ação popular n° 277/80, p.262.

Por parte do movimento de defesa dos Jardins, a luta pela não-inserção do comércio na área ainda não havia acabado. Assim, no dia 8 de janeiro de 1980, o jornal *A Folha da Tarde* publicou a matéria "Moradores dos Jardins: novo protesto", segundo a qual os moradores não desistiram da defesa da região e estavam reunidos com Pedro Tadei, do Instituto dos Arquitetos do Brasil (IAB) na tentativa de encontrar uma solução. Outro arquiteto que se pronunciava era Benedito Lima de Toledo, diretor do IAB, para quem

> a Prefeitura ficava a reboque de interesses econômicos refazendo leis à medida que estes se modificavam. Os direitos do cidadão não são respeitados; pelo contrário, são derrubados quando mudam os governos antes, o qual traz prejuízo também para a cidade, que deixa de ter um traçado diferenciado. (Moradores dos jardins..., 1980, s.p.)[33]

Além da posição desses dois arquitetos, a matéria sobre o abaixo-assinado daria suporte às reivindicações da comunidade no caso da ação popular. Confirmava-se a existência do abaixo-assinado e a liderança das mulheres, tendo à frente Marilisa Rathsam, Beatriz Freitas Vale, Beatriz Brotero de Barros, Madalena Manso Vieira, Helena Pacheco e Silva, Dora Pascovitch, Matilde Kaufman, Maria Aparecida Brecheret e outras senhoras.

É curioso, no entanto, que no dia 17 de fevereiro de 1980 o jornal *O Estado de S. Paulo* tenha publicado a matéria intitulada "Corredores trarão prejuízo, diz arquiteto", com o seguinte conteúdo:

> Quando Barry Parker, arquiteto e urbanista inglês, projetou o bairro do Jardim América, no início desse século, ele pretendia dar uma característica repousante à região, condizente com sua origem de chácaras e matas naturais. A Companhia City, executora de loteamento, fez uma série de exigências urbanísticas aos futuros ocupantes do empreendimento e conseguiu pleno apoio do prefeito da época, Fábio Prado. O acordo, então informal – um compromisso de honra —, posteriormente concretizado em lei, foi rompido no final dessa semana pelo prefeito Reynaldo de Barros. (Corredores..., 1980, s.p.)[34]

---

33 Na ação popular n° 277/80.
34 Na ação popular n° 277/80, p.263.

A CIDADE E OS JARDINS 217

Ao destacar o compromisso de honra do prefeito Fábio Prado e o rompimento por parte de Reynaldo de Barros, o leitor era levado a pensar a propósito da mudança de valores. Outra questão considerável é o fato de esse veículo de comunicação ter diligenciado os interesses dos moradores dos bairros em questão, dada a forma como organizou suas matérias e as autoridades que buscou para sustentá-las. A notícia trazia entrevista com Benedito Lima de Toledo, que se colocou radicalmente contra a nova lei, cujo resultado "comprova, mais uma vez, que São Paulo era controlada pela especulação imobiliária" (idem, ibidem).

Toledo manifestou-se em outros trechos da matéria, sempre enfatizando a força do capital imobiliário nas decisões da Prefeitura. Também retomou a história do Jardim América e tratou de sua localização distante da cidade na época em que foi loteado, assim como salientou a dificuldade da Companhia City para vender os lotes, pela distância do centro urbano e o constante alagamento. Destacou o fato de a City ter adotado o "plano 'inorgânico', como se as ruas fossem alamedas de um vasto jardim" (idem, ibidem), exemplo seguido pelos bairros vizinhos.

Um dos pontos relevantes da matéria é o fato de somente naquela ocasião, quando a nova Lei de Zoneamento estava para ser votada – e todos sabiam que seria aprovada, como foi, em razão dos muitos interesses envolvidos (do prefeito Reynaldo de Barros e dos vereadores) —, a imprensa ter recorrido à história do Jardim América para justificar a retirada do corredor comercial de seu território e das cercanias, o que incluiria o Jardim Europa.

Outra questão fundamental é o fato de os jornais não noticiarem residências do Jardim América estampando faixa contra os corredores, porém há mais de um jornal que mostrava residências ostentando faixas sobre o corredor do Jardim Europa – como os exemplos do artigo "CULTURAS: Av. Europa: moradores são contra 'corredor'" e do artigo "CULTURAS"[35] que defendia o verde, mas em ruas do Jardim Europa. A faixa em frente a um prédio de esquina continha os seguintes dizeres: "Governador e Prefeito, defendam o verde dos Jardins cujo abaixo-assinado já conta com mais de 1.000 casas". Abaixo desse texto está estampada a lei 7.805 artigo 28, que trata do tema em questão. Depois dessa imagem o jornal figura um pequeno texto que diz: "Paredes ostentam faixas reivindicatórias".

---

35 *Folha de S. Paulo*. Noticia Geral. Culturas.

Em determinados momentos, somente os moradores do Jardim Europa aparecem como defensores de sua área; o outro bairro nem é mencionado. A participação do Jardim América, quase a reboque do Jardim Europa, nos faz pensar se realmente esse bairro tinha tanto interesse em tombar sua área, como quis demonstrar a documentação que compõe a ação popular e o processo de tombamento. Para a população do Jardim Europa, não havia a necessidade de tal pergunta, pois ela não se deu por vencida, permaneceu buscando saídas, alternativas para novos desafios.

Mais um exemplo desse quadro foi a notícia publicada pela *Folha de S. Paulo*, em 19 de abril de 1980 (Moradores denunciam..., 1980, s.p.),[36] sobre a morte de árvores na esquina da Avenida Europa com a Rua Alemanha, denunciada pelos membros do movimento pela defesa do bairro. A cada notícia sobre a região, mais elementos a comissão acrescentava à justificativa para mover uma ação popular. O terreno localizado na Rua Alemanha, esquina da Avenida Europa, pertencente à família Klabin, foi vendido a Alexandre Kliot para a construção de um *shopping center*.

A ação popular junta, como documento, a fotografia do terreno que estivera no centro do embate entre os moradores e a Prefeitura, quando a família Klabin o vendera para abrigar a construção de um *shopping center*, em 1973. No registro fotográfico é possível perceber as árvores secas que ultrapassavam a fiação elétrica da rua e a cerca viva, totalmente destruídas. Porém, sete anos depois, o grupo que iniciara o protesto estava organizado e havia levantado provas para instaurar a ação. A morte da cerca viva e das grandes árvores no referido terreno constituiu-se numa das provas de que a área de todo o bairro seria devastada, se houvesse a entrada do comércio.

Para a comissão de defesa do bairro, essa era uma forma que o grupo opositor havia encontrado de apressar a implantação do corredor comercial, pois de acordo com a informação de Maria Aparecida Brecheret, "uma das faixas afixadas no local pelos defensores da mudança da Lei de Zoneamento dizia: 'Este é o verde que vocês querem preservar?'" (idem, ibidem).

Essa faixa permite-nos deduzir até onde iriam aqueles que ambicionavam o corredor comercial. O extermínio das árvores, comprovado pela presidente da Sociedade Brasileira de Botânica, que compareceu ao local e examinou-as, foi causado pelo uso de ácido em suas raízes, o que deixou todos desarmados.

---

36 Na ação popular nº 277/80, p.274.

O proprietário, Alexandre Kliot, era o mais interessado na implantação do corredor comercial naquela avenida, visto que seu terreno estava preparado para o comércio desde o episódio do *shopping center*, em 1973, mas não se pronunciou sobre o assunto e não poderia ser acusado, em razão de a área ser aberta.

Esse acontecimento expôs o conflito que permeava a relação entre os proprietários contrários aos pretensos corredores comerciais, que não pretendiam ver avançar, bairro adentro, o movimento de veículos e a circulação de pessoas estranhas, e o grupo favorável ao comércio. Entretanto, para aqueles que já tinham perdido o sossego, não implantar o corredor comercial era perda certa de capital. Mesmo assim, foi impetrada a ação popular contra a Prefeitura, com o intuito de impedir que o corredor comercial se instalasse na Avenida Europa e na Rua Colômbia.

No abaixo-assinado dos moradores dos Jardins América e Europa, a população endossava o pedido feito pela Sajep à Justiça, de impedir que se instalasse o corredor comercial. A ação popular, portanto, foi representada por Geraldo Prado Guimarães, presidente da Sajep, e por mais 81 moradores dos dois bairros e mais três moradores do bairro Campo Limpo e outros vinte do bairro Barra Funda, num total de 104 solicitantes. Todos eles foram nomeados e identificados com cópias de documentos. Os moradores dos outros bairros representavam os cidadãos da cidade de São Paulo. Além desses, o abaixo-assinado trazia um total de 1.044 assinaturas, a maioria de assinantes moradores do Jardim Europa. Do total dessas assinaturas, a maioria era de mulheres (ver Figura 52), com apenas 23% do Jardim América, o que significa que a população do Jardim Europa estava mais envolvida com o movimento de reação à entrada do comércio na área dos dois bairros. Quanto ao aporte dado pelos homens, os percentuais eram igualmente diferenciados entre os dois bairros: coube ao Jardim América 7%, enquanto o Jardim Europa ficou com 27% das assinaturas.

O maior envolvimento dos moradores do Jardim Europa talvez se explique pelo fato de o terreno Klabin/Kliot estar localizado na Rua Alemanha, esquina com a Avenida Europa, atingindo diretamente os moradores daquela área, o que pode tê-los levado a se organizar contra a entrada do *shopping center* e manter firme essa organização, pelo menos, até ter a garantia de que ali não se instalaria qualquer comércio. Acrescente-se que a maioria dos líderes da organização residia no Jardim Europa.

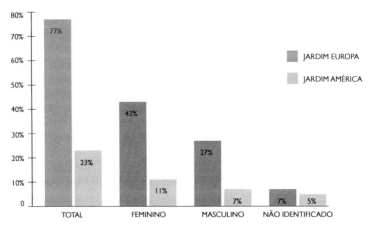

Figura 52 Comparativo de assinaturas dos moradores dos jardins Europa e América.

A diferença entre as assinaturas de homens e mulheres indica que o movimento tinha predominância feminina. Assim, a conscientização sobre a importância dos direitos dos moradores e da preservação da qualidade de vida que distinguia a região era, na prática, uma preocupação conduzida por mulheres, conforme a Tabela 1.

No abaixo-assinado havia, ainda, um número de assinantes não-identificáveis cujos nomes não estavam legíveis ao lado da assinatura. Mesmo quando se podia ler o nome da rua e o número da casa, a falta do nome do morador impossibilitou identificar o sexo. Esse número de assinantes equivalia a 12% dos moradores. O fato de haver 18 mulheres residentes nos jardins América e Europa que exerciam a profissão "do lar", e ser essa a profissão com o maior número de solicitantes na ação popular, é outro elemento que confirma a participação efetiva das mulheres. Esse era um período de expressivos movimentos pela emancipação política; entre eles estavam os de liberdade e direitos iguais para as mulheres o que, nesse caso, transpareceu na participação das moradoras dos bairros América e Europa.[37] O exemplo que comentaremos em seguida, relativo à visita ao governador Olavo Setúbal, feita por uma comissão de mulheres, comprova o peso que elas tinham nessa composição de forças (Moradores denunciam..., 1980, s.p.).[38]

---

37 Sobre a participação das mulheres mais abastadas na sociedade paulistana é importante destacar que o Movimento Feminista refletiu nas relações sociais e nas ações da mulher de modo geral. O texto de Maria de Almeida debate o trabalho na classe média e como as mulheres figuraram em papéis antes de domínio exclusivamente dos homens (Almeida & Weis, 1998).

38 Na ação popular nº 277/80, p.274.

A CIDADE E OS JARDINS 221

Essa participação feminina maciça possivelmente se explique em razão de estar mudando a condição da mulher na sociedade brasileira e de esse grupo especialmente desfrutar de uma condição favorável de formação e informação.

Entretanto, o documento formal registrado em cartório que solicitava o tombamento do bairro tinha 56,7% homens e 43,2% mulheres dos 104 solicitantes[39] o que pode significar que por maior que fosse a participação feminina era preciso a presença masculina para dar suporte e legitimar o pedido de modo formal. Essa afirmação se pauta nos dados das pessoas que encabeçaram o documento nos dois bairros (Tabela 1), em que estão descritas as atividades desempenhadas pelos solicitantes. Já no abaixo-assinado em anexo a esse documento predominavam as assinaturas femininas.

Essa participação feminina também aparece nos jornais. *O Estado de S. Paulo* (Moradores..., 1979, s.p.)[40] publicou a matéria "Moradores contra a nova lei dos Jardins" sobre a visita de uma comissão de mulheres ao prefeito Reynaldo de Barros e, posteriormente, ao governador:

> Uma comissão de mulheres acompanhada pelo presidente da Sociedade Amigos dos Jardins Europa e Paulistano, Geraldo Prado Guimarães, pedirá interferência do governador. A Comissão tentou, de início, falar diretamente como o prefeito Reynaldo de Barros, "mas não fomos recebidos". Ele aceitou receber os representantes dos bairros apenas para tomar um cafezinho, com o compromisso de não discutir o caso dos "Jardins". (idem, ibidem)

---

39 O desenvolvimento econômico analisado por João Cardoso de Mello e Fernando Novais, em *Capitalismo tardio e sociabilidade moderna*, apresenta um crescimento das oportunidades de trabalho e melhora das condições socioeconômicas brasileiras. Esse desenvolvimento deu ensejo a uma rede de relações que, por sua vez, produzia mais crescimento e melhoria de vida para as classes baixas e médias, assim como a concentração de capital para os ricos. O certo é que na perspectiva desses dois autores, o crescimento não planejado resultou em concentração de renda, inflação, vários planos econômicos concentradores de riquezas e, finalmente, a globalização. O empobrecimento e a apatia tomaram conta do povo brasileiro nos anos 90. Contudo, é certo que esse período que os autores chamam de "capitalismo tardio e sociabilidade moderna no Brasil" trouxe, sobretudo, mudanças de comportamento. Nesse aspecto, as mudanças respondem por que as mulheres dos jardins América e Europa, embora pertencentes a uma classe privilegiada, envolveram-se no movimento de defesa dos bairros.

40 Na ação popular nº 277/80, p.257.

222 ZUELEIDE CASAGRANDE DE PAULA

Abaixo-assinado dos Solicitantes				
	Residentes		Não-Residentes	
Profissão	Homens	Mulheres	Homens	Mulheres
Médico(a)	8	1	0	0
Engenheiro	6	0	0	0
Administrador Empresarial	1	0	0	0
Industrial	10	0	0	0
Comerciante	1	0	0	0
Comerciário	0	0	0	1
Pintor	1	0	0	0
Economista	3	0	0	0
Empresário do setor Financeiro	1	0	0	0
Advogado	3	0	0	0
Jornalista	1	0	0	0
Paisagista	1	0	0	0
Pecuarista	1	0	0	0
Agrônomo(a)	1	0	0	0
Professor(a) Universitário	1	1	0	0
Professor(a) - Nível não especificado	0	0	0	1
Arquiteto(a)	1	0	0	0
Ortopedista	1	0	0	0
Empresário - Sem ramo específico	1	0	0	0
"Do Lar" ou "Prendas Domésticas"	0	18	0	0
Proprietário	1	0	0	0
Aposentado(a)	1	0	0	0
Nenhuma/Não Declarada	9	0	4	0
Recepcionista	0	0	0	1
Promotor(a) de Vendas	0	0	0	1
Coordenadora Promocional	0	0	0	1
Funileiro(a)	0	0	0	1
Empregado(a) Doméstico(a)	0	0	0	1
Jardineiro	0	0	0	1
Costureira/Alfaiate	0	0	0	2
Supervisora do DSV	0	0	0	1
Auxiliar Contábil	0	0	0	1
Garçon	0	0	0	1
Ferramenteiro	0	0	0	1
Motorista	0	0	0	2
Profissão não idientificada	1	0	0	0
Tapeceiro	0	0	0	1
Vendedor	0	0	1	0
Iluminador	0	0	0	1
Outros	0	0	0	7
SOLICITANTES	54	20	5	25
TOTAL	104			

Tabela 1

A CIDADE E OS JARDINS 223

Em outro trecho da mesma reportagem, lê-se:

> Enfrentando "fortes interesses", os "Jardins" vêm sendo "salvos da destruição" com muitos sacrifícios. Há sete anos, conta Geraldo, um ex-governador tentou construir um supermercado na rua Alemanha e "nós impedimos". Em 1977, as pressões aumentaram, exigindo de Olavo Setúbal a liberação do comércio nas mesmas ruas do atual projeto. Mais uma vez, "prevaleceu o bom senso". Todo o empenho destes moradores é explicado pelo temor que se verifica em corredores como a Augusta. "Aos poucos, lojas, escritórios e clínicas médicas vão se infiltrando em outras ruas residenciais, para depois o Executivo legalizar a situação destas empresas", explica Guimarães.
>
> Amanhã um grupo de 15 mulheres espera poder apresentar todos estes argumentos ao governador – "afinal, ele havia nos assegurado que aquele projeto da Câmara seria vetado pelo prefeito, como realmente aconteceu". De repente, porém, "fomos surpreendidos com um outro projeto, de autoria do Executivo, mais amplo que o anterior, atingindo os 'Jardins' da mesma forma". Também amanhã, vão entregar uma "Carta Aberta" dirigida ao prefeito na qual formalizam seu protesto.(idem, *ibidem*)

As mulheres eram, assim, os olhos atentos, vigilantes em relação às mudanças que pudessem ocorrer no bairro, haja vista o depoimento de Maria Aparecida Brecheret sobre a morte das árvores na propriedade de Kliot.

A nova Lei de Zoneamento foi publicada no *Diário Oficial* do município, em 25 de abril de 1980. Portanto, embora a Sajep estivesse atenta ao movimento do bairro e sempre denunciando as atividades irregulares, a vigilante comunidade não conseguiu impedir a aprovação da lei.

Há ainda que se enfatizar o fato de essas mulheres exercerem cotidianamente atividades vinculadas ao bairro, como os encontros no clube local e reuniões beneficentes. E a própria comissão que se formou em torno da criação do Museu Brasileiro da Escultura (MuBE), além de estar motivada a preservar as relações ali estabelecidas e o próprio modo de vida construído, colocou-as ao lado e com a Sajep. A história do MuBE, descrita em seu *site*, revela a atuação dessa sociedade de amigos não somente em defesa do bairro, mas também em favor das atividades culturais.

O MuBE surgiu a partir da iniciativa conjunta da Sociedade dos Amigos dos Jardins Europa e Paulistano (Sajep) e da Sociedade de Amigos dos Museus (SAM), há 20 anos, quando iniciaram um movimento social liderado pela atual presidente, Marilisa Rathsam, impedindo a construção de um *shopping center* em zona residencial. O terreno foi cedido pela prefeitura, em comodato, por 99 anos, e a construção foi realizada com o esforço da iniciativa privada. (MuBe, s.d., s.p.)

O nascimento do MuBE, em 1995, no local onde a dupla Sodré/Kliot havia decidido implantar o *shopping center*, é uma demonstração da força e organização dessa sociedade. O MuBE impressiona por sua arquitetura arrojada, embora seja um espaço que causa certa estranheza, em virtude de sua constituição, abundante em concreto, em meio à arborização do bairro, aspecto suavizado apenas por espelhos d'água com peixes ornamentais.

Figura 53 Vista parcial do prédio do MuBE, localizado na esquina da Avenida Europa com a Rua Alemanha. Acervo particular da autora.

Essa foi a alternativa encontrada pelos moradores do Jardim Europa: plantar um museu no terreno onde haviam estado as árvores cortadas para dar lugar a um *shopping center*. Sua construção ficou pronta em 1995, 22 anos depois da primeira denúncia e 15 anos após a ação popular para deter a implantação do comércio.

Entretanto, esse "final feliz" foi próprio de uma luta marcada pela ambigüidade: de um lado, a idéia de preservação de uma área verde urbana, que enobrece a cidade; de outro, uma área verde cujos habitantes concentram poder, riqueza e isolamento. A própria suntuosidade das residências e os artefatos de segurança que as cercam afastam quem por ali deseje excursionar para conhecer o oásis na grande megalópole de concreto e vidro. O olho alerta das câmeras instaladas em cada portão transforma a rua numa passarela onde o visitante fica vulnerável e exposto ao observador que se esconde por trás dos muros altos e cercas antepa-

A CIDADE E OS JARDINS 225

radas por espessas grades de ferro. Esse caminhar pelas ruas do bairro, vigiado sem que se conheça o observador, intriga, inquieta e desestimula, subtraindo a idéia de um passeio agradável no contato com áreas verdes que, em princípio, deveriam proporcionar deleite em oposição à espacialidade caótica da cidade cinza (Carneiro, 1999).[41]

A sagração de um bem: uma ação de técnicos e conselheiros, um ato do poder

O embate em torno do terreno na esquina da Rua Alemanha com a Avenida Europa, cujo final resultou no encaminhamento da ação popular, levou a Sajep a juntar ao corpus do processo uma série de documentos que deram suporte ao impedimento do corredor comercial na área dos jardins América e Europa. Essa catalogação de provas reuniu, também, pareceres técnicos de especialistas que puderam comprovar e sustentar as reivindicações. Esses pareceres são fundamentais para a compreensão do lugar do Jardim América no todo da oficialização da área que passou a compor os "Jardins" como região urbana tombada, ou seja, um patrimônio paisagístico.

Assim, os pareceres apresentavam arrazoados de técnicos ou conselheiros tanto indicados pela Sajep, no caso da ação popular, quanto recomendados pelo Condephaat, no caso do processo de tombamento. Eles apresentavam seus pontos de vista com base em fatos, dados e teorias, de forma que o motivo do tombamento fosse evidenciado. Foi requerido, portanto, o assistente técnico dos autores da ação – aqui, a Sajep —, o arquiteto José Carlos Ribeiro de Almeida, a quem cabia responder às perguntas sobre a preservação das áreas em questão. Seus fundamentos deveriam estar pautados de modo a convencer nas respostas.

Encaminhou-se ao Juiz de Direito da 2ª Vara dos Feitos da Fazenda Municipal da Capital[42] um laudo do arquiteto acerca dos quesitos solicitados pelos próprios autores, vereadores, a municipalidade de São Paulo e o prefeito. O parecer fundamentou-se em explicações técnicas, ancoradas num paralelo entre

---

41 A obra citada é composta de dois volumes, sendo o primeiro correspondente às entrevistas realizadas com pessoas da cidade e tabulações dos dados observados; o outro faz a análise comparativa considerando a percepção do paulistano sobre o espaço habitado. Quando perguntado ao entrevistado qual o lugar de oposição da cidade cinzenta, foi respondido que era a área dos Jardins.

42 A 2ª Vara dos Feitos da Fazenda Municipal da Capital foi absorvida pela 9ª Vara da Fazenda

226 ZUELEIDE CASAGRANDE DE PAULA

os bairros citados na ação e a concepção de cidade-jardim. Suas ponderações basearam-se nessa concepção, cabível para a defesa do Jardim América, porém não aplicável ao Jardim Europa, planejado pelo arquiteto Hipólito Pujol, cujo projeto havia buscado inspiração na configuração do inglês Barry Parker, como já explicado. Entretanto, no todo das respostas, Almeida exaltou a figura de Parker e atribuiu-lhe duas responsabilidades que não tinha. A primeira dizia respeito à idéia de cidade-jardim. Almeida afirmou que

> Letchworth é até hoje preservada com as mesmas características da época de sua fundação, considerada como cidade histórica inglesa. *O autor do projeto dos jardins Europa e América é o arquiteto Barry Parker, o mesmo de Letchworth.*
>
> No caso dos nossos "Jardins", Parker inovou pois em primeiro lugar, transpôs para o projeto de bairros (na época subúrbios) os mesmos princípios de projeto que havia aplicado ao projetar uma cidade com sucesso e, em segundo, ao adaptar esses princípios às condições brasileiras, tão diferentes das inglesas. É ocioso falar da influência de Parker nos projetos urbanos posteriores realizados no Brasil, em que o traçado hipodâmico é abandonado seja por uma imposição topográfica seja pela qualidade plástica e paisagística das ruas curvas e pequenas praças que surgem de repente.
>
> Vale ainda salientar que Parker elaborou em 1918 as primeiras posturas ao uso e parcelamento de lotes, bem como recuos obrigatórios, altura de grades, etc. *Inegavelmente, o autor de Letchworth marcou profundamente o urbanismo brasileiro posterior, com o exemplo e os princípios aplicados nestes projetos.* [43] (grifos nosso)

Observa-se que o arquiteto enfatiza a autoria do projeto de Letchworth e, nas entrelinhas, atribuiu-a a Parker. Como já exposto no decorrer deste trabalho, o arquiteto inglês foi um dos que planejou e pôs em prática as idéias de Ebenezer Howard, e não o autor dessas concepções. Seu projeto foi dirigido por Howard e feito a pedido dele, com a descrição de como deveria ser a cidade que ele havia idealizado. Em seu livro, Howard a descreve minuciosamente, com as ruas, áreas verdes e até mesmo a galeria de cristal. Portanto, o projeto foi, sim, realizado por Unwin e Parker, mas teve a orientação de Howard.

O arquiteto, no arranjo das palavras, induz o leitor de seu parecer a cogitar que Letchworth foi pensada por Parker, tendo, dessa forma, maior importância na formulação da idéia de cidade-jardim que Ebenezer Howard, que a concebeu.

---

43 Processo de tombamento nº 23.372/85. Estudos do Laudo Judicial em resposta ao Exmo Sr. Juiz de Direito da 2ª Vara dos Feitos da Fazenda Municipal da Capital, p.93-94.

A CIDADE E OS JARDINS   227

Alguns autores anteriormente citados discorrem a respeito da influência de Parker e Unwin no resultado prático da obra de Howard. Portanto, se Almeida quisesse atribuir a Parker tal alcance, ainda assim teria de considerar que essa questão era polêmica.[44] Ainda que seu argumento tenha favorecido o tombamento, merece reparos.

A segunda responsabilidade imputada a Parker trata da autoria do Jardim Europa, bairro vizinho ao planejado pelo arquiteto inglês. Essa atribuição tirou os direitos do verdadeiro autor, bastando assinalar que ele não é mencionado em nenhum momento. Há que se perguntar: por que Almeida confere a Parker a autoria que pertencia a Pujol? Desconhecia ele essa autoria? Pelo breve currículo exposto ao final de seu parecer na própria ação popular, é difícil afirmar que Almeida não conhecia a autoria em ambos os casos. Na referência sobre Almeida aparecem os seguintes indicativos: professor adjunto da cadeira de Projeto na Faculdade de Arquitetura e Urbanismo da Universidade Mackenzie; membro do Conselho Universitário da Universidade Mackenzie como representante da Faculdade de Arquitetura; presidente do Sindicato de Arquitetos no Estado de São Paulo; membro do Conselho Superior da Direção Nacional do Instituto de Arquitetos do Brasil; conselheiro do Conselho Regional de Engenharia, Arquitetura e Agronomia de São Paulo.

Com uma atuação de tão vasto poder em várias instâncias decisórias no âmbito de sua profissão, poderia o arquiteto desconhecer a autoria de Pujol no planejamento do bairro Jardim Europa e que Barry Parker dividiu o planejamento de Letchworth com Raymond Unwin, acatando a idéia estrutural de cidade-jardim concebida por Ebenezer Howard? Seu próprio currículo diz não. Além disso, a Sajep tinha em seu corpo engenheiros e arquitetos; por que motivo escolheria como parecerista de apoio alguém que desconhecia esses pontos da concepção de cidade-jardim e a história do Jardim Europa? Portanto, parecem ter sido deliberadamente ignoradas essas duas autorias nas explicações dos autos da ação popular no parecer ao Juiz da 2ª Vara dos Feitos da Prefeitura Municipal de São Paulo, com o objetivo de convencer acerca da relevância das áreas verdes urbanas e da gravidade da entrada dos corredores comerciais nos dois bairros.

---

44 Esse debate sobre a influência dos arquitetos sobre Ebenezer Howard pode ser encontrado nas obras de Hall (1995); Munford (1998); Relph (1990); Choay (1965).

228 ZUELEIDE CASAGRANDE DE PAULA

Esse procedimento não incorre apenas num erro de argumentação jurídica mas, sobretudo, em forjar documentos, visto que toda a contribuição arquitetônica e de planejamento deixada por Pujol foi deliberadamente ignorada. Esse tipo de elaboração discursiva evidencia a tentativa de tecer uma história e uma memória conveniente aos interesses de um determinado grupo para alcançar seus objetivos de forma escusa e criar informações erradas em documentos que passariam a fazer parte dos registros históricos do bairro.

O mérito do tombamento dessas áreas não está sendo posto em questão, pois elas são exemplos de qualidade de vida que poderiam ser estendidos a muitas outras áreas urbanas. O ponto que se pretende salientar é a forma como se constrói a história de celebração de um lugar e quais instrumentos são usados. Nesse enfrentamento do público e do privado, as ferramentas para viabilizar a preservação da área em questão fizeram uso dos vestígios de um passado nobre do Jardim América para sacralizar um lugar, uma região, suprimindo o passado e a história das outras espacialidades adjacentes. Justificava-se assim ignorar a autoria de Pujol em relação ao Jardim Europa. Portanto, o que se promovia não era a negação de seu trabalho e sua importância para a história da Arquitetura e do Urbanismo brasileiros a respeito de um passado vivido na história da cidade de São Paulo, mas uma ressignificação espacial e simbólica de uma determinada espacialidade urbana, cuja ameaça de extinção justificava os instrumentos de defesa. Da forma como se elaborou o mote do parecer, a pedra angular sustentou-se em informações errôneas e que resultavam no obscurecimento do trabalho de Pujol em relação às prerrogativas criadas pela defesa da preservação do bairro, mesmo que isso deixasse implícito um pacto de silêncio sobre a autoria do Jardim Europa.

Além do parecer de Almeida, compunha os argumentos de defesa o parecer do perito Joaquim da Rocha Medeiros Junior,[45] cujo conteúdo completava o de Almeida, pois tratava das características ambientais dos jardins América e Europa. Citava até mesmo o fato de as árvores das ruas dos dois bairros já estarem protegidas pelo decreto-lei n° 9.367/71, que disciplinava o corte de árvores na área do município de São Paulo. Também salientava que os bairros em questão haviam sido planejados no início do século XX e apresentavam singularidades. O perito baseou-se em artigo da Lei Orgânica dos Municípios, no decreto-lei

---

45 Joaquim da Rocha Medeiros Junior era engenheiro civil e membro titular do Instituto Brasileiro de Avaliações e Perícias de Engenharia (Ibape).

A CIDADE E OS JARDINS **229**

complementar n° 9 de 31/12/1969, que dispunha sobre as responsabilidades do município, a quem competia "promover a defesa da flora e fauna, assim como dos lotes e locais de valor histórico, artístico, turístico ou arqueológico".[46]

Entretanto, houve a réplica por parte dos requeridos nos autos – a Prefeitura, os vereadores e o prefeito. Assim, foi indicado para refutar os pareceres anteriores o engenheiro civil Ernesto Whitaker Carneiro,[47] que pautou sua resposta no crescimento da cidade e em sua constante transformação, o que exigia do poder público um gerenciamento que atendesse a toda a população e não privilegiasse determinado grupo ou local. Carneiro rebateu dizendo que a área em questão não era tombada pelo patrimônio histórico, portanto a solicitação da ação popular não procedia. Também afirmou que a mencionada região não era caracterizada pelo turismo, como dizia o perito Medeiros, e que a lei 9.367/71 já protegia a área, visto que, como o próprio Medeiros destacou, ela regularizava o corte de árvores. Citou exemplos de outras ruas que haviam sido residenciais e foram ocupadas pelo comércio, o que valorizou seus imóveis. Também retrucou ao argumento proposto por Medeiros acerca da preservação da vegetação de jardins e árvores de rua, alegando que não existia ali nenhuma planta rara que merecesse ser preservada, mas não apresentou nada que não contivessem os outros dois pareceres; apenas usou o discurso de ambos, de modo a desconstruí-los com suas próprias informações.

Além desses pareceres, ambas as partes convocaram especialistas para depor. Entre esses últimos estava Carlos Lemos, como testemunha da Municipalidade. Seu depoimento informou que residia em São Paulo há 40 anos,

> que conhece bem os Jardins, sabendo como foram urbanizados pela Cia. City; que ali sempre se deu o caráter residencial ao uso; que a City arborizou as ruas e impôs taxas de ocupação mínimas, reservando áreas livres; que nessas áreas livres os moradores implantaram vegetação e arborização; que a Cia. City somente arborizou o Jardim América; que desde a Rua Groelândia em direção ao Rio Pinheiros, a área foi urbanizada por várias companhias particulares, que o local era baixo de várzea; que sofreu drenagem por eucaliptos; que a vegetação e arborização foram plantadas e que não eram nativas; que de fauna havia os pardais, além de animais

---

46 Parecer do perito Joaquim da Rocha Medeiros Júnior, p.2. Na ação popular n° 277/80, p.603.
47 Membro fundador e titular do Ibape.

domésticos trazidos e a flora seria da urbanização plantada; que por volta de 1920, desde que foi lançada a linha de bonde por Horácio Sabino, em demanda ao Rio Pinheiros e Cidade Jardim, já havia o corredor que atravessa os Jardins, que naquela época já havia um comércio incipiente na altura do ponto final do bonde onde é hoje o restaurante Bolinha; que essa arborização de ruas e dos lotes criou uma área verde nos Jardins; que o fluxo maior de carros provém de outro bairros, criando um trânsito chamado parasitário; que antes da promulgação da lei de corredor de uso múltiplo, já havia comércio tolerado no local;....."[48]

O parecer de Carlos Lemos é importante para esse debate pois, nesse momento da história da luta pela preservação da área dos Jardins América e Europa, ele foi convocado como testemunha da municipalidade, ou seja, a favor daqueles que defendiam os corredores comerciais. Entretanto, em artigo publicado pela *Folha de S. Paulo* em 1977, ele já defendia os corredores e também a manutenção do bairro como estava. Afirmava até mesmo que o Jardim Europa deveria voltar-se para a arte e permitir que museus e ateliês fossem instalados. Sua posição possivelmente contribuiu para que o MIS permanecesse no bairro e o MuBE ocupasse o famoso terreno da esquina da Rua Alemanha com a Avenida Europa.

O posicionamento sempre coerente desse arquiteto e seu vasto conhecimento a respeito das concepções urbanas e suas aplicações, ancoradas na realidade, permitiram-lhe opinar a favor daqueles que defendiam o corredor comercial, mas sem deixar de apoiar a configuração dos bairros em questão. Carlos Lemos também não deixou de mencionar a característica do lugar, qual seja, a de ser um bairro com alta concentração de riqueza: essa era uma marca da região bastante significativa, e não poderia ser ignorada no contexto da cidade, tão desprovida de áreas com boa qualidade de vida.

Esse embate entre moradores e a municipalidade teve desdobramentos. Em 1980, o prefeito Reynaldo de Barros retrocedeu e criou os corredores especiais na nova Lei de Zoneamento. Os autores da ação popular venceram em 1981. Alexandre Kliot não desistiu de instalar seu *shopping center* naquele famoso terreno e conseguiu com a Prefeitura o alvará para iniciar o projeto. O processo da ação popular e seu recurso haviam oferecido ao grupo em defesa da região instrumentos para requerer o tombamento da área. Uma vasta documentação compõe o pedido de tombamento, cuja primeira solicitação é datada de 18 de

---

48 Segunda testemunha da municipalidade, Carlos Lemos, na ação popular n° 277/80, p.744.

A CIDADE E OS JARDINS 231

agosto de 1981, assinada por Marius Osvald Arantes Rathsam e dirigida ao Conselho do Condephaat.[49]

Outra solicitação data de 26 de abril de 1985 e foi assinada por Antonio Augusto Bizarro e dirigida a Modesto Carvalhosa, presidente do Condephaat e, em 1980, advogado dos defensores dos Jardins. Por sua condição de ex-advogado dos solicitantes, Carvalhosa conhecia bem as reivindicações e suas bases de sustentação. O primeiro pedido, de Rathsam, foi documentado em 1981.[50] Em 1985, outro pedido era feito, o que nos leva a concluir que nenhuma medida havia sido tomada em relação à solicitação anterior. Nessa ata mencionam-se, embora sob outra perspectiva, as conseqüências de tombar um bairro:

> A Conselheira Lucia Falkenberg exigiu uma cópia da sentença prolatada pelo Juiz de Direito da 2ª Vara dos Feitos da Fazenda Municipal, Dr. Luiz Bernine Cabral, datado de 24 de junho de 1981, do mandado de segurança obtido pelos moradores e Sociedade dos Amigos do Jardim Europa e Paulistano e também uma solicitação de abertura de Tombamento, assinada pelo advogado responsável pela causa da defesa dos "Jardins". O Pe. Jamil Nassif Abid argumentou que essa preocupação de preservação do local era positiva, mas que se devesse criar outras formas de preservação, sem que fosse pelo Condephaat. O Conselheiro Eduardo Kneese de Mello afirmou que era um precedente perigoso se tombar estes jardins, pois no futuro com a criação de novos Jardins iriam solicitar antecipadamente seu tombamento.[51]

O pedido voltou à baila, de acordo com a documentação arrolada no processo de tombamento, em 6 de maio de 1985, quando o presidente do Condephaat assinou a abertura do estudo de tombamento, conforme a ata nº 638 da Seção Ordinária do egrégio Colegiado, realizada na mesma data.[52] Após esse expe-

---

49 O abaixo-assinado; a carta de apoio do Clube Athlético Paulistano; o laudo técnico de José Carlos Ribeiro de Almeida; carta de Marius Osvaldo Arantes Rathsam enviada ao Condephaat em 18 de agosto de 1981, quando ganharam a causa da ação popular; carta de Victor C. Del Mazo Suarez, perito convocado na ação popular; cópia da Magistral Sentença Prolatada pelo Meritíssimo Juiz de Direito da 2ª Vara dos Feitos da Fazenda Municipal, Dr. Luiz Bernine; vários artigos de jornais do período (1981-1986); ata da sessão ordinária de 19 de agosto de 1981.

50 Carta escrita por Marius Osvald Arantes Rathsam, 19 ago. 1981. Processo de tombamento nº 23.372/85, p.127-131;

51 Sessão ordinária do Condephaat, 19 ago. 1981, [S.l.]. Ata, n.479. Processo de tombamento nº 23.372/85, p.189.

52 Sessão ordinária do Condephaat, 6 mai. 1985, [S.l.]. Ata, n.638. Processo de tombamento nº 23.372/85, p.347.

232 ZUELEIDE CASAGRANDE DE PAULA

diente, o presidente do Condephaat informou ao secretário de Cultura, Cunha Lima, a abertura do processo n° 23.372/85, para estudos de tombamento da área urbana compreendida pelos seguintes limites:

> parte da confluência da rua Estados Unidos com a Avenida Nove de Julho, seguindo por esta até a Rua Rússia, seguindo por esta até a Praça do Vaticano, cruzando-a até a rua Itália, seguindo por esta até a rua Turquia, seguindo por esta até a Rua Polônia, seguindo por esta até a Rua Groelândia, virando à esquerda até a Rua Estados Unidos, virando à direita e seguindo pela mesma até o ponto inicial do perímetro, ou seja, esquina com a avenida Nove de Julho.[53]

Cópia desse documento também foi enviada a outras autoridades envolvidas, como o administrador regional de Pinheiros, a quem estava subordinada a região.[54] Dessa forma, veio a público a iniciativa do Condephaat em tombar a área dos jardins América e Europa. Essa medida impedia que Alexandre Kliot levasse avante sua idéia de construir um *shopping center* no endereço já citado.

Vários jornais publicaram o assunto, porém a *Folha da Tarde*, em 13 de maio de 1985,[55] publicou, em forma de nota, o *Shoppingate I, II e III*, em que relatava a preocupação da comunidade de que o processo de tombamento chegasse ao final, atendendo às expectativas dos moradores dos dois bairros. A *Folha da Tarde* também mencionou a posição em relação ao tombamento adotada por Malta Campos que, no passado, havia se negado a receber a comissão de mulheres para negociar o pedido de intervenção referente aos corredores comerciais nos dois bairros. Ele agora estava ao lado de Marilisa Rathsam, a mesma mulher que liderara tal comissão. Esse fato mostra que

---

53 Ofício GP, n.372, 1985. [Ofício GP-372/85]. Processo de tombamento n° 23.372/85, p.209.

54 Foram enviadas cópias do documento que deu a entrada à solicitação, ao titular do 15° Distrito Policial , à diretora do Departamento de Patrimônio Histórico, da Prefeitura Municipal de São Paulo (PMSP), ao secretário municipal de Habitação do Desenvolvimento Urbano, ao prefeito Mario Covas. Em 8 de maio de 1985, o secretário da Cultura, Jorge Cunha Lima, fez a notificação pública no *Diário Oficial do Estado de São Paulo* sobre o tombamento, na qual esclarece que nada poderia ser feito dentro das linhas demarcatórias estipuladas pelo Condephaat, sem que esse órgão fosse informado e autorizasse, sob pena de enquadramento previsto pelo artigo 166 do Código Penal Brasileiro.

55 Além dessa notícia, havia ainda 21 reportagens referentes ao pedido de tombamento que informavam o fato de a área ter sido embargada pelo processo e que, somente após a finalização, se não fosse tombado, seria possível realizar alguma alteração na área descrita pelo *Diário Oficial do Estado de São Paulo* (1985, p.25). Os jornais também deram cobertura, a fim de apoiar a iniciativa do Condephaat.

A CIDADE E OS JARDINS 233

os moradores mudaram de posição ao longo das reivindicações, iniciadas em 1973. Além de Malta Campos, também se mostravam a favor o secretário da Cultura, o ex-presidente Jânio Quadros e o presidente da Associação Brasileira de Preservação da Natureza, Waldemar Paiolle.

Além da mudança de atitude de alguns moradores dos bairros, o processo de tombamento trazia mudanças em suas formulações, que apresentavam um caráter mais investigativo com relação à história dos bairros. Numa reunião do Conselho, em 1º de julho de 1985, quando foi discutido o tema "Jardins", o conselheiro Paulo Bastos informou que a comissão de estudo havia realizado três reuniões e concluído que era preciso estudar melhor o assunto. A comissão partiu do parecer do conselheiro Carlos Lemos, que afirmou que "deveria ser aprofundado para posterior aprovação por parte do Conselho".[56] Nessa mesma reunião, Lemos

> lembrou que o Condephaat tombaria o traçado viário dos Jardins por considerá-los históricos enquanto primeiro bairro-jardim planejado, mas que a loteadora City descaracterizara o projeto inicial e dessa forma todo o traçado urbano e linhas demarcatórias dos lotes iniciais deveriam constar do tombamento a fim de evitar o desmembramento dos lotes. Concluindo, o conselheiro Carlos Lemos disse que o interior dos lotes, assim como o arvoredo, deveriam ser considerados como áreas envolvidas e a área envoltória seria considerada o lado oposto da área tombada. (idem, ibidem)

A desfiguração do bairro foi um problema levantado apenas por Carlos Lemos. Mesmo estudiosos das áreas urbanas, quando citam o Jardim América, remetem-se a ele como bairro planejado por Barry Parker. Dentre todos os envolvidos na defesa dos dois "bairros-jardins", desde 1973, Carlos Lemos vinha pronunciando-se na imprensa e em artigos sobre o assunto e não mudou sua forma de pensar. Ainda quando depôs a favor da Municipalidade na ação popular, repetiu o que havia dito em entrevistas e em seus artigos. Era a favor do corredor comercial especial, mas contra a liberação do comércio nos dois bairros. Advertia, sempre que se pronunciava, que o Jardim América era o único loteado pela City. Portanto, parece-nos que seu procedimento foi

---

56 Sessão ordinária do Condephaat, [s.d.], [S.l.]. Ata, n.647, p.5. Processo de tombamento nº 23.372/85, p.351-356.

234 ZUELEIDE CASAGRANDE DE PAULA

considerado, além de seu conhecimento acerca do tema, por não ter perdido de vista a coerência, mantendo-se leal a si mesmo durante todo o percurso da história da defesa dos jardins América e Europa e, sem dúvida, expressou essa posição em seu parecer.

Lemos atentou para a questão ambiental e a noção de Patrimônio Ambiental Urbano, conceito novo no âmbito da valoração de patrimônios a serem tombados.[57] Lembrou que a "problemática da chamada 'cidade histórica' desviou a atenção de todos, levando-nos ao esquecimento das relações necessárias que existem sistematicamente entre bens culturais componentes das tramas urbanas, qualquer que seja a idade do lugar" (Lemos, 1985, s.p.).[58]

Tratou do tema mencionado por Cunha (1992, p.10), acerca da inépcia de governos municipais em dar suporte aos serviços de patrimônio. Salientou os interesses imobiliários que agiam na orientação da Câmara de Vereadores, visto que, de um modo ou de outro, eles eram representantes do povo. Lemos defendia uma posição dos órgãos de tombamento e a renovação de suas políticas de atuação, com a introdução de "novos objetos" nesse campo. Afirmou que a comunidade dos Jardins América e Europa reivindicava seu tombamento, o que era um novo objeto dentro do patrimônio, com o qual concordava. Além disso afirmava que "outras áreas devem também ter o mesmo tratamento, como Altos de Pinheiros, Altos da Lapa, o Pacaembu e tantos outros bairros paulistanos não vinculados à Cia. City, como a chácara Flora, por exemplo, que se comparam perfeitamente aos citados Jardins quanto à taxa de ocupação de seus lotes e quanto à arborização densa" (Lemos, 1985, s.p.).[59]

Propôs, ainda, a análise da viabilidade técnica e jurídica do processo e a quem caberia a fiscalização para que a área tombada não sofresse alterações, como na paisagem, por exemplo. Apoiou o tombamento da área nos seguintes termos:

> Tombamento pelo Condephaat do traçado urbano unicamente do Jardim América representado pelas ruas e praças públicas [...] sua vegetação, especialmente o arvoredo, seria encarada como bens aderentes e sujeitos à vigilância possível

---

57 Acerca do foco de objeto no âmbito do Condephaat, a historiadora Ana Luiza Martins explica que essa mudança se deu por volta dos anos 70 quando a cultura urbano-industrial se implantou no Estado e, a partir dos anos 1980, a "História enquanto disciplina e voz efetiva numa nova leitura do patrimônio" passou a ser um dos suportes dos procedimentos de eleição do patrimônio a ser tombado por esse órgão (Martins, 2004).

58 No processo de tombamento nº 23.372/85, p.336.

59 No processo de tombamento nº 23.372/85, p.336.

A CIDADE E OS JARDINS 235

do Condephaat e a Prefeitura acertados mediante convênio. [...] as atuais linhas marcatórias dos lotes, mesmo que não sejam aquelas originais do projeto de Barry Parker, isso com o fito de se obstaculizar qualquer subdivisão da área, pois são também "históricas" as superfícies dos lotes, isto é, o adensamento populacional delas decorrentes é tão importante quanto o traçado urbano. (idem, ibidem)

Além dessa condição, Lemos sugeriu que se tombassem algumas construções significativas, mas independentemente do traçado urbano, em razão da demora que tal tarefa exigiria. Esse procedimento deveria ter como ponto de análise as medidas adotadas pela Companhia City para a construção em seus lotes.[60]

Outro parecer importante foi o de Victor Hugo Mori. O arquiteto fez um longo histórico da concepção de cidade-jardim e de sua repercussão em países da Europa e América, bem como no Brasil. Referiu-se ao período em que Barry Parker permaneceu no País e a suas atividades junto à Companhia City e na cidade de São Paulo. Historiou os jardins América e Europa. Diferentemente do parecer da ação popular, estabeleceu as diferenças entre eles e apontou as dessemelhanças estruturais. Aqui, Hipólito Pujol Junior foi reconhecido como autor do Jardim Europa. O Jardim América apresentava um traçado que conciliou "o privativismo de Ebenezer Howard com a necessidade de se harmonizar com a futura estrutura urbana da cidade, concebendo assim uma estrutura fechada e aberta ao mesmo tempo". Já o Jardim Europa, projetado por Pujol, "foi concebido visando ilhar o empreendimento no contexto do tecido urbano da cidade, ou seja, uma estrutura fechada cujo isolacionismo estruturava-se numa visão ortodoxa já superada de Howard"(Mori, 1985, s.p.).[61] O enunciado de Mori demonstra que a autoria de Pujol, antes negada, foi restabelecida no processo de tombamento.

O parecer da historiadora Sheila Schvarzman traçou o longo percurso da comunidade dos jardins Europa e América na luta pela preservação de suas áreas, mas afiançou os pareceres dos arquitetos Carlos Lemos e Victor Mori. Observou que se tratava de uma área de pessoas ricas e que, possivelmente, por essa razão, elas tivessem conseguido atingir seus objetivos, tanto de manutenção das áreas ao longo do tempo, quanto da luta pelo tombamento. Recordou

---

60 As medidas para construir eram dadas pelo contrato de compra e venda. Estipulavam afastamento de seis metros em relação ao alinhamento, três metros em relação às divisas laterais e oito metros em relação às divisas dos fundos, com uma ocupação com taxa de um terço da área do lote.

61 No processo de tombamento n° 23.372/85; p.310-311.

o artigo do professor Carlos Lemos, "O MIS e os Ricos", para dizer que os abastados sempre moram bem, e que "a medida se sustenta pelos ensinamentos que o bairro traz e por ser ainda um pulmão de ar da cidade, por ser uma das últimas regiões não verticalizadas, pela sua homogeneidade, elementos estes garantidos justamente pelo seu caráter elitista" (1985).[62]

A eleição de um bem visando a sua preservação é um procedimento político relativo às ações de um governo, seja ele municipal, seja estadual ou federal. Essa é uma tarefa complexa, como bem afirma Ana Luiza Martins (op. cit., p.1), ao traçar um panorama das políticas culturais que regeram os serviços de patrimônios e definiram as escolhas de bens a serem tombados. O ato de sagrar um bem e erigir seu lugar de patrimônio também é abordado por Maria Clementina Pereira Cunha, em seu *Política Cultural, Cultura Política e Patrimônio Histórico*. Recorda a autora que o trabalho de profissionais da área de patrimônio é cercada de dificuldades, por falta de apoio e de políticas preservacionistas mais amplas. Salienta que os órgãos de preservação patrimonial foram criados pela elite para "cristalizar uma memória que reside em poucos lugares e pertence a muito poucos" (op. cit., p.9). Entretanto, aponta outro horizonte para a pauta do patrimônio; diz que houve mudanças, a exemplo das manchas urbanas tombadas, mas que, dentro dos próprios órgãos de serviços ao patrimônio, há controvérsias a esse respeito.

A idéia conservadora de preservação está tão arraigada nas mentes e atitudes daqueles que trabalham nos serviços de patrimônio que o debate

> permanece necessário: em São Paulo e em todo o País, muitos entendem ainda a ação do patrimônio histórico como uma atividade meramente acadêmica, que tem pouco a contribuir com a gestão da cidade ou com as lutas pela democracia e pelos direitos à plena cidadania, que marcam a vida brasileira, mesmo anos após o final da ditadura militar (Cunha, op. cit., p.10).

Essa reflexão de Clementina P. Cunha fez parte do Congresso Internacional Patrimônio Histórico e Cidadania realizado em São Paulo em 1991, aproximadamente quatro anos e meio depois de efetivado o tombamento da área dos Jardins. A historiadora aponta mudanças, visto que áreas urbanas como a dos bairros em questão estavam sendo tombadas, e as perspectivas no

---

62 No processo de tombamento n° 23.372/85. p.331.

A CIDADE E OS JARDINS 237

campo de trabalho da área de patrimônio estavam mesmo mudando.[63] Essa é uma máxima incontestável, diante do tombamento dos jardins América e Europa. Porém, a sacralização da memória restritiva a lugares privilegiados estendida a seus proprietários, igualmente detentores de regalias, não estava totalmente descartada.

Essa constatação é do próprio Conselho e da comissão técnica, cujo nível intelectual e de conhecimento técnico para julgar o merecimento do pedido da comunidade é bastante elevado. Compunham essa comissão Geraldo Giovani, Paulo M. Bastos, Carlos Lemos, Sheila Schvarzman, Regina M. P. Meyr e Victor Hugo Mori. Seus próprios nomes já conferiam relevância ao debate que distinguiu o grupo, portanto é natural que houvesse preocupação com os privilégios que o tombamento pudesse comportar,

> como ficou claramente evidenciado nas últimas discussões ocorridas em Conselho, porque as razões sociais subjacentes podem assumir um caráter contraditório. Se, de um lado, a preservação da área, dada sua importância para a ecologia urbana tem alta relevância social, de outro, o fato de tratar-se de uma região habitada por estratos socioeconômicos mais altos poderia configurar a preservação de privilégios sociais. Em quarto lugar, porque talvez tenha sido este o motivo que gerou o maior número de pressões externas sobre o conselho, pelo menos na atual vilegiatura.

Esse registro da comissão técnica expressa claramente que o Conselho vinha sofrendo pressões externas para tombar, por parte dos interessados nesse procedimento, e para não tombar, por parte daqueles que desejavam estabelecer o comércio naquela região. Não obstante, a comissão optou por endossar o parecer do arquiteto Carlos Lemos, também membro da comissão, quanto ao tipo de tombamento que se poderia praticar nesse caso. Procedeu-se como o fizeram os outros pareceristas posteriores a Lemos que afiançaram sua posição, conduta possivelmente motivada por sua coerência e conhecimento do assunto. Lemos era professor da FAU/USP e arquiteto que construíra um nome no âmbito de sua profissão e que não tinha mudado de opinião a respeito dos jardins América e Europa desde sua primeira manifestação, ainda nos

---

63 Sobre a lentidão acerca das mudanças no âmbito cultural, principalmente envolvendo o patrimônio histórico, é importante a leitura do livro de Fraçoise Choay (2001). Ele apresenta uma retrospectiva histórica sobre a forma como a Europa, mais especificamente a França, lidou com a preservação de sua história e memória e como inventou o patrimônio urbano e sustentou sua identidade.

anos 70. Pautando-se no conhecimento das áreas de urbanismo e arquitetura, conquistou o respeito dos colegas. A comissão concluiu que

> o caráter exemplar do processo faz com que a decisão deva abstrair toda a argumentação que não esteja fundada em critérios de ordem técnica e/ou histórica. Cremos que a contradição contida nos interesses mais imediatos acaba por anular os argumentos em oposição.
>
> Por outro lado, a preservação do local, enquanto área verde [...] compete fundamentalmente à Municipalidade.
>
> Assim sendo, examinando os estudos, relatórios e pareceres anexos ao processo, que resgatam a história da ocupação das áreas em questão, fica claro que o tombamento, se concretizado, deverá estar apoiado fundamentalmente no caráter pioneiro do traçado, que constitui um marco inegável na história do urbanismo latino-americano. As demais razões levantadas de caráter ecológico e arquitetônico devem somar-se secundariamente àquela fundamental, adjetivando positivamente a pretensão da preservação. Isto significa restringir a extensão espacial do pedido nos termos do parecer do arquiteto Carlos Lemos, que se segue e que a Comissão endossa.[64]

Em 9 de dezembro de 1985, Modesto Carvalhosa elaborou seu parecer. Questionou, de modo indireto, o parecer da comissão técnica com relação às "razões efetivas que teriam levado ao movimento dos moradores dos jardins, solicitando o tombamento". O presidente do Condephaat concordava com o parecer do arquiteto Carlos Lemos e da comissão técnica, porém dizia que era preciso ampliar a questão e levar em conta outros fatores do processo, não considerados pelo conselheiro e pela comissão, como o abaixo-assinado que solicitava o tombamento e continha assinaturas de moradores dos Jardins Paulista e Paulistano. Em seguida, entrou na questão polêmica desse tombamento.

A comissão, assim como o conselheiro Carlos Lemos, havia sugerido que apenas fosse tombado o Jardim América, em razão de sua história e de seu traçado. Todavia quem mantivera o movimento, durante a década de 1970 e parte da de 1980, haviam sido os moradores do Jardim Europa. Além desse fato delicadíssimo, essa comunidade havia lutado contra o corredor comercial, inicialmente. Porém, a mudança do zoneamento, em 1980, que inseriu o corredor comercial especial para a Rua Colômbia e a Avenida Europa, não

---

64 Parecer da Comissão Técnica do Condephaat, 23 set. 1985. Processo de tombamento n° 23.372/85, p.341-342, folha 1-2.

A CIDADE E OS JARDINS **239**

coibiu a comunidade de lutar para bloquear a construção de um *shopping center* na esquina da Rua Alemanha com a Avenida Europa. O tombamento tinha a intenção de impedir que tal estabelecimento fosse construído – pelo menos, era a visão da comunidade.

Ora, se o tombamento se restringisse ao Jardim América, o único dos bairros com características para isso, ainda que questionáveis, como ficaria a comunidade que lutou com a finalidade de preservar sua área e seu sossego? Considerando-se que nesse "recanto de paz" que era o Jardim Europa residiam alguns dos mais ilustres nomes da elite paulistana, seria possível não atender a essa solicitação se fosse atendida a do Jardim América, bairro que estivera todos esses anos a reboque do vizinho realmente empenhado na preservação de sua área? Estava posto o problema que Carvalhosa tinha nas mãos. O Jardim Europa não tinha historicidade e traçado para ser tombado. Diante desse impasse, o presidente do Conselho formulou o seguinte protesto:

> Parece-me que a solução aventada atende apenas a parte do movimento dos moradores em prol da preservação do chamado pulmão verde do centro de São Paulo. Isto porque atém-se a respeitáveis critérios históricos, que embora inegáveis, não constituem a razão de ser do pedido da cidadania. Esta deseja, como todos os senhores Conselheiros puderam verificar – a preservação paisagística e do traçado urbano, apresentado como razão ou argumento central, o fato de ter sido o verde ali existente CONSTRUÍDO pelos moradores. E, com efeito, embora concebidas as áreas como Jardins foram os moradores que ali se revezaram durante mais de setenta anos que implantaram a paisagem ali existente, fornecendo à cidade uma massa vegetal provinda de seus lotes e do traçado viário. Em conjunto constitui, em nossos dias, patrimônio valiosíssimo da própria cidade, em termos ecológicos, paisagísticos, turístico e urbanístico. Pode-se alegar que tal "construção do verde", como enfatizam os moradores, é fruto de sua posição privilegiada no campo social. Pouco importa, no entanto, tal argumento, pois seria o mesmo que negar à nobreza inglesa o mérito de ter "construído" os parques magníficos que hoje compõem o sistema paisagístico de uso comum do povo.
>
> Esses parques eram os quintais dos palácios da família real inglesa e o mesmo alegam hoje os moradores, que em inúmeras manifestações declaram desejar "doar" essa área verde para a cidade, ou seja, desejam legar a área intacta, para que, no futuro, transforme-se efetivamente em um grande parque público essa área magnífica hoje aprisionada no próprio centro da cidade de São Paulo.

A elaboração dos fundamentos de Carvalhosa demonstra que ele estava empenhado em fazer tombar a área que a comissão técnica havia deixado de fora. Visto que os argumentos da transferência da historicidade do Jardim América para o Jardim Europa não haviam funcionado como na ação popular, e a "nobreza" do Jardim América conspurcaria a reivindicação da comunidade de seu vizinho, não restou outra coisa a fazer senão tombar toda a área dos Jardins sob a alegação da preservação ambiental. Dessa forma, Modesto Carvalhosa reuniu aos dois bairros em questão os jardins Paulista e Paulistano.

> O interesse e a possibilidade de tombamento dos jardins fundamenta-se, portanto, além do inegável caráter histórico do Jardim América, no caráter antrópico que é a sua marca principal e na necessidade de preservação desse patrimônio ambiental urbano, que é reclamado não só pelos seus moradores, mas pela população de toda a São Paulo, face aos benefícios que toda a medida trará.
>
> Tendo como fundamento as diversas considerações expedidas nos pareceres da Comissão e do professor Carlos Lemos, somos pelo tombamento de toda a área dos Jardins, tal como solicitadas pelos diversos abaixo-assinados dos seus moradores, abrangendo o perímetro compreendido entre as Avenidas 9 de julho e Rebouças e Rua Estados Unidos e Av. Brigadeiro Faria Lima.

Os dois outros bairros incluídos não aparecem em nenhum momento da ação popular, tampouco no processo de tombamento; figuram apenas nesse parecer e na ata nº 700, que registrou a reunião do tombamento. Foi votado em reunião do Conselho, porém no *corpus* de documentos do processo de tombamento há apenas a síntese da ata em questão. Ficou impossível saber o teor do debate sobre tal parecer, mas é certo que ele pôs abaixo todo o trabalho da comissão técnica, visto que sua indicação não foi respeitada. Também não há explicações, nem mesmo no texto de Carvalhosa, sobre a inclusão.

O presidente do Conselho deu indicativas de que realmente privilegiou os Jardins. Se quisesse defender o verde da cidade de São Paulo e se tivesse levado em consideração pelo menos parte do parecer do conselheiro Lemos, ou da comissão técnica, teria tombado a chácara Flora, o Alto da Lapa, o Alto de Pinheiros e outros bairros com características similares que envolvem a cidade como nichos verdejantes que serpenteiam ora aqui, ora ali, multiplicando e intensificando sua diversidade, amenizam o ar e melhoram a visão da árida e cinzenta São Paulo em dias excessivamente poluídos.

A CIDADE E OS JARDINS **241**

A Figura 54[65] na conjunção entre a planta do bairro e as fotografias das praças e ruas limítrofes nos permite formar uma idéia a respeito da área tombada do Jardim América. Possivelmente as imagens possam explicar melhor que as palavras, pois retratam a paisagem de uma ilha no interior da cidade. O Condephaat permaneceu nesse processo a serviço das elites, mesmo se consideramos a ambigüidade relatada nas atas de reunião do Conselho, que também marcou as reuniões da comissão e o próprio parecer final da comissão técnica, cuja preocupação quanto a tombar uma área para favorecer interesses de um grupo social foi debatida pelo grupo. Mesmo que esse cuidado com as ações se tivesse materializado, ainda assim o tombamento do Jardim América trazia em si um caráter indefinido. Por toda a sua história, relatada no âmbito deste trabalho, acabaríamos chegando a essa conclusão.

O Jardim América foi incorporado aos outros bairros-jardins e passou a fazer parte dos Jardins, denominação que se deu ao conjunto dos quatro bairros, como apresenta o mapa no início deste texto. Sua unicidade desapareceu no todo dos bairros. Incluir o Jardim América no mesmo conjunto de bairros cuja historicidade era outra e equipará-los tira-lhe sua condição de bairro-jardim planejado por Barry Parker, mas permite que sua história possa ser contada e que o bairro assuma sua nova configuração, considerando-se a intervenção realizada pela Companhia City, que o alterou entre 1926 e 1932.

O tombamento de toda a área subtraiu ao Jardim América sua singularidade, da forma como a propuseram o arquiteto Carlos Lemos e a comissão técnica do Condephaat. Conforme registrou o folheto comemorativo do tombamento dos Jardins:

> Os "bairros Jardins' – conceito de planejamento inglês a partir do qual foi construído o Jardim América e que introduziu a configuração do Jardim Europa, Paulistano e Paulista – são testemunhos de uma nova forma de ocupação do solo, onde o verde iguala-se em valor às construções.
>
> Tanto isso é verdade, que especial ênfase foi dada, naquela época, à regulamentação de uso do lote onde há menção a recuo, à proporção de construção em relação às áreas de jardim, à obrigatoriedade de cercas vivas, à grama e à arborização das ruas e praças públicas. Trata-se de uma nova experiência de urbanismo, que fará da

---

65 A composição entre fotografias do bairro e sua planta, apresentada nas páginas 242 e 243, foi elaborada por Antonio Marco Roseira, doutorando em Geografia na Universidade de São Paulo (USP). O desenho da planta foi realizado pelo ilustrador Rafael Ramires com base na planta extraída de Wolff, op. cit., p.289. As fotografias pertencem ao acervo particular da autora.

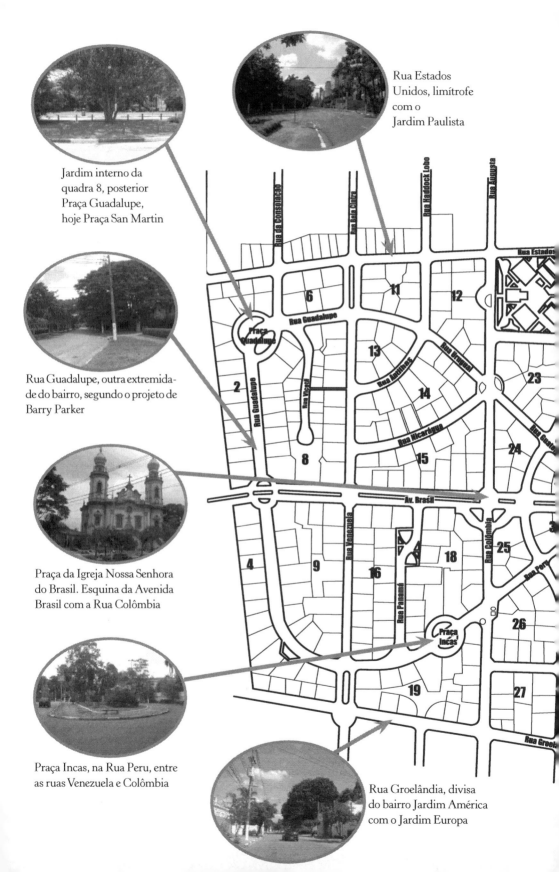

A CIDADE E OS JARDINS 243

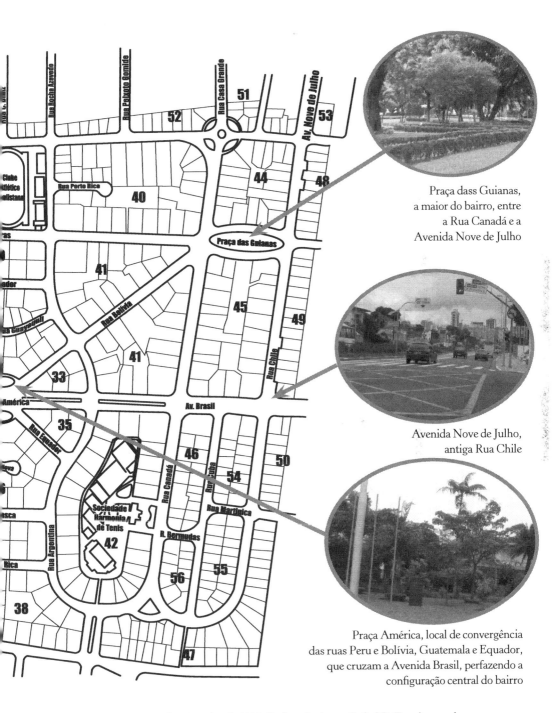

Praça dass Guianas, a maior do bairro, entre a Rua Canadá e a Avenida Nove de Julho

Avenida Nove de Julho, antiga Rua Chile

Praça América, local de convergência das ruas Peru e Bolívia, Guatemala e Equador, que cruzam a Avenida Brasil, perfazendo a configuração central do bairro

Figura 54 Planta do Jardim América de 1919. Redesenhada por Rafael R. Ferreira com base na planta citada em Wolff p.131. Fotos acervo da autora

244 ZUELEIDE CASAGRANDE DE PAULA

paisagem dado da memória urbana. Mas não só isso, a massa arbórea que se alteia acima das habitações traz para toda a cidade um efeito redutor da temperatura. Esta, através dos anos, devido à intensa verticalização e impermeabilização do solo, aumentou de maneira danosa seus índices, comprometendo o conforto ambiental e em última instância a qualidade de vida de todos os bairros da capital.

Da mesma forma que o desenvolvimento predatório destruiu o verde, por um processo antrópico, o homem reconstrói a vegetação através de uma ação refletida, transformando-a em bem cultural, objeto de tombamento. (MCB, 1986, s.p.)

O panfleto acerca das comemorações enfatiza a unicidade de cada bairro, porém destaca a história do Jardim América e a estende aos demais. As restrições de limites e as formas de construir implantadas pela City em seus terrenos foram impostas também ao loteamento do Jardim Europa, mas não aos dois outros bairros. Seus traçados também não foram inspirados no do Jardim América, mas a ação de tombamento agregou-os. A valorização do meio ambiente, da arborização de rua, contestada na ação popular e também debatida pela comissão técnica, por não ser motivo suficiente para um tombamento – que assim se restringiria apenas ao Jardim América – acabou por sustentar que se tombasse toda a área e todos os bairros fossem nivelados à condição de áreas verdes. Isso desconsiderou completamente a história do bairro, embora ela tenha sido lembrada no discurso do texto impresso no panfleto. A história do Jardim América foi, portanto, tragada pelo tombamento de toda a área, à qual foi imputada outra história, porém não aquela construída a partir do bairro que havia sido planejado pelo inglês Barry Parker. Inventou-se, desde essa época, uma tradição para a região conhecida hoje como Jardins. Todavia, essa tradição, sem que se tenha percebido, igualou os bairros-jardins e reconheceu a intervenção da Companhia City (mencionada noutra passagem por Carlos Lemos), que conferiu ao Jardim América sua condição de bairro-jardim à moda brasileira.

Traços finais

*Representado por um labirinto dissimulado pela superfície
cativante de um espelho, o patrimônio arquitetônico e
urbano, com as atitudes conservatórias que o acompanham,
pode ser decifrado como uma alegoria do homem na aurora
do século XXI: incerto da direção em que o orientam a
ciência e a técnica, busca um caminho no qual elas possam
libertá-lo do espaço e do tempo, para de forma diferente e
melhor, deixar que os invista.*

Françoise Choay, *A alegoria do patrimônio*

O bairro pode ser uma ilha dentro de uma cidade, mas também uma espacialidade integrada ao todo da urbe. Isso dependerá da relação que o morador tiver estabelecido com o lugar. Sob esta premissa procuramos mostrar a trajetória do bairro Jardim América incrustado na cidade de São Paulo. Foi o primeiro de uma série de bairros loteados pela Companhia City, com o intuito de ocupar a considerável área de que essa empresa dispunha no perímetro urbano.

Suas características originais para a época, procedentes da concepção cidade-jardim, despertaram a atenção dos habitantes da cidade que estavam em busca de um lugar para morar que fosse agradável e suas posses permitissem. Não tardou para que seu desenvolvimento chamasse a atenção da própria Companhia City e de outras empresas urbanizadoras, no sentido de reproduzir loteamentos similares.

Dessa forma, o padrão estabelecido pela empresa com a participação de Barry Parker acabou por imperar dentro da própria City. Prova disso foi o planejamento do Alto da Lapa e Alto de Pinheiros, entre outros inúmeros loteamentos por ela projetados com a mesma proposta, porém sem os jardins internos, visto que não havia boa aceitação dessa originalidade, mesmo que esse fosse o mote condutor de loteamentos de bairros-jardins na Inglaterra, como visto no caso de Hampstead. A aceitação das áreas internas nas cidades da Europa estava mais ligada aos estreitos laços estabelecidos com a natureza, bem diferentes no caso de São Paulo, onde a materialidade da própria cidade a transformara em um canteiro de obras.

A Companhia City tinha uma preocupação com o padrão de planejamento que desenvolvia, independentemente da rigidez das relações comerciais que travava. A companhia trabalhou para que seu nome estivesse vinculado aos bairros que planejava de modo a ser referenciada como aquela que produzia bairros com qualidade nos projetos oferecidos, tanto de traçado quanto paisagísticos. Esse procedimento consolidou a empresa no mercado.

Seu primeiro bairro, o Jardim América, distinguia-se das outras localidades em razão de ter sido o primeiro com traçado curvilíneo e jardins internos, arborização de ruas em integração com a das residências, praças e cercas vivas oferecendo ao morador e ao transeunte uma paisagem acolhedora.

Esses atributos renderam-lhe, ao longo da sua história, uma intervenção que respondeu pela perda de sua atipicidade, os jardins internos. No entanto, esse fator não impediu que o bairro continuasse a ser referenciado como o típico bairro-jardim projetado por Barry Parker. Em razão das áreas contíguas terem assimilado sua simetria ou parte dela e a copiosa vegetação, formou-se um grupo de bairros com similaridades. A harmonia que os marcava e a qualidade de vida assegurada em razão da própria condição do lugar possibilitaram a alta concentração de renda, que passou a ser mais um fator de comunhão nesta região.

Por um lado, essa constituição propiciou o coroamento do Jardim América como bairro-jardim, e quando ele foi integrado ao grupo de bairros com qualidades similares acabou por estender aos outros os seus atributos. Por outro lado, perdeu essa singularidade na integração assimilando, dessa forma, as prerrogativas de loteamento impostas pela Companhia City quando eliminou seus jardins internos. Toda a sua trajetória foi marcada por interferências significativas no projeto que o qualificara como bairro-jardim planejado por Barry Parker. No entanto, esses "percalços" não foram levados em consideração no momento de reservar sua origem primeira na memória e na história do bairro.

O tombamento de toda a região, ao final da luta da comunidade do bairro Jardim Europa com o América a reboque, demarcou outra espacialidade conhecida como "Jardins". Esse processo demonstrou, pela forma como transcorreu, que não era importante para a comunidade do Jardim América saber quais os marcos históricos que estariam construindo para si. Tampouco era importante saber o tipo de patrimônio que se preservava, visto que embora o parecer técnico da comissão do Condephaat no decurso do processo n° 23.372/85 aconselhasse o tombamento de algumas residências para preservar a memória e a história do bairro, a investigação para determinar quais residências seriam tombadas não se realizou. Ainda que a arquiteta Silvia Wolff,[1] em seu pronunciamento na cerimônia de comemoração do aniversário do bairro Pacaembu, enfatizasse a importância de selecionar residências para serem tombadas e perguntasse aos moradores presentes o que pretendiam fazer em relação a suas casas, ela não obteve resposta. Sua fala foi seguida de total silêncio – mesmo os burburinhos cessaram.

Assim, o que procuramos mostrar ao longo desta pesquisa foi a contribuição do Jardim América para formar mais uma camada do pergaminho da história e da memória do bairro, mas também da cidade de São Paulo. Também procuramos demonstrar que a concepção de cidade-jardim, ao ser aplicada no Brasil, adaptou-se a sua realidade, como ocorreu em outros países. Além disso, enfatizamos que essa concepção, em nosso caso, distanciou-se muito da proposta inicial de Ebenezer Howard. Contudo, aqui tivemos um caso à parte, já que Parker veio a serviço de uma empresa de capital inglês, cujo objetivo era explorar as terras brasileiras. Mesmo que inicialmente tenha sido um morador menos abastado a residir no bairro, pode ter enriquecido, visto que São Paulo era a terra das oportunidades, e se não o deixou, juntou-se àqueles que para lá se mudaram no momento em que ele havia se tornado um chamariz para os ricos.

Buscamos salientar, sobretudo, a forma como foi produzida a história do bairro e como se eternizou um passado que se pretendeu preservar, não porque houvesse alguma importância em preservar uma história, mas porque há subterfúgios capazes de criar outra historicidade quando esta se faz necessária. No caso desse bairro, entrou em cena a região, arborizada, limpa, central e o que é mais significativo, com uma população que sempre soube escolher, defender seus direitos e que mostrou como ninguém como se constrói o passado que se quer. O ponto alto dessa demonstração está nos argumentos que vieram a

---

1 Promovido pela Companhia City e a Sajep em 2002.

fundamentar a sacralização da área dos Jardins em monumento patrimonial, a partir da inserção do discurso ambientalista na reivindicação de tombamento. Esta estratégia, revelada em um momento histórico em que somente os muito *esclarecidos* poderiam dela usufruir, vem reforçar que o planejamento de uma cidade, ou de uma área, se realiza de acordo com a vontade daqueles que detém o saber a respeito dos vários interesses que a envolvem. Essa mesma perspicácia se revelou na forma como se conduziu o processo final do tombamento do bairro Jardim América, posteriormente parte dos Jardins. A mesma sutileza marcou a história do bairro desde seu projeto urbanístico para se consolidar ao final com o tombamento.

Neste momento, ao finalizar o trabalho, posso dizer que ao iniciá-lo, no primeiro capítulo, levantei um problema, entre outros que foram debatidos no decorrer deste livro, qual seja, se o bairro Jardim América estava mais para a concepção de bairro-jardim que caracterizava as cidades-jardins de Ebenezer Howard ou para aqueles bairros americanos que foram implantados a partir dessa concepção, mas foram adaptados. Finalmente poderia afirmar que o Jardim América, ao ser caracterizado como um bairro-jardim brasileiro, trilhou os mesmos caminhos dos bairros americanos, ou seja, está longe de ser um bairro dentro da concepção cidade-jardim, pois desvirtuou completamente a proposta daquela concepção, mesmo que tenha tido seu primeiro planejamento feito pelas mãos de Barry Parker.

NOTAS BIOGRÁFICAS

ALBUQUERQUE, Alexandre de. Formou-se pela Escola Politécnica de São Paulo, em 1905. Fundador e primeiro presidente do Grêmio Politécnico, vencedor do prêmio de viagem à Europa, foi patrocinado por seu professor Ramos de Azevedo, com quem trabalhara. Essa viagem permitiu-lhe trazer da Europa uma bagagem de informações técnicas e de uso de materiais para aplicar em construções, além de tê-lo deixado bastante impressionado com a monumentalidade da cidade de Paris. A viagem ainda o tornou respeitado aos olhos de seus patrícios e permitiu-lhe a elaboração de um dos três projetos que propunham a dinamização e diretrizes para os melhoramentos de São Paulo (Campos, 2002, p.115).

AZEVEDO, Francisco Paula Ramos de. Nasceu na cidade São Paulo em 8 de dezembro de 1851 (porém, sempre disse ser campineiro, cidade de sua família, pois orgulhava-se de ser um homem do interior que venceu na Capital). Filho de João Martinho Azevedo, major do esquadrão da cavalaria da Guarda Nacional e comerciante, mais tarde tornou-se tesoureiro do Tesouro Provincial. Ramos de Azevedo estudou no curso primário na escola do professor Quirino do Amaral Campos. Aos 18 anos inscreveu-se para a Escola Militar na Praia Vermelha, no Rio de Janeiro. Deixou a carreira militar quando terminou a Guerra do Paraguai. Regressou a Campinas em 1872. Nesse ano iniciou trabalhos como aprendiz nas estradas de ferro Paulistana e Mogiana, sob a tutela do barão de Parnaíba Antonio de Queiroz Telles; trabalhou, de 1874 a 1875, sob as ordens do engenheiro Antonio Rebouças. Em março de 1875 parte para a Europa; é um dos 219 brasileiros que foi estudar na cidade belga de Grand. Desses 219, 184 escolheram engenharia, como Ramos de Azevedo, e matricularam-se na Ecole Speciale du Genie Civil et des Arts et Manufactures annexèe à l' Université de Grand. Por orientação do diretor da escola transferiu-se para a área de Arquitetura em função de seu grande talento para desenhar. Recebeu menção honrosa em sua formatura em 16 de dezembro de 1886, com o selo da Coroa Real belga, por seu desempenho nos estudos. De 1879 a 1886 trabalhou em Campinas. Em 1880 casou-se com Eugênia Lacaze, filha de proprietários de terras em Batatais e Cajurú. Trabalhou no término da matriz de Campinas de 1880 a 1883 (Lemos, 1993, p.6-7).

BARRETO, Plínio. Advogado, político e professor da Faculdade de Direito no Largo São Francisco. Exercia a presidência do Instituto dos Advogados de São Paulo e estava envolvido com o Movimento Revolucionário Constitucionalista. Teve participação efetiva, conclamou seus colegas a aderirem ao movimento e, após a derrota, foi preso no Rio de Janeiro, sendo libertado dias depois. Retornou a São Paulo, onde passou a exercer suas funções de advogado e redator-chefe do jornal *O Estado de S. Paulo*. É nesse momento que a Companhia City o convoca para dar seu parecer sobre o loteamento das áreas internas do Jardim América. Nascido em Campinas (SP), em 20 de junho de 1882, era filho de José de Morais Barreto e de Vicência Augusta de Barreto. Fez seus estudos iniciais no seminário episcopal de Campinas e no Colégio São Paulo na capital do estado. Em 1899, ingressou na Faculdade de Direito de São Paulo e formou-se em 1902. Ingressou como revisor no jornal *O Estado de S. Paulo* mesmo antes de terminar a faculdade. Em 1898, passou para a redação do mesmo jornal. Residiu em Araras, interior do estado de São Paulo, por orientação de Júlio de Mesquita, o editor-chefe do jornal. Nessa localidade, exerceu a advocacia e o jornalismo, retornando a São Paulo em 1909. Manteve, no jornal *O Estado de S. Paulo*, uma seção denominada Crônicas Forenses que, em 1912, foram reunidas em um livro sob o mesmo título da coluna. Nesse mesmo ano fundou a *Revista dos Tribunais* e, em 1916, juntamente com Júlio de Mesquita e Alfredo Pujol – irmão de Hipólito Pujol Júnior, o planejador do Jardim Europa – assumiu a direção da *Revista do Brasil,* que passa para o controle de Monteiro Lobato em 1918. Era membro da Liga Nacionalista, organização, criada em 1917, que defendia o serviço militar e o voto secreto. Em 1926, assumiu a direção do *Diário da Noite,* fundado um ano antes por Léo Vaz e Mariano Costa, depois adquirido por Assis Chateaubriand. Em 1927, com a morte de Júlio de Mesquita, assumiu o cargo de redator-chefe de *O Estado de S. Paulo*. Nesse mesmo ano, passou a trabalhar como consultor jurídico da Irmandade da Santa Casa de Misericórdia. Em 1930, foi designado secretário de Justiça e Segurança Pública do governo do general Hastínfilo de Moura, conhecido como o "governo dos 40 dias". Também assumiu o governo do estado de São Paulo entre 6 e 25 de novembro de 1930. Foi indicado para ser interventor no lugar de João Alberto, em 1931; entretanto, encontrou resistência das forças revolucionárias e não aceitou a indicação, assumindo a interventoria Laudo de Camargo. Em 1932 apoiou o movimento constitucionalista e, ao final, com a derrota, foi preso no Rio de Janeiro. Retornou a São Paulo, assumindo a redação do *O Estado de S. Paulo*. Em 1934, deu seu apoio à candidatura ao governo de São Paulo de Armando Salles, que foi eleito em outubro do mesmo ano. Ficou no jornal *O Estado de S. Paulo* até 1940, quando o governo promoveu uma intervenção mais direta no jornal. Passou a colaborar com o jornal *Diário de São Paulo*, pertencente à cadeia dos *Diários Associados* de Assis Chateaubriand. Em 1945, foi eleito deputado à Assembléia Nacional Constituinte na legenda da União Democrática Nacional (UDN). Desempenhou várias atividades concernentes a sua função parlamentar e manifestou-se contra a cassação dos parlamentares comunistas em 1947, embora fosse anticomunista. Nesse mesmo ano, candidatou-se à vice-governança do estado de São Paulo, mas perdeu para Luis Gonzaga Novelli Júnior, genro do presidente Eurico Gaspar Dutra. Retornou à Câmara, onde permaneceu até o final de seu mandato, em 1951. Durante esse período, continuou a escrever para o jornal *O Estado de S. Paulo* e, ao findar o mandato, assumiu novamente a chefia da redação e retornou à advocacia. Promoveu a organização da seção paulista da Ordem dos Advogados do Brasil.

A CIDADE E OS JARDINS 251

Em junho de 1958, foi eleito por unanimidade para a Academia Paulista de Letras, porém não chegou a tomar posse, pois morreu em 28 de junho de 1958. Foi casado com Celina Pacheco Barreto, com quem teve dois filhos. Publicou inúmeros artigos, conferências e ensaios sobre temas políticos, jurídicos e literários. (Abreu, 2001, p.539-540)

BOUVARD, Josep Antoine. Era engenheiro com formação em arquitetura. Nasceu em Saint-Jean de Bournay, em 1840, e faleceu em Paris, em 1920. Formou-se em Viena aos 23 anos, mudou-se para Paris em 1863 e entrou para o serviço público, realizando trabalhos de porte entre 1878 e 1889. Chefiou as instalações da exposição de Viena em 1873; de Londres em 1874; de Bruxelas em 1876; de Amsterdã em 1881; e de Liège e Milão. Em 1879, o Parlamento francês passou de Versalhes a Paris. Bouvard foi encarregado de fazer a mudança. Depois desse evento, nomearam-no arquiteto da administração central das Belas-Artes e das Festas. Foi Diretor da Arquitetura, dos Parques e dos Jardins, em 1900. Na América do Sul, realizou trabalhos importantes em Buenos Aires e, em 1911, foi árbitro em relação aos projetos apresentados para o Plano de Melhoramentos de São Paulo. Sua arbitragem habilitou-o a apresentar soluções que acabaram por tornar-se outro projeto (idem, p.66-67).

FREIRE, Victor da Silva (1869-1951). Nasceu em Portugal, embora seus pais fossem brasileiros. Estudou na escola politécnica de Lisboa, onde se diplomou em 1888. Estudou na École de Ponts et Chaussées de Paris formando-se em engenharia civil. Ao terminar a graduação, trabalhou com Carles Beer, em Liège. Trabalhou para a Société International de Travaux Publics e participou em construções de pontes metálicas na Espanha. No Brasil entrou na Superintendência de Obras Públicas em 1895, fundada por Paula Souza. Fez parte da Comissão Saneadora, presidida por Saturnino de Brito, na qual chefiou o distrito de Santos entre 1897 a 1898. Ingressou na Escola Politécnica de São Paulo, em 1897, e alcançou a cátedra em 1909, tornando-se seu diretor vinte anos depois. Foi assistente de Paula Souza na Escola Politécnica e suas relações abriram-lhe caminhos em razão de sua técnica e sua permanência na Diretoria de Obras até 1926, comprovando-a acima de qualquer dúvida. Passou a fazer parte da diretoria da Companhia City a partir de 20 de julho de 1937 (Souza, 1988; Campos, 2002; Segawa, 2000).

GEDDES, Patrick (1854 – 1932). Nasceu na Escócia, era biólogo e discípulo de T. H. Huxley, foi professor de botânica. Seus estudos, ao pesquisar as comunidades humanas, foram sempre do ponto de vista evolucionista. Interessou-se pelo urbanismo e empreendeu pesquisas em cidades européias, além de ter cunhado os conceitos clássicos de conurbação, eras paleotécnica e neotécnica. Exerceu uma grande influência quando se realizaram as primeiras cidades-jardim. "Foi o mestre de Lewis Mumford. Suas duas obras principais, em matéria de urbanismo são: City Develompment (1904) e Cities in Evolution (1915)" (Choay, op. cit., p.273-274).

HAUSSMANN, Georges-Eugène (1809-1891). Nasceu e morreu em Paris, foi advogado, funcionário público, político e administrador. Tinha o título de barão. Foi nomeado prefeito por Napoleão III, tornou-se o remodelador de Paris, cuidou do planejamento da cidade durante 17 anos, com a colaboração dos melhores arquitetos e engenheiros de Paris. Haussmann planejou uma nova cidade, melhorando os parques parisienses e criando outros, além de ter construído vários

252 ZUELEIDE CASAGRANDE DE PAULA

edifícios públicos, como a L'Opéra. Melhorou também o sistema de distribuição de água e criou a grande rede de esgotos, quando, em 1861, iniciou a instalação dos canais entre La Villette e Les Halles, supervisionada pelo engenheiro Belgrand. Também demoliu as ruas sujas e apinhadas da cidade medieval e criou uma capital ordenada sobre a geometria de avenidas e bulevares. Auteil, distrito vizinho, foi anexado e passou a ser subúrbio como outros. O plano criado para o centro da cidade previa a reformulação da área em um dos extremos dos Champs-Elysées (Campos Elíseos). Haussmann elaborou uma estrela de 12 avenidas amplas em volta do Arco do Triunfo, onde grandes mansões foram erguidas entre 1860 e 1868. Além do L'Ópera, foi projetada também a Place de l'Opéra, um dos cruzamentos mais complicados de Paris. L'Opéra de Paris Garnier foi projetado por Charles Garnier a pedido do Imperador e levou 13 anos para ser concluído, de 1862 a 1875. O prédio é suntuoso e singular, pois é uma mistura de materiais como pedra, bronze, mármore e outros, bem como de estilos que vão do clássico ao barroco. Haussmann foi subprefeito em Nérac em 1830, prefeito do Sena de 1853 a 1870, senador em 1870 e deputado em 1877. As despesas decorrentes de todas as suas obras provocaram sua demissão em 1870 (Mumford, 1998; Benevolo, 1999).

LEMOS, Carlos Alberto Cerqueira Lemos. Arquiteto e historiador de arquitetura, formou-se pela FAU/Mackenzie em 1950. É professor de pós-graduação da FAU/USP e foi membro da equipe de projeto do parque Ibirapuera. Na primeira metade dos anos 50, dirigiu o escritório de Oscar Niemeyer em São Paulo. Residência projetada por ele: residência L. E. Magalhães Gouveia, 1961. Rua João Moura, 1723, Jd. das Bandeiras. Autor de *A casa brasileira* e *Ramos de Azevedo e seu escritório*.

MARQUES, José Manoel de Azevedo. Professor de Direito da Faculdade de Direito do Largo São Francisco. Em substituição ao barão do Rio Branco, assumiu o ministério das Relações Exteriores em 29 de setembro de 1919, permanecendo no cargo até 15 de novembro de 1922. Nesse período esteve sob a chefia do presidente Epitácio Pessoa, cujo fim de mandato encerrou sua gestão ministerial. Durante esse período participou da votação na Liga das Nações; da reação à proposta de desarmamento em 1920; da proposta chilena de ampliação do conselho em 1921, e da questão de fronteira entre a Colômbia e o Peru, em 1922 (Barreto, 2001).

MARTIN, Jules. Aluno da Escola de Belas-Artes de Marselha em 1848, chegou ao Brasil em 1868 e estabeleceu-se primeiro em Sorocaba, mudando para São Paulo em 1869 e abrindo uma oficina de litografia que recebeu a distinção de Imperial Lithographia de D. Pedro II, em 1875. Em 1877 propôs a construção do Viaduto do Chá, motivo de intensa polêmica até sua finalização em 1892 (Segawa, op. cit., p.21-26).

NEVES, Samuel das (1863-1937). Nasceu em São Felix na Bahia. Diplomou-se em 1882 pela Escola Imperial de Agronomia, da vila de São Francisco, onde fez seus estudos de ciências físicas, matemáticas e arquitetura, além de agronomia, o que lhe permitiu, dada a deficiência de atividades agronômicas na época, inclinar-se para a engenharia civil. Com o advento da República, mudou-se para São Paulo, local no qual se estabeleceu. Foi considerado inovador por ser o primeiro a empregar estruturas metálicas em edifícios comerciais; a construir o primeiro prédio de concreto no centro da cidade; apartamentos para solteiros, em 1913; a usar telas metálicas

A CIDADE E OS JARDINS 253

para forros de estuque, que eram feitas até aquele momento com ripas de palmito; a introduzir o uso de escadas de mármore à *sbalzo*, e a aplicar caixilhos de aço em prédios comerciais e calhas e condutores de ferro fundido galvanizado de procedência inglesa (idem, p.82-83).

PUJOL JÚNIOR, Hypólito Gustavo. Filho de Hypólito Gustavo Pujol, francês, professor, casado com dona Maria José, que teve quatro filhos: Hypólito, Alfredo, Ernesto e Adolfo. Veio para o Brasil, para a cidade do Rio de Janeiro e posteriormente para Campinas. Essa mudança deu oportunidade a Hypolito Júnior de formar-se engenheiro-arquiteto pela Politécnica. Durante sua vida, projetou entre outros o edifício Ginle, em 1910; o edifício Rolim, em 1928; o teatro D. Pedro II, e o edifício do Banco do Brasil na esquina da rua Álvares Penteado com a Rua da Quitanda. Planejou a bairro Jardim Europa. (Caran, 2001).

SEVERO, Ricardo. Arquiteto. Nascido em Portugal, em 1869, foi auxiliar de Ramos de Azevedo de 1893 a 1895, no escritório técnico F. P. Ramos de Azevedo e Cia., situado na Rua Boa Vista, e seu associado de 1895 a 1928. Após a morte de Ramos Azevedo, em 1928, funda a firma F. P. Ramos de Azevedo Severo e Villares, juntamente com Arnaldo Dumont Villares, também auxiliar de Ramos de Azevedo de 1909 a 1911 e seu associado de 1911 a 1928. Em 1913, com a intenção de retornar a nossas tradições coloniais de origem lusitana, em contraste com o ecletismo vigente nas construções mais importantes do Rio de Janeiro e São Paulo, Ricardo Severo lança o estilo neocolonial, em 1914, durante sua conferência A arte tradicional brasileira, realizada na Sociedade de Cultura Artística de São Paulo. Tanto a campanha quanto suas palavras deixam clara sua posição de manter a herança do espírito luso em nossa "tradição étnica e histórica, em um período de demolição e renovamento [sic], para que não destruísse nas artes criadoras a essência da nacionalidade". Severo clama contra o ecletismo ou a importação do *art nouveau*, preocupa-se sempre em chamar a atenção para a relação entre a arte colonial dos séculos XVIII e XIX e a arquitetura portuguesa. Estuda os aspectos arquitetônicos internos: telhados, portas, janelas, gelosias e rótulas. Mostra o valor estético dos elementos arquitetônicos tradicionais brasileiros, mas que na prática se transmutavam em estilo português. Em sua residência, na Rua Taguá, em São Paulo (1917 a 1924), pode-se observar a presença de uma forte influência de estilos portugueses nos detalhes ornamentais de origem lusa e na incorporação de uma tribuna vinda de Portugal. Distante está Ricardo Severo, nessa casa, de um Lúcio Costa, que realizou o neocolonial baseado em estudos não das edificações portuguesas, mas daquelas realizadas no Brasil. Assim, a arquitetura, com um movimento que conheceu seu apogeu nos anos 1920, fenecendo em começos dos anos 1930, se antecipou à pintura na busca das raízes nacionais num passado até então esquecido. Sem muito atentar para a autenticidade ou não da tendência e, segundo José Mario da Silva Neves, em sua conferência "Ricardo Severo e a arquitetura tradicional brasileira", realizada em de novembro de 1969, nossos jovens artistas, "cansados da adaptação e da repetição das formas estranhas à nossa sensibilidade e às nossas raízes étnicas", abandonaram "o neoclássico modernizado, foram se afastando do *art nouveau*, procurando nas formas tradicionais os elementos necessários para suas criações" (apud Marcovitch, 2003. p.136, 146, 147).

SILVA PRADO, Antonio da (1840-1929). Antigo monarquista, senador, conselheiro e ministro de gabinetes imperiais. Foi adversário e desafeto de muitas lideranças do PRP, gozava de imagem de homem público isento e puro, respeitado pelos setores dominantes da opinião pública – entre os quais nem todos aprovavam o jogo político perrepista. Juntamente com seu irmão republicano, Martinho Prado Júnior, chefiava a mais importante família da sociedade paulistana. Foi um dos principais líderes nos campos agrícola, industrial, comercial e financeiro da crescente economia paulista. Foi integrante do grupo progressista do Partido Conservador do Império e nele tornou-se deputado, ministro e membro do Conselho do Estado de Dom Pedro II. Em 1926 conferiu seu apoio ao Partido Democrático. Por meio das relações travadas com o Partido Conservador e com a figura de Francisco de Paula Rodrigues Alves, que assumiu o governo estadual em 1898, foi articulada a criação do executivo municipal com o apoio do Presidente da Câmara paulista coronel Proost Rodovalho e do Intendente das Finanças Pedro Vicente de Azevedo, cabendo a Antonio Prado assumi-lo. Governou a cidade de São Paulo por quatro mandatos seguidos perfazendo um total de 12 anos de 1899 a 1910 (Campos, 2002, p.83-93).

SODRÉ, Roberto Costa de Abreu. Nasceu na cidade São Paulo, em 21 de junho de 1918. Era filho de Francisco de Paula Abreu Sodré e de Idalina Costa de Abreu Sodré. Vinha de uma família de cafeicultores e pecuaristas tradicionais da região sorocabana do estado. Estudou no liceu Rio Branco e fez direito na Faculdade de Direito da Universidade de São Paulo. Foi governador do estado de São Paulo e ministro da pasta de Relações Exteriores. Foi um dos mais antigos sócio do Masp. Faleceu em São Paulo em 14 de setembro de 1999 (Abreu, 2001, p. 5547).

VAMPRÉ, Spencer. Nasceu em Limeira (SP), a 24 de abril de 1888, filho do dr. Fabrício Carneiro Tupinambá Vampré e d. Matilde Rosa de Andrade Vampré. Recebeu o nome de Spencer por seu pai, admirador e um dos primeiros leitores no Brasil da obra de Herbert Spencer, o filósofo do evolucionismo. Estudou as primeiras letras em Limeira, a seguir, em Rio Claro, onde passou a adolescência. Fez os preparatórios no Instituto de Ciências e Letras, onde foi discípulo de Artur Thiri, Augusto Baillot, Sílvio de Almeida, José Candido de Souza, Oscar Campelo, Artur Andrade e outros. Obteve aprovações de preparatórios nos exames que se realizavam anualmente na Faculdade de Direito, onde se matriculou para o curso em 1904, bacharelando-se em 1908. Em 1917, fez concurso para a seção de Filosofia do Direito e Direito Romano sendo nomeado substituto. Desde 1914, pertencia à Academia Paulista de Letras, tendo sido o primeiro eleito, pois a vaga de Hipólito da Silva foi a primeira a verificar-se, desde a fundação. Regeu a cadeira de Direito Romano por alguns anos, até a supressão pela reforma Francisco Campos. Na vida acadêmica, realizou uma solenidade talvez única na história das Academias de Letras, recepcionando com um só discurso, os acadêmicos Rubens do Amaral, Veiga Miranda e Léo Vaz. Recebeu as condecorações: portuguesa da Ordem de São Tiago e italiana, da Coroa da Itália. Deixou várias obras publicadas. Era intérprete público juramentado de japonês, francês, inglês, alemão, italiano e espanhol. Faleceu a 13 de julho de 1964 (Academia Paulista..., 1979, p. 121).

VILLARES, Arnaldo Dumont. Sua formação acadêmica se deu toda na Inglaterra, da escola primária à faculdade de Engenharia. Estagiou na Siemens, na Alemanha, e regressou ao Brasil em 1912, exatamente no ano em que se configurou a sociedade que deu origem à City of São Paulo Improvements and Freehold Land Company Limited. Nesse mesmo ano, casou-se com a filha de Ramos de Azevedo, de quem se tornou sócio. Após a morte de Ramos, em 1928, Villares juntou-se a Severo, formando a firma Severo e Villares, encarregada pela Companhia City de fiscalizar todas as atividades em que atuava no âmbito de construções. Arnaldo Dumont Villares figura como diretor da Companhia City, desde a primeira ata do primeiro livro de atas de 1926 (Marcovitch, 2003, p.145-6).

REFERÊNCIAS BIBLIOGRÁFICAS

Fontes

A Acervo do Arquivo de Projetos e Bairros da Companhia City de Desenvolvimento

GG = gerência geral

GA = gerência administrativa

ACC = Arquivo da Companhia City caixa 270, pasta: GA4456;

caixa 250, pasta: GA 4022; caixa 249, pasta: GA 4021; caixa 248, pasta: GA 3985; caixa 254, pasta: GA 5115.

Ata 23, de 28/03/1927. A.C.C.

Minutas de atas em inglês 23, 26, 27, 28, e 31/12 de 1927 e 2/2 de 1928. Ata de reunião da Companhia City 23, de 28/03/1927.

Ata 38, de 27/06/1928. A.C.C. Ata 12 17/02/1928. A.C.C

Ata 48, de 6 de fevereiro de 1929. Livro 3, GG livro 05 CX: 01. Ata 57, de 8 de novembro de 1929. Livro 3, GG livro 05 CX: 01. Ata 58, de 5 de dezembro de 1929, Livro 4, GG livro 05 CX: 01. Ata 76, de 21 de agosto de 1930 GG Livro 05 CX: 01.

Ata 82, do dia 2 de fevereiro de 1931. CX 09. Ata 106 21 de janeiro de 1932. CX 09.

Ata 152, de 22 junho de 1934.

Ata 156, de 10 de agosto de 1934.

Manuscritos de Barry Parker. Arquivos da Companhia City (Brooklin Novo). Pasta GG 092.

Letter from Mr. Parker to Dr. Freire of the Public Works Departament regarding the former`s Report on Pacaembu. Arq. da Companhia City (Brooklin Novo). Pasta GG 092.

Relatório referente ao loteamento dos jardins internos do Jardim América. Guardado na caixa GG 021.

Arquivo do First Garden City Museum de Letchworth, Inglaterra

MILLER, M. K. *Barry Parker and Raymond Unwin*: a selection of drawings and designs from the Barry Parker Collection of the Letchworth Museum. Letchworth, [19--?]. mimeografado. Manuscritos de Barry Parker.

FOTOGRAFIAS DE RESIDÊNCIAS planejadas para o Jardim América em um álbum em por- tuguês.

ARTIGO DE JORNAIS INGLESES sobre o trabalho de Barry Parker e Raymond Unwin. Recortes de jornais sobre a vida e obra de Barry Parker e Raymond Unwin

Museu da Casa Br'asileira (MCB)

SECRETARIA DA CULTURA. Condephaat. *Folheto comemorativo do Tomba- mento das áreas que compõem os Jardins América, Europa, Paulistano, Paulista.* Re- alizado por resolução do secretário da Cultura de Defesa do Patrimônio Histórico, Arqueológico, Artístico e Turístico do Estado de São Paulo, presidido por Modesto CARVALHOSA, com o apoio da Sajep, em ato presidido pelo governador Franco Montoro, nos jardins do Museu da Casa Brasileira. São Paulo, 23 jan. 1986.

Arquivo do Condephaat

Conselho de Defesa do Patrimônio Histórico, Arqueológico, Artístico e Turístico do Estado (Condephaat). Processo de Tombamento n° 23.372 / 85, num total de 497 páginas.

Carta escrita por RATHSAM, Marius Osvald Arantes, 19 ago. 1981. Processo de tombamento n° 23.372/85, p.127-131.

Diário Oficial do Estado de São Paulo. São Paulo, 8 mai. 1985. Seção I, p.25. Laudo técnico do arquiteto Victor Hugo MORI, de 2 de julho de 1985. Parecer da Comissão Técnica do Condephaat, 23 set. 1985.

Parecer do arquiteto Carlos LEMOS: estudo de tombamento das "Áreas Verdes dos Jardins", 5 ago. 1985.

SCHVARZMAN, S. *Resenha Histórica*: Jardim América e Jardim Europa, 26 jul. 1985, p.331.

Arquivo Geral do Tribunal de Justiça do Estado de São Paulo

Ação Popular 277/80, num total de 1007 páginas agrupadas em cinco pastas.

Site da Sajep

Mapa extraído do *site* da Sajep. Endereço: sajep.org.br / tombjardins.1986.pdf, acessado em 10 de janeiro de 2005, 21:32h e 20:02h.

A CIDADE E OS JARDINS 259

Empresa Metropolitana de Planejamento da Grande São Paulo S/A

SECRETARIA DOS NEGÓCIOS METROPOLITANOS. Empresa Metropolitana de Planejamento da Grande São Paulo S/A. *Guia de Apoio das Sociedades Amigos de Bairros*. [S.l.: s.n.], 1985.

Arquivo Público do Estado de São Paulo

Melhoramentos do Centro da Cidade de São Paulo. Projecto apresentado pela Prefeitura Municiapal. S. Paulo. Typ. Brazil de Rothschild & Cia. Rua 15 de Novembro N. 30 – A 1911. p 9-10.

Artigos de jornal da ação popular e do processo de tombamento

AGORA, quem protesta é o Jardim Europa. *Folha de S. Paulo*. São Paulo, 18 fev. 1973. 2º Caderno. p.11.

ALTO da Lapa era maravilhoso, o paraíso terrestre. *O Estado de S. Paulo*. São Paulo, 12 mar. 2002. Caderno Cidades. Também disponível em: <http://txt.estado.com. br/editorias/2002/03/12/cid022.html?>. Acesso em: 2 dez. 2004.

AO PRESIDENTE Ernesto Geisel. *O Estado de S. Paulo*. São Paulo, 15 out. 1975. Seção Livre.

AVENIDA Europa: moradores são contra "corredor". *Folha de São Paulo*. São Paulo, 28 dez. 1979. Culturas.

CONFIRMADA a transformação nos Jardins. *O Estado de S. Paulo*. São Paulo, 11 jan. 1980.

CORREDORES não trarão prejuízo, diz arquiteto. *O Estado de S. Paulo*. São Paulo, 17 fev. 1980.

JARDIM América: bairro moderno de residência. *O Estado de S. Paulo*. São Paulo, 22 nov. 1919. p.3.

JARDIM América: empréstimos para construções. *O Estado de S. Paulo*. São Paulo, 25 fev. 1923.

JARDIM América: Companhia City. *O Estado de S. Paulo*. São Paulo. 8 jun. 1930. MORADORES contra a nova lei dos Jardins. *O Estado S. Paulo*. São Paulo, 21 nov. 1979.

MORADORES denunciam destruição do verde. *Folha de S. Paulo*. São Paulo, 19 abr. 1980.

MORADORES dos Jardins: novo protesto. *A Folha da Tarde*. São Paulo, 8 jan. 1980.

PARA vossa residência. *O Estado de S. Paulo*. São Paulo, 7 maio 1922. p.3.

Biblioteca Mário de Andrade

Mapa da cidade de São Paulo de 1913.

Bibliografia

ABREU, A. A. (COORD.) ET AL. *Dicionário histórico-biográfico brasileiro pós-1930.* Ed. ver. e atual. Rio de Janeiro: Editora FGV: CPDOC, 2001. Vol. V. (reg – zup).

ACADEMIA PAULISTA DE LETRAS. *70 anos da Academia Paulista de Letras – 1909 a 1979.* São Paulo, 27 de novembro de 1979.

ALMEIDA, M. H. T. de & WEIS, L. *Carro-Zero e Pau-de-Arara*: o cotidiano da oposição de classe média ao regime militar. In: NOVAIS, Fernando (Org.); SCHWARCZ, Lilia M. (Coord.). *História da vida privada no Brasil*: contrastes da intimidade contemporânea. São Paulo: Companhia das Letras, 1998. v.4, p.334-7.

AMARAL, R. J. *Os Pretos do Rosário de São Paulo*: subsídios históricos. São Paulo: Edições Alarico, 1954.

AMERICANO, J. *São Paulo naquele tempo (1895-1915).* 2ª.ed. São Paulo: Carrenho Editorial, 2004.

ANDRADE, C. R. M. de. *O plano e a peste*: o urbanismo sanitarista do engenheiro Saturnino de Brito. São Paulo, 1992. Dissertação (Mestrado em Arquitetura) –Faculdade de Arquitetura e Urbanismo, Universidade de São Paulo. 282p.

_____. *Barry Parker*: um arquiteto inglês na cidade de São Paulo. São Paulo, 1998. Tese (Doutorado em Arquitetura) – Faculdade de Arquitetura e Urbanismo, Universidade de São Paulo. 429p.

ARAÚJO, H. R. de. Da Mecânica ao motor: a idéia de natureza no Brasil do final do século XIX. In: *Projeto História.* São Paulo, n.23, 9 nov. 2001.

ARGAN, G. C. *História da Arte como História da Cidade.* São Paulo: Martins Fontes, 1998.

BACELLI, R. *Jardim América.* Departamento de patrimônio histórico da divisão do arquivo histórico. n° 19 série *História dos Bairros de São Paulo.* São Paulo: Gráfica Municipal, 1982.

BARRETO FILHO, F. P. de M. *Os Sucessores do Barão*: relações exteriores do Brasil: 1912 a 1964. São Paulo: Paz e Terra, 2001.

BARROS, M. P. de. *No Tempo de Dantes.* São Paulo: Paz e Terra, 1998.

BAUDELAIRE, C. *Sobre a Modernidade.* São Paulo: Paz e Terra, 1997.

BÉGUIN, F. *As maquinarias do conforto.* Revista Espaço & Debates n° 34, 1991.

BENCHIMAL, J. L. *Pereira Passos: um Haussmann Tropical. A renovação urbana da cidade do Rio de Janeiro no início do século XX.* Rio de Janeiro: Secretaria Municipal de Cultura, Turismo e Esportes. Departamento Geral de Documentação e Informação Cultural, 1990.

BENEVOLO, L. *História da Cidade.* 3ª.ed. São Paulo: Perspectiva, 1999.

BERMAN, M. *Tudo que é sólido desmancha no ar*: a aventura da modernidade. São Paulo: Companhia das Letras, 1986.

BRESCIANI, M. S. M. A elaboração de um mito literário. In: *História*: questões & debates. Curitiba, dez. 1986, n.7. v.13, p.209-244.

_____. História e historiografia das cidades, um Percurso. In: FREITAS, Marcos C. de. (Org.). *Historiografia Brasileira em Perspectiva*. 4.ed. São Paulo: Contexto, 2001.

_____. Imagens de São Paulo: estética e cidadania. In: FERREIRA, A. C. et. all. *Encontros com a História:* percursos históricos de São Paulo. São Paulo: Editora da Unesp/ Fapesp/ANPUH/SP, 1999. p.11-37.

CALVINO, I. *As cidades invisíveis.* 7ª.ed. Tradução de Diogo Mainard. São Paulo: Companhia das Letras, 1990.

CAMARGOS, M. *Villa Kyrial:* crónica da Belle Époque paulista. São Paulo: Senac, 2001.

CAMPOS, C. M. *Os rumos da cidade:* urbanismo e modernização em São Paulo. São Paulo: Senac, 2002.

CAMPOS, P. F. de S. *Os Enfermos da Razão:* "insanos" e "dementes" na "cidade planejada para ser bela e sem problemas". Maringá 1960-1970. Assis, 1997. Dissertação (Mestrado em História) – Faculdade de Ciências e Letras, Universidade Estadual Paulista. 279p.

_____. *Os crimes de preto Amaral.* Representações da degenerescência em São Paulo. 1920. Assis, 2003. Tese (Doutorado em História) – Faculdade de Ciências e Letras, Universidade Estadual Paulista. 325p.

CARAN A. L. *Pujol: concreto e arte.* Banco do Brasil, 2001

CARNEIRO, S. R. de F. M. *O olhar cinza da cidade:* a imagem do centro de São Paulo. São Paulo, 1999. Tese (Doutorado em Arquitetura) – Faculdade de Arquitetura e Urbanismo, Universidade de São Paulo.

CARPINTÉRO, M. V. T. *A Construção de um sonho:* os engenheiros-arquitetos e a formulação política habitacional no Brasil (São Paulo – 1917/1940). Campinas: Editora Unicamp, 1997.

CERASOLI, J. F.. *Modernização no plural:* obras públicas, tensões sociais e cidadania em São Paulo na passagem do século XIX para o XX. Campinas, 2004. Tese (Doutorado em História) – Universidade Estadual de Campinas.

CERTEAU, M.; GIARD, L., MAYOL, P. *A invenção do cotidiano*: 2. morar, cozinhar. Trad. Ephraim F. Alves e Lúcia Endlich Orth. Petrópolis: Vozes, 1996. CERTEAU, M. Andando na Cidade In: HOLLANDA, H. B. de. (Org.) *Revista do Patrimônio Histórico e Artístico Nacional*, n.23, 1994. p 21-31.

CHOAY, F. *O urbanismo:* utopias e realidades, uma antologia. São Paulo: Perspectiva, 1998.

_____. *A alegoria do patrimônio.* Trad. Luciano V. Machado. São Paulo: Estação Liberdade: Editora da Unesp, 2001.

COHM, E. Revolta, conservadorismo e ração em Paris, 1905-25. In: BRADBURY, M. McFARLANE, J. *Modernismo:* guia geral 1890-1930. São Paulo: Companhia das Letras, 1989. p.128-137.

CUNHA, M. C. P. Patrimônio Histórico e Cidadania: uma discussão necessária. In: SÃO PAULO (Município). Secretaria de Cultura. Departamento do Patrimônio

Histórico. *O Direito à Memória*: patrimônio histórico e cidadania/DPH. São Paulo: DPH, 1992.

ELIAS, N. *O processo civilizador*: formação do Estado e civilização. 2v. Rio de Janeiro: Jorge Zahar, 1994.

ENTREVISTA com Carlos Lemos. Disponível em: http://www.arcoweb.com.br/entrevista/entrevista2.asp. Acessado em 21 de dezembro de 2004 às 19h

FARMER, A. *Hampstead Heath*. 2ª.ed. Londres: Historical Publications, 1996

FAUSTO, B. *Negócios e ócios*: histórias da imigração. São Paulo: Companhia das Letras, 1997.

FERREIRA, A. C. *A Epopéia Paulista:* imaginação literária e invenção histórica (1870-1940). Assis, 1998. Tese (Livre-Docência) – Departamento de História, Universidade Estadual Paulista.

FREIRE, C. *Além dos mapas*: os monumentos no imaginário urbano contemporâneo. São Paulo: Sesc/Annablume, 1997.

FREIRE, V. da S. *Plano de Melhoramentos. Freire-Guilhem*. Arquivo do Estado do Estado de São Paulo. 1911.

GAY, P. *A experiência burguesa da Rainha Vitória a Freud*: o cultivo do ódio. São Paulo: Companhia das Letras, 1995. v.3.

GAWRYSZEWSKI, A *Levanta a Poeira*: a preservação dos autos findos dos ar- quivos judiciários e a memória nacional e local. Londrina, 2004. Trabalho de Conclusão de Curso apresentado na graduação em Direito na Universidade Norte do Paraná.

GIROUARD, M. Babylon or Jerusalem? In: *Cities & People*. Londres: New Haven & London, 1985.

GUIMARÃES, L. de B. M. de. *Liberdade*. Departamento do Patrimônio Histórico Divisão de Arquivo. São Paulo: Gráfica da Prefeitura, 1980.

GONÇALVES, J. H. R. A Ribanceira da Necessidade Histórica: crítica de uma crítica acrítica do tema da reforma agrária no Norte do Paraná. In: *Cadernos de metodologia e técnica de pesquisa*, n°7, p.1-28, maio 1996. (Suplemento Especial História)

GRIEG, M. D. *Café*: histórico, negócios e elite. São Paulo: Olho d´Água, 2000.

HALL, P. *Cidades do amanhã*: uma história intelectual do planejamento e do projeto urbanos no século XX. São Paulo: Perspectiva, 1995.

HARDMAN, F. F. *Nem Pátria, Nem Patrão!* Memória operária, cultura e literatura no Brasil. 3ª.ed. São Paulo: Editora da Unesp, 2002.

HARDMAN, F. F. & LEONARDI, V. *História da indústria e do trabalho no Brasil*. 2ª.ed. São Paulo: Ática, 1991.

HOBSBAWN, E. & RANGER, T. (Org.) *A invenção das tradições*. Tradução de Celina. C. Cavalcante. 3ª ed. Rio de Janeiro: Paz e Terra, 1997.

HOMEM, N. C. M. *O palacete paulistano e outras formas urbanas de morar da elite cafeeira:* 1867-1918. São Paulo: Martins Fontes, 1996.

HOWARD, E. *Cidades-jardins de amanhã*. Trad. Marco A. Lagonegro. São Paulo: Hucitec, 1996.

A CIDADE E OS JARDINS **263**

JACOBS, J. *Morte e vida de grandes cidades*. Trad. Carlos S. Mendes Rosa. São Paulo: Martins Fontes, 2000.

KERSTEN, M.S. de A. *Os ritos do tombamento e a escrita da História*: bens tombados no Paraná entre 1938-1990. Curitiba: Editora da UFPR, 2000 .

KLIASS, R. G. *Parques urbanos de São Paulo em sua evolução na cidade*. São Paulo: Pini, 1993.

LEMOS, C. A. C. *Ramos de Azevedo e seu escritório*. São Paulo: Pini, 1993.

_____. *Alvenaria Burguesa*: breve história da arquitetura residencial de tijolos em São Paulo a partir do ciclo econômico liderado pelo café. São Paulo: Nobel, 1985.

LIBERANI. São Paulo cresce. *Correio Paulistano*. São Paulo. p.3, 19 dez. 1890.

LOPES, Z. da S. *Arquivos, Patrimônio e Memória*: trajetórias e perspectivas. São Paulo: Editora da Unesp/Fapesp, 1999.

LOVE, J. *A locomotiva*: São Paulo na Federação Brasileira: 1889-1937. Trad. Vera Alice Cardoso da Silva. Rio de Janeiro: Paz e Terra, 1982.

LUCA, T. R. de. *A Revista do Brasil*: um diagnóstico para a (N)ação. São Paulo: Editora da Unesp, 1999.

_____. Paulo Prado: o mecenas da Semana de Arte Moderna de 22 In: PINTO, Z. A. (Org.) *Cadernos Paulistas*: histórias e personagens. São Paulo: Senac/Imprensa Oficial do Estado, 2002. p.216-219.

MARCOVITCH, J. *Pioneiros e empreendedores*: a saga do desenvolvimento no Brasil. São Paulo: Edusp, 2003.

MARTINS, A. L. *1922*: páginas de consagração e destruição. Os acervos patrimoniais nas celebrações. Texto apresentado ao III Encontro do Cedap. 28 a 30 set. 2004. Assis: Faculdade de Ciências e Letras, Unesp, 2004.

MARTINS, E. *Amazônia, a última fronteira*: reportagem. Rio de Janeiro: Codecri, 1981.

MARZOLA, N. de. *Bela Vista*. Departamento do Patrimônio Histórico Divisão de Arquivo. 2ª.ed. São Paulo: Gráfica da Prefeitura, 1985.

MATOS, M. I. S. de. *Cotidiano e cultura*: história, cidade, e trabalho. Bauru: Edusc, 2002.

MEACHAM, S. *Regaining Paradise*: Englishness and the Early Garden City Movement. Michigan: Yale University/New Haven and London, 1999.

MENEZES, L. M. de. *Os indesejáveis*: desclassificados da modernidade: Protesto, crime e expulsão na Capital Federal (1890-1930). Rio de Janeiro: Eduerj, 1996.

MILLER, M. K. *Barry Parker and Raymond Unwin*: a Selection of Drawings and Designs from the Barry Parker Collection of the First Garden City Museum Letchworth. Letchworth: Letchworth Museum, [19--?]. Mimeografado.

MIS. Museu da Imagem e do Som. Disponível em <http://www.mis.sp.gov.br/>. Acessado em 25 de fevereiro de 2005. 23:44h.

MORIN, E. *O Método I*: a natureza da natureza. 2ª.ed. Tradução de Maria Gabriela de Bragança. Portugal: Publicações Europa-América, 1987.

MORSE, R. M. *Formação Histórica de São Paulo*. São Paulo: Difusão Européia do Livro, 1970.

MUBE. Museu Brasileiro de Escultura. Disponível em http://www.sampa.art. br/ SAOPAULO/mube.htm. Acessado em 6 de fev. de 2005.

MUMFORD, L. *A cidade na História*: suas origens, transformações e perspectivas. Trad. Neil R. da Silva. 4ª.ed. São Paulo: Martins Fontes, 1998.

OTTONI, D. A. B. Introdução. In: HOWARD, Ebenezer. *Cidades-Jardins de ama- nhã*. Trad. Marcos A. Lagonegro. São Paulo: Hucitec, 1996.

OTTONI, D. & SZMRECSÁNYI, I. *Cidades Jardins*: a busca do equilíbrio social e ambiental: 1898-1998. Catálogo de Exposição. 3ª Bienal Internacional de Arquitetura. Fundação Bienal de São Paulo de 9 a 30 de novembro de 1997.

PAULA, Z. C de. *Maringá*: coração verde do Brasil? Assis, 1998. Dissertação(Mestrado em História) – Faculdade de Ciências e Letras, Universidade Estadual Paulista. 264p.

_____. *O verde que se quis. Caderno de Metodologia e Técnica de Pesquisa*. (Suplemento Especial de História) Maringá, n.7, p.211-226, mai. 1996.

PRADO, A. da S. *Plano de Melhoramentos. Freire-Guilhem*. Arquivo do Estado de São Paulo, 1911.

QUINTÃO, A. A. *Irmandades negras*: outros espaços de lutas e resistências (1870-1890). São Paulo, 1991. Dissertação (Mestrado em História) – Faculdade de Filosofia, Letras e Ciências Humanas, Universidade de São Paulo.

REALE, E. *Brás, Pinheiros, Jardins*: três bairros, três mundos. São Paulo: Pioneira/ Edusp, 1982.

REIS FILHO, N. G. Algumas experiências urbanísticas no Início da República: 1890-1920. *Cadernos de Pesquisa do LAP*, n.1, jul-ago 1994.

_____. *Quadro da Arquitetura no Brasil*. São Paulo: Perspectiva, 2000.

RELPH, E. *Paisagem urbana moderna*. Lisboa: Edições 70, (1987) 1990.

RIBEIRO, S. B. *Italianos do Brás: imagens e memória*. (1920-1930). São Paulo: Brasiliense, 1994.

RODRIGUES, M. *Imagens do Passado*: a instituição do patrimônio em São Paulo: 1969-1987. São Paulo: Editora da Unesp/Imprensa Oficial do Estado/ Conde- phaat/ Fapesp, 2000.

RODRIGUES, M. C. N. *Território do Patrimônio*: tombamento e participação social na cidade de São Paulo. São Paulo, 2001. Dissertação (Mestrado em Geografia) – Faculdade de Filosofia Letras e Ciências Humanas, Universidade de São Paulo. 239p.

ROLIM, F. C. Comunidades Eclesiais de Base e camadas populares. *Encontros com a civilização brasileira*. Rio de Janeiro, v.23, p.89-114, 1980.

ROMERO, M. *Do bom cidadão às normas médicas em São Paulo*: 1889-1930. São Paulo, 1995. Dissertação (Mestrado em História).

ROSEBERY, Lord. Apud: *Cidades-jardins de amanhã*. São Paulo: Hucitec, 1996.

ROSEN, G. *Uma História da saúde pública*. 2ª.ed. São Paulo: Hucitec / Edunesp e Rio de Janeiro: Abrasco, 1994.

RUIZ, J. M. M. *Etiqueta*: sociabilidade e moda: a identidade da elite paulistana (1895-1930). Assis, 1999. Dissertação (Mestrado em História). Universidade Estadual Paulista.

SANTOS, J. C. F. *Nem tudo era italiano*: São Paulo e pobreza (1890-1915). São Paulo: Annablume, 1998.

SÃO PAULO (cidade) Secretaria Municipal de Cultura. Departamento do Patrimônio Histórico. *O direito à memória*: patrimônio histórico e cidadania. 1992.

SÃO PAULO (estado). Secretaria dos Negócios Metropolitanos. Empresa Metropolitana de Planejamento da Grande São Paulo S/A. *Guia de apoio das sociedades amigos de bairros*. 1985.

SCHAMA, S. *Paisagem e memória*. São Paulo: Companhia das Letras, 1996. SEGAWA, H. *Prelúdio da metrópole*: Arquitetura e Urbanismo em São Paulo na passagem do século XIX para o XX. São Paulo: Ateliê Editorial, 2000. SEVCENKO, N. *Orfeu extático na metrópole*: São Paulo, sociedade e cultura nos frementes anos 20. São Paulo: Companhia das Letras, 1992.

SILVA, Z. L. da. As Percepções das Elites Brasileiras dos Anos de 1930 sobre a Natureza: das projeções simbólicas às normas para seu uso. In: (org.) ARRUDA, G. *Natureza, fronteiras e territórios*: imagens e narrativas. Londrina: Eduel, 2005.

_____. *Arquivos, patrimônio e memória*: trajetórias e perspectivas. São Paulo: Editora da Unesp/Fapesp, 1999.

SITTE, C. *A construção das cidades segundo seus princípios artísticos*. Trad. Ricardo Ferreira Henrique. São Paulo: Ática, 1992.

SKIDMORE, T. *Brasil*: de Castelo a Tancredo, 1964-1985. Trad. Mario S. Silva. Rio de Janeiro: Paz e Terra, 1988.

SOUZA, M. C. M. de. *No ardor da febre*: práticas médico-sanitárias e febre amarela em Campinas (1889-1904). Assis, 2001. Dissertação (Mestrado em História). Programa de História da FCLA. 160p.

SOUZA, M. C. P. de. *O Capital imobiliário e a produção do espaço urbano*: o caso da Companhia City. São Paulo, 1988. Dissertação (Mestrado em Administração). Curso de Pós-graduação da Fundação Getulio Vargas/Esesp.

SPOSATI, A. *Cidade em pedaços*. São Paulo: Brasiliense, 2001.

SZMRECSÁNYI, M. I. Segunda capa. Estudos Urbanos n.11. Série Arte e Vida. *Ebenezer Howard*: cidades-jardins de amanhã. São Paulo: Hucitec, 1996.

TAUNAY, A. De E. (Org.) *Homens de São Paulo*. São Paulo: Livraria Martins Editora, 1955.

THOMAS, K. *O homem e o mundo natural*: mudanças de atitude em relação às plantas e os animais (1500-1800). 4ª.ed. São Paulo: Companhia das Letras, 1988

THOMPSON, E. P. *Senhores e caçadores*: a origem da Lei Negra. Trad. Denise Bottamn. Rio de Janeiro: Paz e Terra, 1987.

TOLEDO, B. L. de. *São Paulo*: três cidades em um século. 3ª.ed. ver. ampl. São Paulo: Cosac & Naif/Duas cidades, 2004.

266 ZUELEIDE CASAGRANDE DE PAULA

———. Prestes Maia e as origens do urbanismo moderno em São Paulo. São Paulo: Empresa das Artes, 1996.

TOMAZI, N.. D. *Certeza de lucro certo e direito de propriedade:* o mito da Companhia de Terras Norte do Paraná. Assis, 1989. Dissertação (Mestrado em História) – Faculdade de Ciências e Letras, Universidade Estadual Paulista. 301p.

TUAN, Y.-F. *Topofilia:* um estudo da percepção, atitudes e valores do meio ambiente. São Paulo/Rio de Janeiro: Difel, 1980.

WANDELEY, L. E. Movimentos sociais populares: aspectos econômicos, sociais e políticos. In: SILVEIRA E. DA et al.. *Encontros com a Civilização Brasileira.* Rio de Janeiro: Civilização Brasileira, 1980

WOLFF, S. *Jardim América:* o primeiro bairro-jardim de São Paulo e sua arquitetura. São Paulo: Edusp/ Fapesp/Imprensa Oficial do Estado, 2001.

SOBRE O LIVRO

Formato: 16 x 23 cm
Mancha: 27,7 x 44,9 paicas
Tipologia: Horley Old Style 11/15
Papel: Offset 75 g/m^2 (miolo)
Cartão Supremo 250 g/m^2 (capa)
1ª edição: 2008

EQUIPE DE REALIZAÇÃO

Coordenação Geral
Marcos Keith Takahashi

Impressão e Acabamento